내가 왕이었습니다

스스로 왕이 되려고 했던 사람들의 이야기
사사기 룻기

내가 왕 이었습니다

이익상

규장

일러두기

1. 성경은 개역개정판과 새번역을 사용했습니다.
2. 약어로 기원전은 BCE(Before Common Era), 기원후는 CE(Common Era)를 사용했습니다.
3. 히브리어 어근은 그 자체로는 발음이 불가하여 어근을 표기한 후 한글 음역을 따로 하지 않았습니다.

역사의 주 만왕의 왕을 만나는 사사기

지금 우리가 사는 때를 자유 민주주의 시대라고 합니다. 그러나 우리는 한 사람의 독재자 대신 수많은 왕들을 만들어냈습니다. 가톨릭에 저항하여 생긴 개신교는 하나의 교황 대신 교회마다 왕을 모시는 시대가 되었습니다. 그리고 이제 우리는 어찌할 것인가를 묻고 있습니다.

이익상 목사님이 펴내신 이 책에서 해답을 구하고 싶습니다. 스스로 왕이 되려고 했던 사람들의 이야기가 여기 있습니다. 사사기 연구서이지만 이 책은 현대적 알레고리로 다가옵니다. 이 책의 저자는 성지(聖地)에서 구약의 인물들과 씨름을 하신 분입니다. 그래서 우리는 학문적인 배경과 현대적 이야기를 권위 있게 접하게 됩니다.

한국의 기독교 도서 시장에는 적지 않은 사사기 강해서들이 있습니다. 그러나 이 책의 존재는 군계일학(群鷄一鶴)의 자태로 우리에게 다가옵니다. 단순한 학문적 접근이 아닌 친절한 성경공부의 길잡이로 다가옵니다. 그러면서도 역사적 문화적 고고학적인 지침들이 눈을 열고 다가옵니다.

우리는 이 책에서 우리의 자아상을 다시 정립하는 도전을 받게 될 것입니다. 그리고 우리의 진정한 왕이신 그분에게 항복하는 행복한 연구가 될

것입니다. 사사기의 역사의 마당에서 역사의 주(主), 만왕의 왕(王)을 만나
게 되시기를 기도합니다.

이동원(지구촌 목회리더십 센터 대표)

종이 아니라 왕이 되려고 한 우리의 초상

　이익상 목사는 전통적인 설교자가 보는 시각과는 조금 다른 시각으로
사사기를 읽었다. 그러나 이 시각이 새로운 시각이 아니라, 이미 주석서들
을 통해서 지난 몇십 년간 그렇게 읽혔던 본문이었다. 그런 면에서 이익상
목사가 색다른 시각을 주었다기보다 그동안 설교자가 보지 못했던 하나
님의 마음을 알려주었다고 하는 것이 더 맞을지도 모른다.

　글을 읽으면서, 과연 내 목회 44년 동안 머리 되신 예수님의 교회에서
내가 왕으로 군림했는지, 종으로 섬겼는지를 다시 되돌아보게 되었다. 사
사들의 이야기를 읽으면 마음이 아프다. 그것이 나의 이야기일 수 있고, 우
리들의 이야기일 수 있기 때문이다. 성경은 그렇다. 누구나 자기 나름의 시
각을 가질 수 있다. 그러나 그 시각이 하나님의 눈에 옳은 것인가, 아니면
그들의 욕구를 채워주는 것인가는 완전히 다른 문제이다. 이 책은 종의 눈
으로 하나님을 바라보고, 종이기 때문에 하나님의 입장에서 세상을 바라
보라고 말한다.

　종이 아니라 왕이 되려고 했던 사사들의 이야기를 단숨에 읽었다가, 다

시 되돌아서 읽었다. 어려운 이야기를 쉽게 썼기 때문에 단숨에 읽었고, 쉬운 이야기 속에 무거운 메시지가 있어서 다시 읽었다. 이 책을 읽는 독자들도 같은 마음으로 읽기를 기대한다. 저자도 이 책에서 말했듯이, 과거는 오늘이고, 오늘은 곧 내일의 거울이다.

권오서 (미래목회연구소 느헤미야 이사장)

구약을 보는 눈을 열어주는 풍성하고 진솔한 사사기 읽기

저자 이익상 목사는 이스라엘 텔아비브 대학에서 박사학위 마지막 과정을 밟고 있다. 저자가 박사 과정을 밟아가는 과정을 오랫동안 지켜보면서 그가 얼마나 학문적으로 철저히 준비된 학자인지 알 수 있었다. 그러나 그의 연구는 강의실이나 도서관, 교수와 토론 시간을 통하여 이루어진 것만이 아니었다. 이스라엘 전역이 또한 그의 연구실이었다. 그는 마치 고고학자 같았다. 구약성경의 현장을 현미경으로 훑어가는 것 같았다.

이익상 목사는 내가 이스라엘을 여행할 때마다 가이드로 함께해주었다. 교인들과 함께하였던 성지 순례 때도 가이드로 섬겨주었는데, 그의 가이드는 남달랐다. 이스라엘 생활과 구약 성서학, 고고학에 대한 지식이 엄청난 시너지를 일으켜서 누구도 따라올 수 없는 탁월한 가이드 역할을 했었다. 성지순례를 하던 교인들이 부흥회에 참석한 것 같다고 했다. 성경과 성지에 대한 깊은 지식과 통찰력, 애정이 있는 가이드를 만난다는 것은

정말 큰 복이었다.

이익상 목사는 굉장히 뛰어난 실력과 설득력을 지닌 연구자다. 자신이 아는 것을 다른 사람들에게 잘 전달하는 능력은 감탄할 정도이다. 선한목자교회에 외부 강사로 와서 교인들에게 성경을 가르칠 때마다 너무나 은혜가 되어 교인들이 그의 강의에 몰려들었다. 그는 탁월한 성경학자요 설교자이다.

그는 자신의 모든 것을 걸고 공부하고 깨달은 모든 지식이 주님이 주신 은혜라고 믿는다. 그래서 이스라엘과 이스라엘의 소식 그리고 학술적인 소식에 쉽게 접근하기 힘든 목회자들과 신학생 그리고 성도들을 위하여 성경을 좀 더 쉽고 정확하면서도 신선한 시각으로 볼 수 있도록 이스라엘 정부의 법인 허가를 받은 비영리 성서학 연구소인 'BIBLIA'를 운영하고 있다.

인터넷으로 누구나 들어가 볼 수 있는 이곳에는 저자 자신이 성경을 연구하고, 이스라엘 구석 구석을 다니면서 현장을 보고 정리한 자료들이 가득하며, 성경학자들이 사용하는 학문적인 용어들을 평신도들까지도 이해할 수 있는 쉬운 말로 풀어서 설명하고 있다. 저자 자신이 직접 찍고 그린 수많은 사진과 일러스트 자료들, 모든 연구 자료들이 아무 대가 없이 공개되어 있다. 누구나 자료들을 받아서 쓸 수 있다.

또한 그는 하나님의 은혜를 갈망하는 경건한 성도이다. 삶이 신실하고 정직하고 겸손하다. 또한 매우 가정적이다. 신실한 남편이자 두 딸 노엘과 노하에게 자상한 아버지이다.

이러한 저자의 영성과 학문성과 인격이 이 사사기에 녹아 있다. 사사기를 이처럼 학문적으로 정확하고 풍성하며 진솔하게 읽기가 쉽지 않을 것이다. 그러면서 구약 전체를 보는 눈이 열리는 것이 신기할 정도이다. 학문적으로 탁월하면서도 누구나 쉽게 읽히는 것이 또한 놀랍다. 그래서 이 책이 너무나 귀하다. 앞으로 나올 저자의 구약성경의 책들이 기대된다.

유기성 (선한목자교회 담임목사)

사사기에 대한 고정관념을 깨주는 책

이 책의 저자인 이익상 목사님과 함께 이스라엘 성지순례를 해보신 적이 있으신가요? 그렇다면 깊이 있으면서도 재미있는 저자의 설명이 성지의 이미지와 함께 오랫동안 기억에 남았을 것입니다. 성지 안내뿐만 아닙니다. 저자의 강의와 설교에서도 그 깊이와 재미를 느낄 수 있습니다.

만나교회에서도 일전에 저자를 초청하여 함께 성경공부를 한 적이 있습니다. 바로 이 책에서 다루고 있는 사사기의 내용이었지요. 아마 사사기는 성경책 중에 가장 많은 오해를 받는 책 중에 하나일 것입니다. 대부분의 사람들이 사사기 하면 가장 먼저 열두 사사들의 이름을 떠올릴 것입니다. 또 어릴 적 배웠던 삼손이나 기드온, 드보라의 드라마틱한 이야기가 생각나시겠지요.

그런데 이 책은 사사기를 다른 시각으로 볼 수 있게 해줍니다. 한마디로 이 책은 사사기에 대한 우리의 고정관념과 프레임을 바꾸어줍니다. 원고를 받고 한 장 한 장 넘기다보니 책 속으로 깊이 빠져들게 되었습니다.

몇 년 전 들었던 강의가 생각나기도 하고, 이후에도 끊임없이 성경을 연구한 저자의 노력이 느껴졌습니다.

우리 교회에서 성도들과 함께 공부했던 사사기의 내용이 이렇게 책으로 나오게 되었다는 소식이 참 반가웠습니다. 이 책을 통해 더 많은 분들이 사사기를 올바로 이해하게 될 것이기 때문입니다. 저자 또한 자신이 연구한 결과를 더 많은 분들과 공유하고 싶은 마음을 담아 이 책을 출간하게 되었을 것입니다.

이 책을 읽으며 사사기뿐만 아니라 나아가 성경 전체를 하나님의 시각으로 볼 수 있기를 바랍니다. 또한 사사기를 통해 우리에게 주시는 하나님의 말씀이 무엇인지 깨닫고 그 말씀을 살아내시기를 바랍니다.

김병삼(만나교회 담임목사)

모두 스스로 왕이 되려 했던 우리의 이야기

　사사기는 정말 재미있는 책입니다. 책의 서두로부터 시작해서 흥미진진한 사사들의 이야기가 엮어져 있어서 마치 옴니버스 영화를 보는 듯합니다. 어릴 적 교회학교와 여름성경학교에서 들었던 드보라의 이야기나 삼손의 이야기는 아직도 재미있게 설명해주시던 선생님의 몸동작까지 기억이 납니다.

　그러나 사사기는 사사들의 영웅담을 모아놓은 책이 아닙니다. 성경은 위인전이 아닙니다. 아이들을 위한 위인전에는 한 인물의 장점과 배울 점들만을 기술합니다. 그들의 인간적으로 부족했던 면면들은 잠시 접어두고 한 인물의 긍정적인 삶만을 가르칩니다. 그렇게 교육하고 싶은 어른들의 바람 때문에 그랬을 겁니다.

　그러나 성경은 그렇지 않습니다. 아브라함, 이삭, 야곱, 요셉으로부터 시작해서 모든 인물들은 절대적인 하나님과 비교해서 너무나 부족한 사람들입니다. 성경을 기록한 사람들에게 임하였던 하나님의 영은 그 인물들이 위인이라는 것을 가르쳐주기보다는, 그들의 빛과 어둠을 보여주며 빛 속을 걸어가던 이도 어둠의 자녀가 될 수 있고, 어둠 속에서 방황하던 이도 빛의 사람이 될 수 있다는 것을 보여줍니다. 그러므로 성경의 위대한 인물들의 숨기고 싶은 사생활이나 치부 드러내기를 감추지 않습니다.

사사기는 더욱 그렇습니다. 과거를 반성하며, 사사 시대 하나님의 공동체인 이스라엘이 어떤 길을 걸었는지 매우 적나라하게 보여주는 기록이 사사기입니다. 패역의 길을 걸었던 이들이 누구였는지, 그리고 그 길을 걸었던 이들이 만들어낸 괴물 같은 사회가 어떠했는지를 고발하면서, 불특정 다수의 이스라엘 백성들로부터 그들의 지도자들과 사사들과 레위인 제사장까지 예외 없이 모두가 스스로 왕이 되려 했던 이들이었고, 자기들의 눈을 세상을 판단하는 절대 기준으로 삼아 그릇된 길을 걸었다는 것을 지적합니다. 아니, 오히려 사회의 지도층들이 이 부패와 타락의 길에 앞장섰다는 것을 숨기지 않습니다. 그런 면에서 사사기는 사사 시대 이스라엘 공동체의 지도자들을 고발하는 책이라 할 수 있습니다.

그러므로 이 책에서 소개하는 '사사기'라는 책과 사사들의 이야기는 교회학교에서 배웠던 사사기와 결이 다를 수 있습니다. 읽으면서 마음이 점점 무거워지고 불편해질 수도 있습니다. 그러나 반드시 끝까지 읽어보시기 바랍니다. 역사를 아는 것이 오늘을 아는 것입니다. 역사가 그려놓은 과거와 오늘 내가 그리고 있는 그림을 비교해보면, 분명 내일은 더 아름다운 그림, 주님이 원하시는 그림을 그려나갈 수 있을 테니 말입니다.

이 책은 만나교회 M-School, 선한목자교회 GS바이블칼리지, 춘천중앙교회의 평생강좌, 미래목회연구소 느헤미야에서 목회자와 평신도를 위한 성경공부에서 강의했던 내용을 정리한 것입니다. 강의 내용은 갓피플

TV에도 업로드되었습니다. 성경책 하나만을 펴놓고 강의를 하다보니 제가 말을 하다가 실수한 부분도 있고, 미처 설명하지 못한 부분도 있었습니다. 이 책은 그 강의들 중 실수한 부분을 수정하였고, 설명이 필요한 부분을 보완한 것입니다.

강의의 분위기를 그대로 전달하려 하다보니 어투가 대화체입니다. 이 것이 누군가에게는 친근하다는 인상을 줄 수도 있겠지만, 누군가에게는 조금 불편할 수도 있겠다 싶습니다. 그러나 마치 강의 시간에 강사의 목소리를 듣듯 읽어주시면 감사하겠습니다. 부족한 사람을 들어 여러 교회를 통해 불러주신 주님께 감사드리며, 왕이신 하나님의 '종'으로 평생 살아가겠습니다.

참고로 이 책을 쓰면서 참조한 주석책들을 소개합니다.

Boling, Robert G. *Judges: Introduction, Translation and Commentary*. AB 6A. New York: Doubleday, 1980.

Butler, Trent C. *Judges*. WBC 8. Nashville: Thomas Nelson, 2006.

Niditch, Susan. *Judges: A Commentary*. OTL. London: Westminster John Knox, 2008.

Soggin, J. Alberto. *Judges*. OTL. London: SCM, 1981.

Webb, Barry G. *The Book of Judges*. NICOT. Grand Rapids: William B. Eerdmans, 2012.

이익상

사사기라는 책의 특징

사사기는 '역사 이야기'처럼 보이지만, 성경의 분류상 '전기 예언서'에 속합니다. 역사는 단지 과거의 사건들을 나열해놓은 것이 아닙니다. 과거의 사건은 현재를 바라보는 안경입니다. 과거를 비추어 오늘을 보는 것이 곧 미래에 대한 준비이기도 합니다. 이런 관점에서 과거의 역사와 오늘의 현실 인식 그리고 미래에 대한 준비는 나뉠 수 없는 하나의 큰 덩어리입니다. 그래서 이미 2,400년 전의 유대교 역사가들은 역사 이야기인 여호수아-사사기-사무엘-열왕기의 역사 시리즈를 '전기 예언서'라는 이름으로 분류해놓은 것입니다.

사사기의 저자와 시대

사사기를 연구하는 대부분의 연구자들은 '사사기'라는 책을 현재 우리가 보고 있는 형태로 엮은 이로 '신명기적인 신학을 가진 역사가'(Deuternomist)를 지목합니다. 이 역사가는 지혜 문학을 잘 알고 있으며 예언자적인 전통을 가진 레위인(제사장)입니다.

이들이 활동한 시기는 남왕국 유다가 멸망한 뒤, 페르시아의 고레스의 명령으로 유다로 귀환하던 시기인 기원전 5세기 중반입니다. 이들은 예루살렘과 성전 예배를 다시 세우면서 동시에 이렇게까지 될 수밖에 없었던 선조들의 역사들을 뒤돌아보면서 다시 해석했던 사람들입니다. 특별히 이들이 역사를 판단하던 신앙의 잣대가 신명기에 근거하고 있었기 때문에 이들을 '신명기적인 신학을 가진 역사가'라고 부르는 것입니다.

그렇기 때문에 사사기가 더 가치 있습니다. 사사기 내용의 후반부에 이르면, 이렇게 총체적인 도덕과 신앙의 타락 원인을 레위인과 레위인 제사장들로부터 찾는데, 이스라엘 공동체를 망가뜨린 주범 중에 하나로 지목하는 '그(들)'(사사 시대의 레위인과 제사장들)이 곧 '나'(사사기를 기록하고 있는 레위인 제사장)입니다. 과거 선조들의 이야기를 하지만, 그 이야기가 곧 나의 이야기이고, 그 시대의 이야기를 하지만, 그 시대가 지금 바로 내가 살고 있는 시대이기도 합니다.

사사 시대 사람들의 당면한 문제 : 가나안화

이스라엘 공동체가 가나안 사람처럼 되고 싶은 이유는 그들처럼 경제적인 풍요로움을 누리고 싶어서, 그리고 그들의 정치 체계처럼 한 사람, 공동체의 지도자가 정치적으로 강력한 힘을 소유하고 싶어서였습니다. 그래서 가나안의 농경 문화와 농경 문화에서 섬기는 신들이 주는 풍요를 갈망했고, 그 신들을 섬겼습니다. 왕이 통치하는 가나안과 주변 세계에서 공동체의 지도자가 누릴 수 있는 권력을 보고 그들처럼 권력을 누리고 싶었기 때문에 스스로 왕이 되려고 했습니다.

사사 시대 이스라엘 공동체와 지도자들의 죄

사사기를 기록한 역사가는 하나님이 아니라 내가 왕이 되어서 세상을 바라보는 것에 대해 혹독하게 질책합니다. 출애굽해서 막 가나안에 정착한 이스라엘 공동체는 상대적으로 안정적이고 부유한 가나안과 그 주변 나라의 문화를 동경하였습니다. 그리고 그들처럼 살고 싶었습니다. 삶의 기준을 물질적인 풍요와 정치와 군사적인 힘에 두게 되니, 그들처럼 살고 싶은 마음이 든 것입니다.

특별히 사사기를 기록한 역사가는 불특정 공동체의 죄보다는 이스라엘 공동체의 정치 지도자와 신앙 지도자들의 죄를 더 집중적으로 지적합니다. 그리고 그들의 행태를 고발하며 '하나님의 눈'이 아니라 '자기들의 눈(소견)'으로 세상을 바라보고 판단하기 시작했다고 지적합니다. 사사기를 기록한 역사가는 이 시대를 평가하면서 그들의 시대를 왕(하나님)이 없었던 시대라고 진단합니다. 이것은 반대로 모두가 스스로 왕(하나님)이 되어서 자기의 뜻(자기의 소견)대로 살아가던 시대였다는 평가이기도 합니다.

사사기의 기록 목적

'신명기적인 신학을 가진 역사가'가 이렇게 신랄한 역사 반성과 비판을 하는 이유는 하나입니다. 다시 세워야 할 성전과 미래의 이스라엘 공동체의 주인(왕)이 하나님이시라는 것을 선언해야 했기 때문입니다.

CONTENTS

PART 1

사사기 개관

01

시작하는 이야기

삿 1:1-3:6

사사기는 사사들이 주인공일까?

성경 사사기는 이름 자체가 '사사기'이기 때문에 사사들의 이야기가 사사기의 중요한 관심사라고 생각할 수 있습니다. 그러나 제 생각은 조금 다릅니다. 물론 사사들이 살아간 삶의 이야기가 사사기라는 책의 줄거리를 이끌어 나가는 좋은 재료인 것은 분명합니다. 그러나 사사기 전체를 놓고 봤을 때 사사 개인의 삶에 대한 기록은 3장부터 16장에 나오는 일부입니다 (삿 3:7-16:31). 그러면 나머지 1-2장과 17-21장은 어떻습니까? 사사기 전체 21장 중에서 7개 장은 사사들의 일화를 다루지 않습니다. 그러니까 정확히 3분의 2는 사사들의 이야기이고, 3분의 1은 사사들이 아닌 다른 이야기들로 구성되어 있는 것입니다.

저는 이런 형태를 '보따리' 형태라고 부르고 싶습니다. 사사기 3장부터 16장까지 사사들의 이야기를 보따리로 싸서 묶은 것이 사사기라는 것이

1:1-3:6　3:7-16:31　17:1-21:25

	사사	지파	성경 구절	압제 나라 / 왕	압제	재임
1	옷니엘	유다	3:7-11	메소포다미아 구산리사다임	8	40
2	에훗	베냐민	3:12-30	모압 에글론 (암몬, 아말렉)	18	80
3	삼갈	?	3:31	블레셋		
4	드보라	베냐민	4:1-5:31	가나안 야빈	20	40
5	기드온	므낫세	6:1-8:28	미디안(아말렉)	7	40
6	돌라	잇사갈	10:1-2		23	23
7	야일	갓? 길르앗	10:3-5		22	22
8	입다	갓? 길르앗	10:6-12:7	암몬(블레셋)	18	6
9	입산	유다	12:8-10		7	7
10	엘론	스불론	12:11-12		10	10
11	압돈	?	12:13-15		8	8
12	삼손	단	13:1-16:31	블레셋	40	20

○ 사사기의 보따리 구조. 사사기에 등장하는 모든 지도자들이 사사로 불렸던 것은 아니다. 옷니엘과 에훗은 구원자로 불렸고, 삼갈과 기드온은 사사나 구원자 그 어느 것으로도 불리지 않았다.

지요. 사사기를 기록한 역사가가 사사들과 함께 살면서 마치 전기문(傳記文)처럼 기록한 책이 아니라는 것도 이해해야 합니다. 이리저리 흩어져 있던 사사들에 대한 기억과 기록들을 오늘날 우리가 읽는 성경과 같이 두루마리 하나로 엮어서 기록한 것이 사사기입니다. 사사기를 기록한 역사가가 이 두루마리를 기록할 때 하나님께서 주신 마음, 그러니까 이것을 기록한 이유와 목적이 있을 것입니다. 그 이유와 목적을 바탕으로 사사들의 이야기를 구성했겠지요?

사사들의 이야기보따리를 꾸릴 때 사사들의 이야기를 하나하나 담을 텐데, 그 이야기들을 하나로 묶어내는 보따리가 사사기 1-2장, 17-21장이라고 말할 수 있습니다. 그러니 어떻게 보면 사사기를 기록한 역사가에게 주신 하나님의 영감, 사사기를 기록한 역사가가 이 두루마리를 읽을 이스라엘 사람들에게 정말 하고 싶었던 말은 사사기 1-2장과 17-21장에 담겨 있다고도 할 수 있습니다.

사사기가 예언서라고?

이스라엘 사람들은 구약성경을 '타낙'(תנ"ך)이라고 부릅니다. 성경을 구분할 때는 율법서, 예언서, 성문서 세 가지로 분류합니다. 히브리어로 율법서를 '토라'(תורה)라고 하고, 예언서를 '네비임'(נביאים), 성문서를 '케투빔'(כתובים)이라고 하는데, 이 세 분류의 히브리어 첫 글자들을 모아서 만든 단어가 타낙입니다.

이렇게 나누다보니 좀 의아한 것이 있습니다. 사사기는 누가 읽어도 출애굽을 한 이스라엘 백성이 가나안 땅에 들어온 후 벌어진 전쟁과 사건들을 나열한 역사 기록인데, 이스라엘 사람들의 성경 분류에 따르면 예언서(전기 예언서)에 속한다는 것입니다. 그리고 보니 전기 예언서로 분류된 책들이 다 이상합니다. 여호수아서, 사사기, 사무엘서, 열왕기가 모두 예언서라니 말입니다.

율법서		창세기/출애굽기/레위기/민수기/신명기
예언서	전기 예언서	여호수아/사사기/사무엘/열왕기
	후기 예언서	이사야/예레미야/에스겔
	12예언서	호세아/요엘/아모스/오바댜/요나/미가/나훔/하박국/스바냐/학개/스가랴/말라기
성문서	진리의 책들	시편/잠언/욥기
	다섯 두루마리들	아가/룻기/애가/전도서/에스더
	그 외	다니엘/에스라-느헤미야/역대기

○ 유대인들의 구약성경 분류

예언이란 무엇인가?

이것이 바로 역사를 바라보는 유대인의 시각입니다. 우리는 역사라고 하면 과거에 일어났던 사건에 대한 이야기라고 생각합니다. 그렇지만 유대인들은 역사 이야기가 과거에 일어난 옛이야기에 그치는 것이 아니라 그 과거의 역사가 우리의 미래를 보여준다는 믿음을 가지고 있습니다.

예언은 대개 "앞으로 무슨 일이 벌어질까?" 하는 것을 알려주는 것이라고 생각합니다. 아주 틀린 말은 아닙니다. 그런데 성경에서는 "네 얼굴을 보아하니 분명히 이런 일을 당하겠구나. 운명은 피할 수 없어. 이미 신(神)이 정해놓은 것이니까. 그래도 그 운명에서 꼭 벗어나고 싶다면 액땜한다 치고 이렇게 해봐"라고 말하는 사람들을 예언자라고 부르지 않고 무당과 박수라고 불렀습니다. 그리고 율법에 의하면 이렇게 운명적인 미래를 점치고 말하는 사람들은 다 사형에 처해야 되는 사람들로 분류해놓았습니다

(출 22:18 ; 신 18:9-12).

　그러면 구약 시대에 예언자들이 한 일들은 무엇이었을까요? 구약 시대 예언자들은 율법 교사이자 일종의 역사가들이었습니다. 조금 쉽게 풀어서 설명한다면, 해 아래 새로운 것이 어디 있을까요? 사람들이 지금 살아가는 모습은 다 이런 모양입니다. 그들이 지금 걷는 길은 이미 우리 선조들이 예전에 한 번쯤 다 해보았던 것들입니다. 예언자들은 현재를 살아가는 사람들에게 그들과 똑같은 길을 걸어간 과거 신앙의 선조들 이야기를 들려줍니다.

　"여러분이 잘 알고 있는 우리 옛 선조들의 이야기를 들어보세요. 우리 선조들이 과거 바알브올에서 한 일을 떠올려보세요. 광야에서 했던 일을 생각해보세요. 잘 알다시피 우리 선조들은 이러이러했잖아요. 그리고 가나안 땅에 들어와서는 이렇게 했잖아요. 그래서 그들이 이렇게 된 것, 다 알지요? 그러면 여러분의 현재 모습은 어떤가요?"

　만약 잘못된 길을 걸었던 조상들의 생활 방식을 버리고 그들과 전혀 다른 삶을 살고 있다면 아마 예언자들은 그들을 칭찬할 것입니다. 그러나 과거 선조들이 걸었던 그릇된 길을 그대로 따라 걷고 있다면 예언자들은 이렇게 말할 것입니다.

　"여러분들의 현재 모습은 어떤가요? 그렇게 살다가 하나님으로부터 큰 벌을 받았던 우리 선조들과 별다를 바 없지요? 똑같지요? 심지어 더 어긋나 있지요? 그러면 한번 생각해보세요. 우리 신앙의 옛 선배들이 어떻게 되었지요? '아, 가나안 땅에 들어가지도 못하고 광야에서 죽었구나! 가나안 땅에 들어가기는 했지만 그곳에서 고생고생하다가 결국 블레셋 사람들에게 죽었구나.' 그렇다면 여러분은 어떻게 될 것 같아요? 하나님의 기준은 바뀌지 않을 테니, 여러분도 옳지 않은 길을 걸었던 우리 선조들과 별다를 바 없는 미래를 맞이하겠군요."

구약 시대의 예언자는 과거 하나님이 시내산에서 주셨던 하나님의 말씀(율법)과, 그 말씀을 받고 이 땅에 살았던 우리 신앙 선조들의 삶과, 그 삶의 열매를 배우고 그 역사를 기준 삼아 하나님의 영으로 오늘을 비평하고, 내일 우리가 걸어가야 할 하나님의 길을 가르쳐주는 사람들이었습니다. 간단히 말해 예언자는 과거를 배워서 오늘을 날카롭게 바라보고 내일을 기대하게 하는 사람이라고 할 수 있겠네요.

참 예언자와 거짓 예언자

"그렇다면 누가 참 예언자이고, 누가 거짓 예언자입니까?"

구약성경에서 참 예언자와 거짓 예언자를 구분하는 기준은 아주 분명합니다. 우리 생각에 참 예언자라면 그가 한 말이 반드시 이루어져야 참 예언자라고 생각합니다. 큰 틀에서 틀린 말은 아닙니다.

"만일 선지자가 있어 여호와의 이름으로 말한 일에 증험도 없고 성취함도 없으면 이는 여호와께서 말씀하신 것이 아니요 그 선지자가 제 마음대로 한 말이니 너는 그를 두려워하지 말지니라"(신 18:22).

그런데 이것만이 참 예언자와 거짓 예언자를 구분하는 기준이라면 구약성경에 거짓 예언자의 글이 떡하니 있는 셈이 됩니다. 요나를 보십시오. 니느웨가 40일 뒤에 멸망할 거라는 요나의 예언(욘 3:4)은 보기 좋게 빗나갔습니다. 요나가 예언을 하자 니느웨 왕과 대신 그리고 백성들이 하나님께 용서를 빌고 회개했습니다. 하나님께서 그 모습을 보시고 니느웨를 멸망시키지 않으셨습니다. 하나님께서 참 예언자 요나를 니느웨로 보내어 거짓 예언자로 만드신 셈입니다.

예레미야서에서는 참 예언자와 거짓 예언자를 구분하는 또 다른 기준을 말합니다.

"평화를 예언하는 선지자는 그 예언자의 말이 응한 후에야 그가 진실로 여호와께서 보내신 선지자로 인정받게 되리라"(렘 28:9).

구약성경을 연구하는 학자들은 이 구절을 이렇게 이해합니다.

"예언자가 평화를 예언할 때는 그 평화가 이루어져야만 참 예언자라 말할 수 있다. 그런데 그 예언자가 '걱정 마. 잘 될 거야'(평화)라고 말하는 것이 아니라 현실의 문제를 지적하고 '하나님의 뜻이 이 길에 있지 않으니 너는 네가 가는 길에서 돌이켜라. 그렇지 않으면 너희가 이러이러하게 되리라'(잘못의 지적)라고 예언했는데, 그 사람이 그 예언을 듣고 돌이켜서(회개) 하나님이 용서하시고 예언자가 말한 그 미래가 이루어지지 않았다면 예언의 성취 여부와 관련 없이 그는 참 예언자이다."

예언자, 역사, 사사의 역할

1. 예언자의 역할

예언자의 역할은 피할 수 없는 미래를 가르쳐주는 것이 아닙니다. 예언자들은 율법을 기억하고 읽으면서 하나님의 약속을 찾아내고 지난 역사 속에서 하나님의 음성을 들으며 하나님의 영으로 오늘을 날카롭게 비평하는 사람들입니다. 과거에 비추어 잘한 일에는 칭찬과 축복을 건네고, 과거에 그릇된 길을 걸었던 신앙 선배들의 길과 같은 길을 걷고 있다면 현재를 살고 있는 그들이 잊고 지낸 과거(율법)를 다시 기억나게 하고, 다가올 미래를 준비하게 하는 것이 예언자의 역할입니다. 나와 같은 길을 걸었던 선조들이 하나님으로부터 복을 얻었다면, 예언자의 격려로 더 큰 힘을 얻고 믿음과 확신을 가지고 전처럼 그 길을 쭉 걸어가면 됩니다. 반대로 나와 같은 길을 걸었던 신앙의 선배들이 하나님으로부터 징계를 받았다면 예언자의 경고에 정신을 차리고 지금 걷는 길에서 돌아서면 됩니다.

그리고 지금 살아가는 삶의 모습이 여호와 하나님이 보시기에 좋아서 예언자로부터 격려를 듣고 그대로 걷다가 하나님의 복을 얻으면, 복을 얻을 것이라고 예언한 그가 참 예언자가 되는 것입니다. 한편 계속 이런 식으로 살다가는 하나님께 벌을 받게 되리라는 질책을 듣고 그 길에서 돌이켜 하나님의 길을 걷는다면 "결국 하나님께 벌을 받게 될 것이다"라는 예언이 이루어지지 않더라도 '하나님의 목소리를 품은 참 예언자'로 인정받게 됩니다. 그래서 예언자의 가장 큰 사명은 사람들의 미래를 가르쳐주는 것이 아니라 여호와 하나님의 눈에 비추어 현실을 직시하게 하는 것이라고 말하는 것입니다. 또한 현실을 직시하게 하는 촉매제는 과거의 역사이며 율법입니다.

2. 역사의 역할

이스라엘의 역사는 '지금'을 살고 있는 사람들에게 반면교사 역할을 합니다. 사사기를 읽으면서 '아, 사사 시대에는 사람들이 이렇게 살았구나!

어떻게 이럴 수 있지? 어떻게 하나님을 그토록 쉽게 잊을 수 있는 거야?' 하고 분노하는 것으로 끝나면 안 됩니다. 그 사람들이 살았던 그때의 삶을 날카롭게 비판하되 현재 나의 삶을 직시하고 비교하면서 나는 그들과 어떻게 다른가를 늘 마음에 품고 사사기를 읽어야 합니다. 그렇다면 여러분의 앞날이 어떨지가 보일 것입니다. 그래서 역사의 기록, 사사기는 예언서입니다.

3. 사사의 역할

그러면 역사이자 예언서인 사사기 두루마리에서 소개하는 사사들의 역할은 무엇일까요? 사사기를 영어로는 'The Book of Judges'라고 합니다. '사사'라는 어려운 말로 번역해놓기는 했지만 간단히 말해서 "재판관"이라는 의미이지요. 그래서 가톨릭 교인들이 읽는 성경에서는 이 책을 "판관기"라고 번역했습니다. 그런데 정말 사사들이 재판을 하던 사람들이었나요? 물론 드보라처럼 재판을 주관했던 사사들도 있지만 그에 못지않게 전쟁 지휘관의 이미지가 먼저 떠오르기도 합니다. 사사치고 전쟁 한 번 치러보지 않은 사람이 없는 것 같거든요. 물론 전쟁을 치르지 않은 사사도 있습니다.

사사들의 이야기를 읽다보면 '재판관', '군사 지휘관'이라는 이미지가 모든 사사들의 특징과 역할을 아우른다고 말하기가 쉽지 않습니다. 그래서 '의사결정의 최종 책임자'(decision maker)라는 말이 제일 적합하지 않을까 싶습니다. 즉, 민족이 곤경에 처했을 때 민족을 구원하기 위해서 무언가를 결정하고 그 결정을 수행해야 했던 사람, 그 임무를 수행해야 했던 사람들 중에 가장 앞에 나서야 했던 사람이 바로 사사입니다.

사사기가 순환 구조라고?

사사기를 공부할 때 가장 많이 들었던 이야기는 사사기가 '순환 구조' (cyclical framework)라는 것이었습니다. 저도 그렇게 배웠고 교회에서도 사사기를 가르칠 때 그렇게들 말합니다. 순환 구조란 (1) 사람들이 하나님께서 주신 땅에서 평화롭게 잘 살고 있어요. 가나안 땅에 정착하며 살다보니 삶이 조금씩 좋아졌지요. (2) 경제적인 측면에서 삶의 질이 좋아지다보니 여유도 생겨요. 그러다보니 슬슬 타락의 길을 걷기 시작합니다. 그리고 자연스럽게 하나님의 길로부터 멀어져갔습니다. (3) 결국은 고난을 당합니다. (4) 그제야 하나님께 울부짖습니다. (5) 그러면 자비로운 하나님께서는 그 울부짖음을 들으시고 사사를 보내주십니다. 그리고 하나님이 보낸 사사가 이스라엘을 구원합니다. (1) 다시 평화의 시대가 찾아옵니다. 그다음부터는 다시 (2)-(3)-(4)-(5)-(1)이 계속 반복되는 것을 순환 구조라고 부릅니다.

굳이 말하자면 사사기의 큰 맥은 이런 순환 구조일 수도 있습니다. 그런데 실제로 열두 명의 사사 중에서 이 순환 구조가 적용되는 이야기는 다섯 명밖에 없습니다. 그중에서도 가장 전형적인 순환 구조에 해당하는 사람은 옷니엘밖에 없다고도 말할 수 있습니다. 나머지 사사들의 이야기는 순환 구조라는 틀 안에서 해석할 수도 있겠지만 마치 억지로 끼워 맞춘 옷처럼 어색하고 불편합니다. 사사기의 순환 구조는 사사기에서 소개하는 사사들의 삶과 그 이야기들을 이해하는 데 도움이 되는 것이 분명합니다.

또 사사 시대에 살았던 사람들의 군상(群像)을 이해하는 데 도움이 될 수 있기도 합니다. 그러나 그 순환 구조가 사사기 전체를 설명할 수는 없습니다. 전체 사사들의 이야기 절반에도 해당하지 않는 구조이기 때문입니다.

앞서 사사기라는 책이 보따리 형태의 구조이고 사사들의 이야기를 묶어내는 보따리가 사사기 1-2장과 17-21장이라고 했는데, 그래서 사사기를 기록한 역사가에게 주신 하나님의 영감, 사사기를 기록한 역사가가 이 두루마리를 읽을 이스라엘 사람들에게 정말 하고 싶었던 말은 사사기 1-2장과 17-21장에 담겨 있다고도 했습니다.

사사기 1장부터 3장까지는 사사기를 기록한 역사가가 사사기를 기록할 수밖에 없었던 이유를 소개하는 도입부입니다. 17장부터 21장은 사사기를 기록한 역사가가 정말로 고발하고 싶었던 레위인들(레위인 제사장들)과 그들이 이끌었던 사사 시대 이스라엘의 현주소를 농축해놓은 총정리라고 볼 수 있습니다. 그러니까 어찌 보면 중간에 끼어 있는 사사들의 이야기들은 사사기를 기록한 역사가가 전달하고자 했던 하나님의 강력한 메시지를 돋보이게 하기 위한 사례들이며, 사사기의 순환 구조는 그저 그 사례들을 잘 이해할 수 있도록 도와주는 틀이라고 말할 수 있겠습니다. 그것도 모든 사사를 다 설명할 수는 없는 틀 말입니다.

사사기 1-2장

사사기 1-2장은 시기적으로 여호수아서 23-24장과 서로 포개집니다. 역사를 시간순으로 나열한다고 할 때 사사기 1-2장은 여호수아서에 들어가도 큰 문제가 없습니다. 그 내용을 살펴보면, 여호수아가 여호수아서

23장부터 마지막 고별 연설을 하고 죽는데 사사기를 보면 사사들 시대의 첫 출발을 알리는 과정에서 아직 여호수아가 죽지 않았고, 사사기 2장에 가서야 여호수아가 죽습니다. 그러면 왜 이리 모호하게 여호수아서 뒷부분과 사사기 앞부분이 겹쳐지게 기록했을까요? 아마 이 두 개의 책이 나뉜 것이 아니라 하나로 연결시켜봐야 할 역사임을 알려주기 위해서가 아닐까요? 그렇다면 사사기를 기록한 역사가가 앞의 두루마리인 여호수아서와 사사기를 포개놓으면서 하고 싶었던 이야기는 무엇이었을까요?

왜 하나님은 그 땅 사람들을 다 쫓아내지 않고 남겨두셨는가?

1. 하나님을 인식하게 하려고

"너희는 이 땅의 주민과 언약을 맺지 말며 그들의 제단들을 헐라 하였거늘 너희가 내 목소리를 듣지 아니하였으니 어찌하여 그리하였느냐 그러므로 내가 또 말하기를 내가 그들을 너희 앞에서 쫓아내지 아니하리니 그들이 너희 옆구리에 가시가 될 것이며 그들의 신들이 너희에게 올무가 되리라 하였노라"(삿 2:2,3).

신명기 20장 10-14절에서는 이스라엘 백성들이 지켜야 할 전쟁 규정을 알려줍니다. (1) 먼저 무력이 아니라 항복할 것을 권유합니다. (2) 그 권유에 따라 항복하면 서로 화평을 이루고 성문을 연 주민들이 이스라엘 백성에게 조공을 바치는 것으로 마무리합니다. (2-1) 그러나 항복하지 않으면 본격적으로 전쟁을 하는데 성읍 안에 있는 남자들을 다 죽이는 것입니다. (3) 그리고 전쟁 중에 여자들과 유아들과 가축들과 성읍 가운데 있는 모든 것을 탈취물로 삼습니다.

그런데 이 같은 전쟁 기준을 주신 하나님께서 가나안 정복 전쟁에서 는 전혀 다른 명령을 내리십니다. 히브리어로 '헤렘'(חרם)이라고 부르는 '진멸시키는' 전쟁입니다. 남녀노소를 구분하지 않고 모두를 진멸하고 성 읍의 모든 것을 하나도 남기지 말라는 것입니다. 왜 그런 명령을 내리셨을 까요? 전쟁에 나갈 수 있는 성인 남자들을 제외한 여자와 아이들 그리고 모든 가축과 재산은 전리품입니다. 전쟁에 나간 이스라엘 사람들의 입장 에서는 전쟁에서 얻게 되는 전리품이 최대 관심사입니다. 그러므로 다 진 멸하라는 하나님의 말씀은 전쟁에서 얻게 될 개인의 전리품에 주목할 것 이 아니라 오직 하나님께서 주실 그 땅의 주인이 하나님이라는 것만을 기 억하라는 것입니다.

그러나 사람의 욕심이 어떻게 그런가요? 성경에서는 '아간'으로 대표되 는 한 인물의 사리사욕을 소개하고 있지만(수 7장), 이런 사람들이 한둘이 아니었을 것입니다. 하나님께서는 이런 이스라엘 사람들에게 가시 하나를 박아두셨습니다. 손바닥에 박힌 아주 작은 가시는 그렇게 아프지 않지만 갑자기 뭔가 만질 때나 살짝 스칠 때 따끔거리면서 그것에 주목하게 되듯 이 하나님께서는 가나안 땅의 사람들을 이스라엘 사람들 사이에 가시처 럼 박아두셔서 하나님을 인식하게 하신 것입니다. 오직 하나님만이 그 땅 의 주인이시라는 것을 말입니다. 이것이 사사기를 기록한 역사가가 이해한 하나님의 일하시는 방식입니다.

2. 현실 점검을 위해서

"여호와께서 이스라엘에게 진노하여 이르시되 이 백성이 내가 그들의 조상들에게 명령한 언약을 어기고 나의 목소리를 순종하지 아니하였은즉 나도 여호수아가 죽을 때에 남겨둔 이방 민족들을 다시는 그들 앞에서 하나도 쫓아내지 아니하리니 이는 이스라엘이 그들의 조상들이 지킨 것같이 나 여호와의 도를 지켜 행하나 아니하나 그들을 시험하려 함이라 하시니라 여호와께서 그 이방 민족들을 머물러 두사 그들을 속히 쫓아내지 아니하셨으며 여호수아의 손에 넘겨주지 아니하셨더라"(삿 2:20-23).

사사기를 기록한 역사가의 두 번째 대답은 현실 점검입니다. 이스라엘을 시험하기 위해서 그 땅의 사람들을 그대로 남겨두셨다는 것입니다. 구약성경에서 '시험'이라는 모티브는 대단히 중요합니다. 하나님이 주시는 시험은 이스라엘을 나락으로 떨어뜨리기 위한 것이 아니고, 이스라엘 백성들의 신앙과 삶의 현주소를 깨닫게 하기 위함입니다.

예를 한번 들어볼까요? 만나와 메추라기 사건을 아실 것입니다(출 16장). 하나님이 만나를 하늘에서 비같이 내려주셔서 이스라엘의 진 주위에서 먹게 하셨습니다. 그런데 이것이 하나님의 시험이었습니다(출 16:4). 안식일을 잘 지키는지 그렇지 않은지 확인해보고 싶으셨던 것입니다. 안식일에는 만나가 내리지 않았지요? 하나님께서 미리 그럴 거라고 말씀해주셨습니다. 그런데도 안식일에 만나를 주우러 나간 사람들이 있었습니다. 만나를 주시는 은혜 속에서도 하나님께서는 출애굽 한 이스라엘 백성들이 안식일을 잘 지키는지 시험하시고 그렇지 않은 이들을 꾸짖으셨습니다(출 16:28-30).

하나님이 시험하시는 이유는 이스라엘 백성들을 저 나락으로 떨어뜨려서 어떻게든 벌을 주시려는 것이 아니었습니다. 시험의 목적은 현실 점검입니다. 지금 살아가는 걸음걸음이 하나님과 동행하며 하나님을 인식하고 그분의 목소리를 잘 들으며 옳은 길로 제대로 가고 있는지 그렇지 않은지를 점검하는 것입니다. 사사기에서도 마찬가지입니다. 그들이 여호와의 도(하나님의 율법)를 잘 지키는지 그렇지 않은지 현실 점검을 하기 위해서 가나안 사람들을 남겨두셨다는 것입니다. 이것이 그 땅에 사람들을 남겨두신 두 번째 이유입니다.

3. 역사를 알게 하려고

"이스라엘 자손의 세대 중에 아직 전쟁을 알지 못하는 자들에게 그것을 가르쳐 알게 하려 하사"(삿 3:2).

출애굽 후 광야에서 40년을 보냈습니다. 출애굽 1세대들이 광야에서 죽음을 맞은 이야기는 잘 아실 것입니다. 민수기에는 출애굽 1세대와 2세대의 세대교체 이야기가 나옵니다. 여호수아와 갈렙을 제외하고는 가나안 땅에 들어간 출애굽 1세대가 없었다고 하니(민 14:30) 여호수아서의 배경은 아마도 출애굽 1세대인 여호수아와 갈렙 그리고 출애굽 2세대, 출애굽 3세대가 섞여 살던 시대였을 것입니다. 출애굽 3세대는 모세를 한 번도 본 적이 없는 사람들입니다. 혹시 보았더라도 아주 어릴 때 잠깐 스치듯 보았을까요? 이들은 선조들이 광야에서 아말렉 사람들과 싸우고, 모압 사람들과 싸우던 이야기를 선조들의 입을 통해 옛날이야기 듣듯이 들으며 자란 사람들입니다.

사사기를 보면 아예 이런 이야기를 몰랐던 사람들도 있었던 것 같습니다(사사 입다 이야기 참조). 사사기를 기록한 역사가의 눈에 전쟁 이야기는 곧 역사였습니다. 전쟁을 알지 못하는 이들에게 전쟁을 알게 한다는 것이 이들을 모두 전쟁 용사로 키우겠다는 말로 단정할 수는 없습니다. 오히려 역사를 알지 못하는 이들에게 역사를 알게 하겠다는 말로 이해하면 훨씬 더 자연스러울 것 같습니다.

그런데 이스라엘이 잊지 말아야 할 또 다른 전쟁의 역사가 있습니다. 아니, 이 역사가 가장 중요한 역사일지도 모르겠습니다. 사사기 3장 2절에 "이스라엘 자손의 세대 중에 아직 전쟁을 알지 못하는 자들에게 그것을 가르쳐 알게 하려 하사 남겨두신 이방 민족들은…"이라는 말씀 뒤에 그 땅에 남겨진 민족들의 명단을 나열하고 나서 이방 민족과의 결혼 이야기를 하는데, 성경을 통틀어 가장 예민한 가정 문제가 이방인과의 결혼이었습니다. 출애굽 당시에도 이방인과의 결혼으로 큰 곤혹을 치른 역사가 있었습니다.

"이스라엘이 싯딤에 머물러 있더니 그 백성이 모압 여자들과 음행하기를 시작하니라 그 여자들이 자기 신들에게 제사할 때에 이스라엘 백성을 청하매 백성이 먹고 그들의 신들에게 절하므로 이스라엘이 바알브올에게 가담한지라 여호와께서 이스라엘에게 진노하시니라"(민 25:1-3).

이방인과 결혼을 한다는 것은 오늘날 국제결혼을 한다는 말과는 전혀 다른 의미입니다. 단지 결혼의 문제가 아니라 정체성의 문제였습니다. 민수기에 나오는 것처럼 가정의 이야기로 간단히 예를 들어볼까요? 광야생활을 하면서 불안정한 삶을 살던 출애굽 한 사람들이 한 땅에 정착하면서 나름대로 안정적인 생활을 하는 토착민들을 만났으니 그들과 결혼을 한다면 유랑생활을 청산하고 안정된 삶을 살 수 있는 가능성이 생깁니다. 십수 년 동안 떠돌이 생활을 하던 사람들에게 이것은 매우 매력적인 유혹이었습니다. 그러나 그들과 가정을 이루기 위해서는 반드시 거쳐야 할 통과의례가 있습니다. 이미 그 땅에 살고 있는 그들의 문화와 전통을 존중해야 할 의무뿐 아니라 그들의 일원이 되어 그들처럼 살아야 한다는 것입니다.

그래서 이스라엘 사람들이 모압 여인들과 함께 모압의 신들을 예배하는 자리에 나간 것입니다. 안정적인 삶과 신앙을 맞바꾼 것이지요. 이렇게 생각한 사람들이 있었을지도 모릅니다. '이들이 누리는 이 좋은 것을 왜 버려? 우리가 잘 취했다가 하나님께 드리면 되지. 아니, 그들이 이룬 선진 문화를 왜 죽이면서까지 없애? 잘 가다듬어진 문화를 흡수하여 우리 문화를 성장시키면 되지.' 이렇게 이방 문화와 타협했던 사람들과, 조금 늦게 가더라도 하나님의 백성이라는 정체성을 지키겠다는 두 부류의 사람들이 성경에서 늘 싸우는 것입니다. 지금도 싸우고 있지요. 타협한 사람들은 이방인들과 결혼해서 우상숭배의 길로 가고, 타협하지 않은 사람들은 계속 고난의 길을 걸어가는 것이지요.

"여호와께서 모세에게 이르시되 백성의 수령들을 잡아 태양을 향하여 여호와 앞에 목매어 달라 그리하면 여호와의 진노가 이스라엘에게서 떠나리라 모세가 이스라엘 재판관들에게 이르되 너희는 각각 바알브올에게 가담한 사람들을 죽이라 하니라"(민 25:4,5).

사사기를 기록한 역사가의 눈에는 이방인과 결혼하지 않는 것이 바로 '정체성의 전쟁'이었습니다. 하나님을 향한 신앙의 결단을 요구하는 전쟁 말입니다. 물질문명의 화려함은 사람들을 항상 유혹합니다. 가나안 사람들을 만난 이스라엘도 예외는 아니었습니다. 그들이 즐기는 물질문명이 좋아 보이고, 그들이 누리는 문화가 더 나아 보였을 것입니다. 그래서 하나님의 백성이었던 이스라엘이 자기들이 보기에 좋아 보이는 가나안의 것들을 선택하던 때가 사사들의 시대입니다. 사사기를 기록한 역사가는 이 전쟁을 적나라하게 보여줄 것입니다.

PART 2

하나님의 영이 임한 사사들

02

옷니엘

삿 3:7-11

'옷니엘'이라는 이름

이스라엘의 첫 번째 사사는 옷니엘입니다. 그런데 옷니엘이라는 이름의 정확한 어근은 알 수가 없습니다. 왜냐하면 히브리어로 '오트니엘'이라는 이름을 'עתניאל'이라고 쓰거든요. 그 모양을 보면 이 이름은 '오트니'(עתני) 와 '엘'(אל)이 연결된 형태입니다. 그런데 'עתני'이라는 어근이 히브리어에는 없습니다. 그래서 옷니엘을 연구하는 학자들은 또 다른 가능성을 제시합니다. 고대 사회에서는 히브리어 알파벳 '아인'(ע)과 '알렙'(א)을 종종 혼동하거나 혼용하기도 했습니다. 그렇다면 어근이 'עתני'이 아니라 'אתני'일 수 있습니다. 그리고 어근 'אתני'은 "힘"이라는 뜻을 가지고 있습니다. 그래서 사사기를 연구하는 학자들이 제시한 옷니엘이라는 이름의 뜻은 "하나님이 나의 힘이시다"입니다.

정말 그렇다면 옷니엘이라는 이름에는 대단한 아이러니가 숨어 있습니다. 사사기는 사사 시대가 이방인들과 결혼하고 우상을 떠받치던 시대라고(삿 3:1-6) 말하고 있습니다. 이렇게 모두 그 땅의 사람들이 섬기는 신들을 따를 때 옷니엘은 그것이 아니라 여호와 하나님이 나의 힘이라고 외치고 있는 것입니다. 이렇게 장한 이름을 가진 이가 이스라엘의 첫 사사가 되었다는 것은 결코 놀랄 만한 일이 아닙니다.

옷니엘 시대의 이스라엘 사람들

1. 자기들의 눈에 좋은 것을 선택하는 사람들

옷니엘이 어떤 사람이었는지 알아보기 위해서 먼저 그가 살던 시대를 살펴보려고 합니다. 사사기 3장 7절에 이렇게 기록되어 있습니다.

"이스라엘 자손이 여호와의 목전에 악을 행하여 자기들의 하나님 여호와를 잊어버리고 바알들과 아세라들을 섬긴지라"(삿 3:7).

'여호와의 목전에'(בְּעֵינֵי יְהוָה 베에이네 아도나이)라는 고어체 표현을 요즘 말로 쉽고 정확하게 표현하자면 '하나님의 눈에'라고 고쳐 쓸 수 있습니다. 이스라엘 사람들이 하는 행동이 하나님의 눈에 (보시기에) 옳지 않다는 것입니다. 하나님의 눈에는 그것이 악해 보인다는 것이지요. 사람들이 악한 길로 가는 이유, 이방인과 결혼하고 우상숭배를 하는 이유에 대한 사사기를 기록한 역사가의 대답은 이렇습니다.

"하나님이 보시기에 좋은 것을 선택하지 않고, 자기들의 눈에 좋아 보이는 것을 좇아 살았기 때문이다."

광야를 떠돌던 이스라엘이 가나안 땅에 들어왔을 때 가나안에 살던 사람들이 누리던 물질문화 생활은 광야에서는 결코 경험해보지 못한 좋은 것이었습니다. 문화사적으로도 한곳에 정착하는 농경생활을 하는 사람들이 이곳저곳을 돌아다니는 유목생활을 하는 사람들보다 더 높은 수준의 문화를 누리고 살았던 것이 분명하니까요. 시대를 막론하고 물질문명의 화려함은 늘 사람들을 유혹합니다. 가나안 사람들을 만난 이스라엘도 예외는 아니었습니다. 그들이 즐기는 물질문명이 좋아 보이고 그들이 누리는 문화가 더 나아 보였을 것입니다. 그래서 하나님의 백성이었던 이스라엘이 자기들이 보기에 좋아 보이는 가나안의 것들을 선택하는 시대가 사사들의 시대입니다.

2. 다신의 문화에 휩쓸려 살던 사람들

누군가를 좋아하다보면 그가 가진 모든 것이 좋아 보이고 그가 하는 행동이 다 좋아 보이게 마련입니다. 요즘 K-POP을 좋아하는 팬들이 아이돌이 하는 액세서리나 그들이 광고하는 제품이나 음료를 사고 싶어 하는 것처럼 그냥 다 좋은 것이지요. 당시 이스라엘 사람들도 마찬가지였습니다. 그들은 그들이 광야에서 맛볼 수 없던 것들을 가나안에서 맛보았습니다. 이제 그 땅에서 안정적인 문화를 향유하며 살고 있는 사람들을 좋게 보기 시작하면서 그들이 하는 모든 것이 신기하고, 좋아 보이고, 따라하고 싶은 마음이 들었습니다. 심지어 그들이 섬기는 신들까지 말입니다.

시대적으로는 사사들의 시대보다 약 300여 년 뒤의 일이기는 하지만 고대 사람들의 정신세계를 보여준다는 측면에서는 두 시대가 마찬가지였을 이야기를 소개해볼까 합니다.

"아람 왕의 신하들이 왕께 아뢰되 그들의 신은 산의 신이므로 그들이 우리보다 강하였거니와 우리가 만일 평지에서 그들과 싸우면 반드시 그들보다 강할지라"(왕상 20:23).

아람 왕 벤하닷이 아합과 전쟁을 벌였습니다. 그런데 아합이 승리했습니다. 이 구절은 벤하닷이 전쟁에서 패한 후에 그의 신하들이 벤하닷을 위로하면서 한 이야기입니다. 아람 사람들의 눈에 이스라엘의 하나님은 '산의 신'이었습니다. 그러고 보면 이스라엘의 중요한 역사 가운데는 유독 눈에 띄는 산들이 많습니다. 아브라함이 이삭을 번제로 드리려 했던 모리아 땅의 한 산, 모세가 하나님을 만난 호렙산, 모세가 율법을 받은 시내산, 아론이 죽은 호르산, 모세가 죽은 느보산의 비스가, 여호수아가 율법을 낭독할 때 이스라엘 백성들이 서 있던 에발산과 그리심산, 예루살렘 성전이 있는 시온산 등 정말 많은 산들의 이름을 알고 있습니다.

그리고 벤하닷의 시대에 유다는 유다 산지에, 이스라엘은 에브라임 산지와 사마리아 산지, 길르앗 산지에 살고 있습니다. 아람 사람들의 세계관에서 이스라엘의 하나님이 산의 신이라고 불릴 만합니다. 광야를 유랑하던 이스라엘 사람들이 살던 시대, 가나안을 비롯한 지중해 동쪽 지역의 많은 사람들이 이런 신관(神觀)을 가지고 있었습니다. 그런데 그런 그들의 세계관이 이스라엘 사람들의 생각에 스멀스멀 들어오기 시작했습니다. 농사를 지을 수 있는 땅, 가나안에 들어온 이스라엘 사람들은 이제 '산의 신'이 아니라 '농경의 신'이 필요하다고 생각했던 것입니다.

레반트 지역이라 불리는 지중해 동쪽에서 비를 내리게 하는 천둥 번개의 신을 바알이라고 합니다. 그리고 바알의 아내가 풍요의 여신 아세라입니다. 하늘 위에서 바알이 천둥 번개와 함께 비를 내리면 이 비를 머금은 아세라가 수태해서 풍성한 곡식과 열매를 맺는다는 것입니다. 이 바알 신앙이 국가의 신앙으로 자리 잡은 곳이 가나안 땅과 맞대고 있는 페니키아(성경의 두로와 시돈 지역)입니다. 그래서 강대국 페니키아의 영향을 받고 살던 가나안 사람들도 자연스럽게 바알 신앙을 갖게 되었고, 그 땅에 들어간 이스라엘 역시 유랑하던 과거와 달리 이 땅에 정착하고 농사를 지으면서 살아야 하는 새 시대에는 그에 걸맞은 신이 필요하다고 생각했습니다.

어떤 형상이나 모양도 알 수 없는 여호와 하나님보다는 칼과 번개를 들고 무언가를 내리치는 바알의 역동적인 모습, 의자에 거룩하게 앉아 무언가를 선포하는 듯한 바알의 근엄한 모습, 가슴이 풍만하고 임신하여 배가 나와 있는 아세라의 모습이 눈에 보기에도 훨씬 더 세련되고, 더군다나 농사를 짓는 자기들의 격(格)에 맞는다고 생각한 것이지요. 하나님의 백성이었던 이스라엘이 여호와 하나님뿐 아니라 다른 신들의 존재도 인정하고, 그 많은 신들 가운데서 자기들이 보기에 좋아 보이는 가나안의 신들을 선택하던 시대가 사사들의 시대입니다.

메소보다미아(메소포타미아) 왕, 구산 리사다임

여호와께서 진노하심으로 이스라엘 백성들을 메소포타미아 왕 구산 리사다임의 손에 넘기셨습니다. 메소포타미아라는 말을 듣는 순간 성경에 메소포타미아가 나온다는 것을 처음 알게 된 분들도 계실 것입니다. 알다시피 세계 4대 문명 중에서 가장 오래된 최초의 문명이 메소포타미아입니다. '메소스'(μέσος)라는 말은 "가운데"(in the middle of) 또는 "둘 사

레반트 지역과 페니키아

■ 레반트 지역
■ 페니키아의 영향력 아래 있던 지역들

레반트 지역은 지중해 동쪽, 오늘의 레바논을 중심으로 남북으로 긴 지역을 가리킨다. 세계사에서 '비옥한 초승달 지역'이라 불리는 지역의 서쪽에 해당하는 지역이기도 하다. 두로(Tyre)와 시돈(Sidon), 비블로스 (Byblos), 시미라(Simyra), 아르와드(Arwad), 베리투스(Berytus)가 이 지역의 대표적인 도시이다. 이 도시들은 연합체를 구성하여 레반트 지역에 페니키아라 불리는 공동체를 형성한다. 그러나 이들이 국가나 제국으로 발전하지는 않았다.

페니키아는 그리스 역사가들이 레반트 지역의 도시 국가 연합체를 부르던 이름이다. 이 말은 그 지역 사람들이 주로 무역하던 자주색 염료를 가리키는 말이기도 하다. 기원전 14세기의 아마르나 서신(Amarna Letters)에서는 페니키아 땅을 '푸트', 페니키아 사람들을 '포님'이라고 불렀다. 그리고 그들이 살던 지역을 가나안이라고 부른다. 일반적으로 학자들은 페니키아 사람들이 오늘날의 바레인에서 건너온 사람들일 거라고 추측하기도 한다.

대략 1200-800BCE 사이를 페니키아의 전성기로 본다. 이 시기는 해양 민족의 침입으로 이집트와 히타이트의 국력이 쇠약했던 시기이다. 레반트 지역의 권력 공백기에 페니키아는 해상무역을 주도하면서 지중해의 제일 서쪽인 스페인 지역까지 진출한다. 페니키아는 작은 도시 국가의 연합체이므로 강력한 제국을 건설하기에는 역부족이었다. 그러므로 지중해 연안의 도시를 정복하고 각 도시들에게 자치권을 주는 방식으로 페니키아의 그늘 아래 머물게 했다. 강력했던 페니키아는 페르시아 시대에 이르러 쇠락의 길을 걷게 된다.

　페니키아는 다신(多神) 사회였다. 각 도시들은 저마다 도시들의 주인 신이 있었고, 많은 신들에게 계급을 부여했다. 바알 신은 페니키아의 가장 강력한 신(神) 중 하나로 남성형으로는 '바알', 여성형으로 '바알랏'이라는 이름으로 불렸다. 바알은 특별히 시돈에서는 신들 중의 신으로 숭배의 대상이 되었으며, 바알을 위한 신전이 만들어졌다.

이"(between)라는 의미를 가지고 있습니다. 그리고 '포타모스'(ποταμός)라는 말은 "강"이라는 뜻이므로 우리말로 풀어보면 "두 강 사이의 땅"이라고 할 수 있습니다. 언제부터 메소포타미아라는 명칭이 일반적으로 사용되었는지는 모르겠습니다만 흔히 알렉산더 대왕 시대 이후로 유프라테스강과 티그리스강 사이의 땅과 그 강들 주변의 땅들을 가리키는 말이라고 여깁니다. 이 땅을 부르는 히브리식 표현은 '아람 나하라임'(אֲרַם נַהֲרַיִם)입니다 (삿 3:8 참조). 두 강을 끼고 있는 아람 지역이라는 뜻이지요.

사사기를 기록한 역사가는 아람 나하라임의 구산 리사다임이 가나안 땅을 8년 동안 지배했다고 말합니다. 구산 리사다임이라는 왕의 이름을 좀 더 히브리어스럽게 읽으면 '쿠샨 리쉬아타임'(כּוּשַׁן רִשְׁעָתַיִם)이고, 메소포타미아 왕 구산 리사다임은 '쿠샨 리쉬아타임 멜렉 아람 나하라임'이라고 읽을 수 있습니다.

כּוּשַׁן רִשְׁעָתַיִם מֶלֶךְ אֲרַם נַהֲרַיִם
나하라임 ← 아람 ← 멜렉 ← 리쉬아타임 ← 쿠샨

마치 '멜렉'(왕)이라는 단어를 중심으로 '아람 나하라임'과 서로 운율을 맞추려는 듯 왕의 이름을 '구산 리사다임'이라고 부릅니다. 구산 리사다임을 우리말로 군이 해석하자면 "두 배로 악한 구산"이라고 할 수 있습니다. 사사기를 연구하는 성서학자들은 이것이 사사기를 기록한 역사가의 언어유희(wordplay)라고 설명합니다. 그러니 '두 강 사이에 끼어 있는 아람 땅의 두 배로 악한 구산'이라는 왕이 이스라엘 백성들을 압제하는 셈이 됩니다. 조금 더 나은 삶을 살아보겠다고 여호와 하나님을 버린 이스라엘이 받는 벌이라고 할 수 있겠습니다.

왜 옷니엘인가?

자기들의 눈에 좋아 보이는 것을 따라 여호와 하나님을 떠나가서 가나안 족속과 헷 족속, 아모리 족속, 브리스 족속, 히위 족속, 여부스 족속의 신들을 예배하던 이스라엘 사람들이 드디어 여호와 하나님께 부르짖었습니다. 뒤늦은 부르짖음이었지만 하나님께서는 이스라엘을 버리지 않으셨습니다. 그리고 구원자를 세우셨습니다. 흥미로운 것은 사사기를 기록한 역사가는 옷니엘을 '사사'(쇼페트 שֹׁפֵט)라고 부르지 않고, '구원자'(모쉬아מוֹשִׁיעַ)라고 불렀습니다. 사사는 누군가를 재판하고 판단하는 사람을 가리키는 보통 명사입니다. 그러나 사사가 재판관의 역할만 하는 것은 아닙니다. 오히려 우리가 알고 있는 사사들의 이야기는 주로 전쟁과 관련이 있습니다. 위급하거나 위험한 상황에서 탈출시키는 구원자 또는 전쟁 지도자의 역할 또한 사사의 중요한 임무였습니다. 그러면 그 많은 사람들 가운데서 왜 하필 옷니엘이었을까요? 하나님께서 왜 옷니엘을 선택하셨는지 성경은 그 이유를 밝히지 않습니다. 그러나 우리가 역사를 안다면 옷니엘을 택하신 이유를 추측해볼 수가 있습니다.

옷니엘은 갈렙의 아우인 그나스의 아들이면서 동시에 갈렙의 사위입니다. 혹시 눈치 채셨습니까? 아직 모르겠다면 옷니엘의 장인이 누구인지 생각해보십시오. 바로 갈렙입니다. 갈렙은 이스라엘 사람입니다. 당시 트렌드라고 할까요? 그 당시 사람들은 지도자나 일반 백성들이나 경제적인 윤택함과 그 땅에서의 안전보장 등 가장 현실적인 이유로 이방인들과 결혼하고 우상숭배를 했습니다.

그런데 옷니엘은 트렌드를 따르지 않은 사람이었습니다. 옷니엘은 속된 말로 그 당시 이스라엘 사회에서 한가락 하고 영향력이 있는 사람이었습니다. 집안을 보면 알 수 있지요. 세속적인 가치관으로 보면 이런 사람이 이방 여인과 결혼해서 재산을 늘리고, 땅도 늘리고, 그 지역 이방인들에게 자기 이름을 알리는 것이 처세를 잘하는 것입니다. 그러나 옷니엘은 그런 선택을 하지 않았습니다. 옷니엘은 자기 이름값을 하며 살았습니다. 사회의 풍조는 하나님이 보여주신 길과 다른 길을 걸을지라도, 그 엇나간 길에서 힘과 영향력을 얻을 수 있다고 할지라도 오직 "하나님이 나의 힘이시다"라고 선언했던 이가 옷니엘이었습니다. 그래서 옷니엘을 소개할 때 이름에 대단한 아이러니가 숨어 있다고 한 것입니다. 시대의 아이러니입니다.

치열한 정복 전쟁이 일어났던 사사 시대는 우리의 기대와는 달리 이방인들과 결혼하던 시대, 우상을 떠받치며 살던 시대였다고 증언합니다(삿 3:1-6 참조). 이렇게 모두 그 땅의 사람들이 섬기는 신들을 따를 때 옷니엘만은 하나님의 사람으로서의 정체성을 지키며 살았습니다. 주위 사람들이 다 바알과 아세라가 우리의 미래이자 힘이라고 떠받들 때 "하나님이 나의 힘이시다"라고 당당하게 외쳤던 사람이 옷니엘이었습니다. 그래서 하나님의 영이 옷니엘에게 임하고 사사로 부름받은 것입니다.

옷니엘을 통해서 알게 된 사실은 하나님의 영이 무작위로 선택된 아무에게나 복권 당첨처럼 임하는 것이 아니라는 것입니다. 하나님의 영은 준비된 사람, 고백하는 사람 그리고 그 고백대로 사는 사람에게 임합니다. 옷니엘은 "여호와 하나님이 나의 힘"이라고 외쳤습니다. 그리고 그렇게 살았습니다. 다시 말하지만 이렇게 장한 이름을 가지고 이름값을 하며 살던 이가 이스라엘의 첫 사사가 되었다는 것은 절대로 놀랄 만한 일이 아닙니다.

03

에훗

샷 3:12-30

무엇을 기준으로 삼는가?

이스라엘의 첫 사사 옷니엘을 시작으로 이스라엘 사사들의 이야기는 매우 도전적으로 시작합니다.

"이스라엘 자손이 또 여호와의 목전에 악을 행하니라"(샷 3:12).

서론에 사사의 이야기를 시작하는 배경 설명이라든가 그 시대의 국제 사회 배경이라든가, 주인공으로 등장할 사사의 집안 환경이라든가 하는 배경 설명은 다 건너뛰었습니다. 사사기를 기록한 역사가는 돌려 말하지 않고 곧바로 꼭 해야 할 말, 정말 하고 싶은 말을 합니다.

"이스라엘 자손들이 여호와 하나님의 눈에 악한 일들을 했다."

앞으로 이 말은 형태가 좀 다를 뿐, 사사들의 이야기에서 계속 반복될 것입니다. 반복한다는 것은 바로 그것이 사사기를 기록한 역사가가 전하려는 하나님의 메시지라는 뜻입니다. 사사기를 기록한 역사가는 에훗의 이야기를 시작하면서 똑같은 표현을 두 번 연속 반복합니다. 이 짧은 문장으로 삶의 기준이 여호와 하나님인가, 아니면 사람(자신)인가를 극명하게 대조하고 싶었던 것이지요.

에훗의 시대에 여호와 하나님의 눈에 악을 행했던 이스라엘 백성들이 겪은 삶의 결과는 모압 왕 에글론의 압제였습니다. 무려 18년에 걸쳐서 말이지요. 에글론은 암몬과 아말렉 자손들을 모아 이스라엘을 공격했고, 종려나무 성읍이라고 불리는 여리고를 점령했다는 짧은 전쟁 이야기가 13절에 소개됩니다.

모압과 암몬이 혹시 어떤 사람들인지 아십니까? 모압과 암몬의 기원은 창세기 19장에 잘 나와 있습니다. 하나님의 심판으로부터 피한 롯이 소돔을 떠나 소알에 이르렀다가 그 주변 산에 올라가 한 굴에서 살았습니다. 롯은 이제 세상이 모두 멸망할 거라고 생각했던 모양입니다. 그때 롯과 함께 굴로 피한 두 딸이 아버지와 동침하여 낳은 아들들의 이름이 모압과 암몬입니다. 오늘날의 기준으로 이 아이들의 출생이 법적으로 옳은가 그른가는 잠시 뒤로하고, 혈통으로 보면 이 둘은 분명히 아브라함의 친족이고 이스라엘의 친족이 됩니다. 이들은 이방인이 아닙니다. 핵가족 시대인 오늘날과 달리 확대 가족 시대인 동시에 친족간 교류와 관계를 매우 중시하던 시대가 구약 시대입니다. 그러니 모압과 암몬은 이스라엘과 대단히 가까운 관계였다고 말할 수 있습니다.

그런데 성경을 읽는 대부분의 사람들은 모압과 암몬을 이방인이라고 생각합니다. 성경에서도 이들을 이방인 취급합니다. 성경의 많은 부분을 보면 이방인의 기준을 인종으로 따지지 않습니다. 이방인이라는 개념은 철저하게 신앙 기준입니다. 혈연으로 굳이 따지면 모압과 암몬 사람들도 아브라함의 가족들입니다. 그러나 전혀 다른 신앙을 가지고 살았습니다. 그래서 그들이 이방인인 것입니다.

고고학의 도움으로 모압 사람들이 '그모스'(Chemosh)라고 불리는 신을 섬겼다는 것을 알게 되었습니다(민 21:29; 왕상 11:7,33; 왕하 23:13; 렘 48장 참조). 그런데 그모스를 섬기는 순간 스스로를 바라보는 정체성(기준)이 바뀝니다. 성경은 끊임없이 여호와 하나님을 향한 경건한 신앙을 이야기하는데 이것을 사회학적으로 표현하면 정체성입니다. 여호와 하나님 중심의 자기 정체성을 세워 나가고 그것을 삶에서 지키라는 것이 성경에서 말하는 경건한 신앙생활입니다. 그렇기 때문에 여호와 하나님의 신앙을 가진 경건한 사람들은 (사회적인 측면에서 보자면) 배타적일 수밖에 없는 것입니다.

정체성은 "나와 네가 같다"에서 출발하지 않습니다. 정체성은 '다름'입니다. 예를 들어서 "나도 A이고 당신도 A이다"라면 나만의 정체성은 없는 것입니다. 모두가 A이니 그냥 A인 것입니다. 세상에 이 둘만 산다는 가정 아래 이 둘은 A가 무엇인지도 모를 것입니다. 모두가 같은 생각을 하도록 세뇌당한 전체주의 국가를 상상해보면 금방 이해가 될 것입니다. 그런데 예를 들어 세상에 단 두 명만 사는데, 한 명은 자신을 A라 부르고 다른 한 명은 자신을 B라고 부른다면 이들은 서로 다른 정체성을 가졌다고 말할 수 있습니다. 서로 기준이 다르기 때문에 자신을 A라 부르는 사람은 B가 누구인지, 그리고 B가 어떤 생각과 어떤 기준을 가지고 있는지 자신과 비교해서 평가할 수 있습니다.

"너는 B이지만 나는 A야." 이것이 정체성입니다. 그러니까 정체성은 동질성에서 발견되는 것이 아니라 다름에서 알게 되는 것입니다. 이것이 오늘날 여호와 하나님을 섬기는 종교, 유일신 종교를 가진 사람들과 그렇지 않은 사람들 간에 늘 갈등의 이유가 되기도 합니다. 이런 면에서 신앙을 가진 사람이 그렇지 않은 사람들과 삶에서 갈등하는 것은 고민거리가 아니라 매우 당연한 것이라고 말할 수 있겠습니다. 여호와 하나님을 주인 삼고 그분의 말씀이 삶의 기준이 되는 정체성을 가지고 있으니까요.

그러므로 사사기를 기록한 역사가가 에훗의 이야기를 이스라엘 백성들에게 전하면서 "여호와의 목전에 악을 행하였다"라고 선언하는 말은 "그들이 여호와의 백성으로서의 정체성을 버리고 자신들을 기준 삼아 살았다"라는 말로 바꾸어 말할 수 있겠습니다. 또 그들이 '여호와의 백성'이라는 정체성을 버리고 '모압의 백성'(모압의 신인 그모스의 백성)이라는 정체성을 가지고 살게 되었다고 이해할 수도 있는 것입니다. 비록 이스라엘 자손이라고 부르지만 마치 이방인 같은 사람들이 된 셈입니다.

종려나무 성읍을 빼앗기다

사사기를 기록한 역사가는 이스라엘이 에글론에게 압제당하는 모습을 구체적으로 묘사하면서 에글론이 종려나무 성읍을 점령했다고 말합니다.

"에글론이 암몬과 아말렉 자손들을 모아가지고 와서 이스라엘을 쳐서 종려나무 성읍을 점령한지라"(삿 3:13).

여기서 '종려나무 성읍'은 여리고를 말합니다.

"네겝과 종려나무의 성읍 여리고 골짜기 평지를 소알까지 보이시고"(신 34:3).

메사의 석비

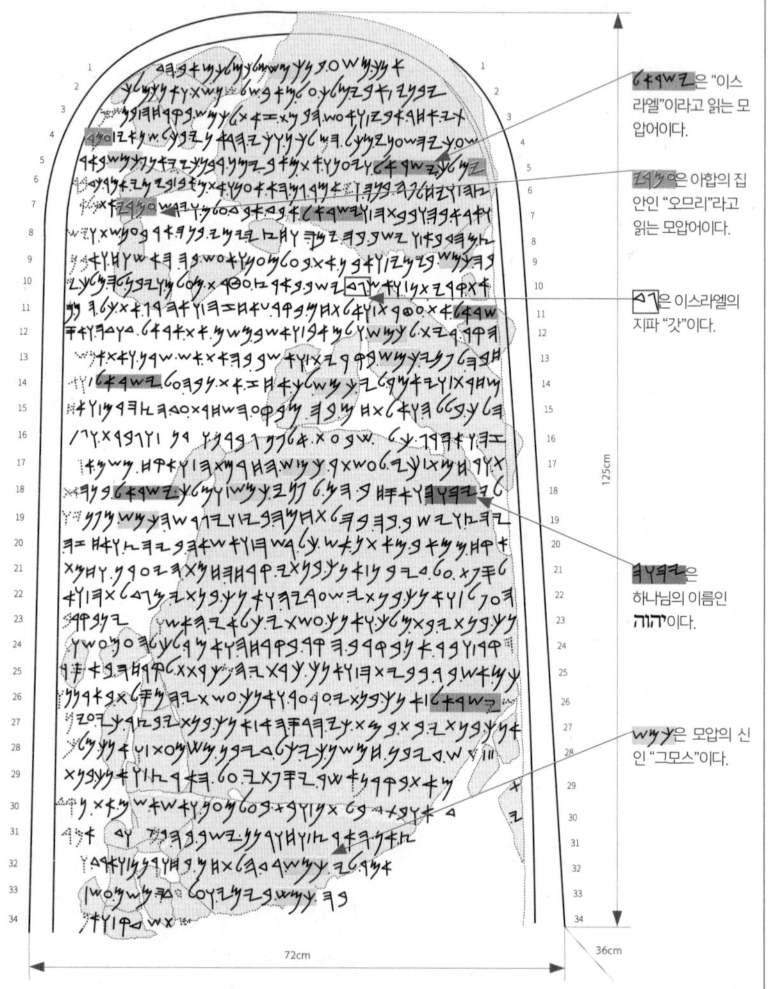
은 "이스라엘"이라고 읽는 모압어이다.
은 아합의 집안인 "오므리"라고 읽는 모압어이다.
은 이스라엘의 지파 "갓"이다.
은 하나님의 이름인 יהוה이다.
은 모압의 신인 "그모스"이다.
125cm
72cm
36cm

그밖에 구약성경에도 등장하는 지명 또는 인명들이 있다. 메사 석비는 주로 메사가 정복한 도시들의 명단이 등장하는데, 성경에도 대부분 이 도시들의 이름이 등장한다.

메사가 모압의 왕이었을 때, 모압은 북왕국 이스라엘에게 조공을 바치던 나라였다. 모압은 주로 목축으로 경제생활을 이어갔는데 매년 새끼 양 십만 마리의 털과 숫양 십만 마리의 털을 이스라엘의 왕인 아합에게 바쳤다. 그런데 아합이 죽은 후에 조공을 멈춘다(왕하 3:5). 아합의 아들 여호람은 유다와 에돔 왕에게 도움을 구하고 동맹을 맺은 후 모압 정벌을 시도한다. 성경은 아합이 죽은 뒤 그 아들의 때에 전쟁을 했다고 서술하는데(왕하 3장 참조) 메사의 석비 역시 6행에서 같은 이야기를 한다.

석비의 내용은 대략 이러하다. 모압 왕 메사가 이스라엘과 전쟁을 하면서 느보를 점령한다. 느보에는 여호와 하나님께 예배를 드리던 제단이 있었던 듯하다. 고대 사회에서는 전쟁 중에 신전에서 탈취한 물건을 자기들의 신전에 가져다놓는 풍습이 있었다. 고대 사람들은 전쟁을 신들의 싸움이라고 생각했기 때문에 전쟁에서 패한 신을 상징하거나 그 신전에서 가장 소중한 물건을 전쟁에서 이긴 신의 신전에 두고 승리를 자축했다. 메사는 느보를 점령한 후, 여호와 하나님의 제단과 그 성전(또는 성소)에서 어떤 물건을 가져다가 메사가 예배하던 그모스 신전에 두고 그모스가 여호와 하나님을 이겼다고 선언하고 싶었던 것이다.

"이 위에 이름이 기록된 자들이 일어나서 포로를 맞고 노략하여 온 것 중에서 옷을 가져다가 벗은 자들에게 입히며 신을 신기며 먹이고 마시게 하며 기름을 바르고 그 약한 자들은 모두 나귀에 태워 데리고 종려나무 성 여리고에 이르러 그의 형제에게 돌려준 후에 사마리아로 돌아갔더라"(대하 28:15).

그러나 사사기를 기록한 역사가가 많은 성읍 중에서 굳이 여리고를 콕 집어서 이야기했을 때에는 나름의 의도가 있었을 것입니다. 여리고가 모압 지역에서 국경 도시로는 제일 가깝기는 합니다. 하지만 그렇게 따지면 여리고 말고도 요단강 건너에 많은 도시들이 있었습니다. 여리고를 마치 상징적으로 이야기하는 데에는 어쩌면 여리고를 빼앗긴 충격을 드러낸 것은 아닐까요?

가나안 정복 전쟁을 하고 있는 당시 사람들에게 여리고는 매우 상징적인 도시입니다. 여리고는 역사가 1만 년이 넘는 오아시스 도시입니다. 그 앞으로는 요단강과 늘 신선한 물이 터져 나오는 샘이 있고, 유대 산지 쪽에서 터져 나오는 오아시스의 물이 흘러들어 오는 마을입니다. 상대적으로 연평균 강수량은 30밀리미터 이하입니다. 물이 풍부하고 일조량이 많으며 비가 적은 곳에서는 유실수 농업이 발달하는데, 그래서 여리고는 종려나무(대추야자)가 풍성했습니다. 상상해보세요. 메마르고 누런 광야에 푸른색 종려나무 잎으로 뒤덮여 있는 여리고를 말이지요. 자연스럽게 여리고는 경제적으로 윤택한 도시였을 것입니다. 정치를 안다면 역사도 깊고 경제적으로도 윤택한 도시를 방어하는 것이 무엇보다 중요하다는 것은 분명한 이치였을 것입니다.

하나님께서는 이 철옹성 같은 풍요로운 도시를 출애굽 한 이스라엘 백성에게 전쟁 없이 주셨습니다. 이스라엘이 한 일이라고는 하나님의 명령대로 그저 성을 열세 번 돈 것과 양각 나팔을 분 것뿐이었습니다. 물론 성벽이 무너져 내린 후 이스라엘 백성들이 그 성에 들어가 그 성을 점령하고 칼을 들고 싸웠다는 이야기가 간단히 한 줄로 소개되어 있습니다만(수 6:21), 여호수아서 6장의 그 장엄한 전쟁 이야기에서 주인공은 하나님이셨고, 싸우신 분도 하나님이셨습니다. 성이 무너져 내린 순간 전쟁은 끝난 것이나 마찬가지였습니다.

그런데 하나님께서 이스라엘에게 피 흘림 없이(전쟁 없이) 주신 도시인 여리고를 에글론에게 빼앗겼습니다. 전쟁으로 잃었습니다. 사사기를 기록한 역사가는 "에글론이 종려나무 성읍을 점령했다"라는 짧은 기사에서 역사의 아이러니 그리고 이스라엘이 자기 정체성을 잊고 살 때 하나님께서 값없이 주신 것을 다시 도로 찾으신다는 분명한 메시지를 전달하고 있습니다.

여호와 하나님을 섬기는 것보다 가나안의 것이 더 좋아 보였고, 비교적 안정적으로 보이는 모압의 삶을 동경했고, 여호와 하나님보다 그모스가 더 매력적이었던 이스라엘 자손들! 그들이 기대했던 삶과 실제로 그모스 아래 모압 사람처럼 살아가는 인생살이는 너무나 달랐습니다. 이 또한 삶의 아이러니입니다. 그제야 이스라엘 자손이 여호와 하나님을 찾고 부르짖었습니다. 하나님은 참 좋으신 분입니다. 그렇게 하나님을 애타게 찾을 때 머리 한 번 쥐어박지 않으시고, 정체성을 잃고 그모스의 백성으로 살아가던 이스라엘에게 구원자를 보내셨으니 말입니다.

베냐민 사람 구원자 에훗

학자들 사이에 몇 가지 논쟁이 있습니다. 논쟁의 내용은 어찌 보면 별 것 아니지만 알아두면 좋을 잡다한 지식 중 하나로 소개해볼까 합니다. 바로 "에훗이 사사인가, 아닌가?" 하는 질문입니다. 에훗은 당연히 사사 입니다. 그런데 사사라는 말이 히브리어로 '쇼페트'(שפט)인데, 성경에 이 단어가 에훗을 가리키는 말로 쓰여 있지 않습니다. 뿐만 아니라 히브리어 어근 'שפט'의 의미가 "재판하다"(저는 앞에서 이 말을 "의사결정하다"로 이해하는 것이 좋다고 했습니다)입니다. 그런데 에훗의 이야기에는 이 어근을 사용하는 "재판하다" 또는 "의사결정을 하다"라는 말조차도 나오지 않습니다.

"이스라엘 자손이 여호와께 부르짖으매 여호와께서 그들을 위하여 한 구원자를 세우셨으니 그는 곧 베냐민 사람 게라의 아들 왼손잡이 에훗이라…"(삿 3:15a).

성경에서는 하나님께서 보내주신 사람 에훗을 사사가 아니라 '구원자'(모쉬아מושיע)라고 부릅니다. 그러니 에훗을 과연 사사라고 부를 수 있는지에 대한 의문을 한 번쯤은 가져볼 만합니다. 그러나 사사의 역할이 곧 구원자이기에 학자들의 작은 논쟁은 그들만의 것으로 잠시 제쳐두도록 하겠습니다. 사실 다른 사사들도 사사라고 불린 적이 없었거든요. 제가 정말 말하고 싶은 것은 15절 상반절의 다른 부분입니다.

성경에서는 에훗을 베냐민 사람, 왼손잡이라고 소개합니다. 우리말로 번역된 성경은 번역이 참 잘된 성경 중의 하나입니다. 그런데 모든 번역은 히브리어에서 자국어로 번역되는 순간 상상력의 가능성을 없애버립니다. 히브리어 원문을 보면 그 독특한 표현 방법 때문에 여러 가지 상상을 할 수 있는데, 번역이 되면 그 모든 상상력이 번역된 말에 갇혀버리기 때문입니다.

베냐민(빈야민בִּנְיָמִין)은 잘 알고 있듯이 야곱의 막내아들, 요셉의 동생입니다. 베냐민은 "(하나님의) 보호함을 받는 아들"이라는 뜻입니다. 그리고 베냐민의 후손들을 부를 때, 성경에서 사용하는 상투적인 표현들이 있습니다. (1) 쉐베트 빈야민(שֵׁבֶט בִּנְיָמִן) 또는 (2) 마테 빈야민(מַטֵּה בִנְיָמִן), 마지막으로 (3) 브네 빈야민(בְּנֵי בִנְיָמִן)입니다. 그리고 성경에서 딱 한 번 (4) 하벤야미니(הַבֶּנְיְמִינִי)라고 사용하기도 했습니다(대상 27:12).

그런데 사사기에서는 에훗을 히브리어로 '벤-하야미니'(בֶּן-הַיְמִינִי)라고 부릅니다. 히브리어를 조금이라도 배워본 분들은 알 수도 있는데, 이 표현 방식은 "아들"이라는 뜻의 명사 '벤'과 "오른쪽, 남쪽, 힘"이라는 명사 '야민'이 서로 결합된 형태로, 야곱의 아들 베냐민을 가리키는 고유명사로 사용한 것이 아니라 베냐민이라는 이름의 의미를 의도적으로 풀어서 사용한 것입니다. 왜 그랬을까요? 이것은 에훗의 역사를 기록한 역사가의 언어유희입니다. 일부러 베냐민 지파를 떠올리는 표현을 사용하기보다는 베냐민이라는 이름이 갖는 여러 가지 다른 의미를 떠올리게 하면서 그다음 표현을 강조하려고 했기 때문인데 그것이 바로 왼손잡이라는 말입니다.

왼손잡이 에훗

문자적으로 "오른손의 아들"이라는 뜻을 가진 지파 출신의 에훗이 '왼손잡이'라는 것이 매우 아이러니합니다. 왼손잡이라고 번역된 히브리어는 '이쉬 이테르 야드 예미노'(אִישׁ אִטֵּר יַד-יְמִינוֹ)입니다. 그런데 이 단어를 해석하기가 여간 까다로운 것이 아닙니다. 왜냐하면 '이테르'(אִטֵּר)라는 히브리어 사사, 구원자?

사사기에서 직접적으로 "○○○는 사사이다"라고 불린 이스라엘의 지도자는 단 한 명도 없다. 이스라엘의 첫 사사 옷니엘의 예를 보자. 우리말 성경은 옷니엘을 소개할 때 "여호와의 영이 그에게 임하셨으므로 그가 이스라엘의 사사가 되어 나가서 싸울 때에"(삿 3:10)라고 번역했다. 그러나 히브리어를 직역하면 "여호와의 영이 그에게 임했다. 그가 이스라엘을 재판했다(그가 이스라엘의 의사결정을 했다. 동사형 שׁפט). 그래서 전쟁에 나갔다"라고 거칠게 번역할 수 있다.

이스라엘 사람들이 구산 리사다임의 손에서 고통받을 때 옷니엘은 앞으로 어떻게 해야 할지 결정할 수 있는 권리를 행사했고, 그 결정은 곧 전쟁을 하는 것이었다. 우리말로 성경을 옮긴 번역자는 이 동사 '의사결정하다'(문맥상 '재판하다'는 좀 엉뚱하다)를 명사처럼 오해할 여지를 남기는 번역을 한 것이다. 그러나 이 번역을 오역이라고 하지는 않겠다. 왜냐하면 사사기의 서론 역할을 하는 2장에서는 3장부터 소개할 구원자들이 '사사들'(쇼프팀 שֹׁפְטִים, '쇼페트'의 복수형)이라고 말하고 있기 때문이다(삿 2:16-19). 그러므로 이스라엘 사람들이 출애굽하여 가나안에 정착하며 살던 초기에 "하나님의 영이 임하여 이스라엘이 무엇을 할지, 또 어떻게 해야 할지를 가르쳐주는 이들을 '구원자'라고 불렀는데, 나중에 이 구원자들의 이야기를 하나의 두루마리에 기록한 역사가가 '사사'라고 이름 붙였을 것이다"라고 추측할 수 있다. 번역은 원래 까다롭고 어렵고 힘들다. 그래서 이 번역을 잘못된 번역(오역)이라고 단정하지는 말아야 한다.

'베냐민'이라는 이름의 뜻

베냐민이라는 이름의 어원에 대해서는 베냐민의 출생 이야기에 잘 소개
되어 있다. "그가 죽게 되어 그의 혼이 떠나려 할 때에 아들의 이름을 베노
니라 불렀으나 그의 아버지는 그를 베냐민이라 불렀더라"(창 35:18). 라헬
이 베냐민을 출산하다가 죽는다. 라헬이 죽어가면서 마지막으로 부른 아
들의 이름은 '베노니'(벤-오니 בֶּן־אוֹנִי)이다. 베노니는 "아들"이라는 뜻의 히
브리어 '벤'과 "슬픔"이라는 '오니'의 합성어이다. 아마 라헬은 엄마 없이 자
라야 할 아들을 생각하며 걱정과 슬픔에 잠겨 그 아들의 미래를 예언하듯
그렇게 부른 것이 아닌가 싶다. 그러나 어찌 한 사람의 이름을 그리 슬프
고 암울하게 지을 수 있었을까! 아버지 야곱은 그의 이름을 베노니가 아니
라 베냐민이라고 고쳐 부른다.

베냐민이라는 이름의 어근에는 몇 가지 다른 설명이 있다. 첫째, 일반
적으로 잘 알려진 히브리어 '벤'(아들)과 '야민'(오른쪽)이라는 말이 서로 결
합된 이름이라는 것이다. 그렇다면 베냐민이라는 이름의 뜻은 "오른쪽의
아들"이라고 말할 수 있다. 이 의미는 사사 에훗의 이야기 때문에 더 널
리 알려졌다.

둘째, 베냐민을 설명하는 다른 해석은 히브리어 야민을 "남쪽"이라고
해석하는 것이다. 그렇다면 베냐민은 "남쪽의 아들" 또는 "남쪽에 거주하
는 아들"이라고 이해할 수 있다. 고대 마리(Mari)라는 지역에 '두무-야미나'
라고 불리던 부족이 있었다. 이는 "남쪽의 아들들"이라는 뜻으로, 아마도
마리의 남쪽 지역에 거주하던 부족이거나 마리의 남쪽 어딘가에 기원을 두
고 있는 부족일 수도 있다. 베냐민 역시 전체 가나안 땅을 기준으로 남쪽
에 살고 있었고, 이스라엘이 분열할 때도 남 유다에 속한 지파였으므로 베
냐민이라는 말을 남쪽의 아들이라고 이해할 수 있다.

셋째, 야민에는 "힘" 또는 "보호"라는 의미가 있다(사 63:12 ; 시 109:31).

그러므로 베냐민은 "보호함을 받는 아들"이라는 뜻으로 볼 수도 있다.

　나의 견해로는 베냐민의 원래 의미는 "(하나님의) 보호함을 받는 아들"이라고 생각한다. 라헬이 아들의 이름을 베노니라고 지었을 때 아버지 야곱은 라헬의 고난과 슬픔, 아들의 암울한 미래에 대한 걱정을 말끔히 없애고 싶었으리라. 야곱이 그 아들의 이름을 베냐민으로 고쳐 불렀을 때 "(하나님의) 보호함을 받는 아들"이라는 뜻이 더 힘을 얻기 때문이다.

의 뜻을 정확하게 알 수 없기 때문입니다. 최대한 직역해서 오른손이 이테르한 사람이라거나 오른손을 이테르하는 사람이라는 식으로 해석할 수는 있지만, 이테르라는 의미를 모르는 한 도무지 그 뜻을 알 수 없는 표현입니다. 언어학에 하팍스 레고메논(hapax legomenon)이라는 것이 있습니다. 그냥 짧게 하팍스라고도 하는데, 단 한 번 나오거나 너무 드물게 사용되기 때문에 그 단어의 뜻을 정확히 모르는 옛말을 가리킬 때 사용하는 표현입니다. 그런데 이테르가 바로 하팍스입니다. 그러면 이런 단어들이 구약성경에서 툭 튀어나올 때에는 어떻게 해야 할까요? 가장 좋은 방법은 이 성경을 읽었던 옛사람들이 이 본문을 어떻게 이해했는가를 알아보는 것입니다.

히브리어로 된 성경을 읽던 사람들이 자발적 또는 강제적으로 사마리아와 유다 땅을 떠나서 세계 곳곳으로 흩어졌습니다. 그중에서 오늘날의 이집트에 위치한 알렉산드리아에 거주하던 사람들이 있었습니다. 이 사람들이 그곳에서 공동체를 이루며 정착할 무렵 그 땅에서 태어난 2세들은 히브리어에 익숙하지 않았습니다. 그래서 이런 사람들을 위해서 히브리어 성경을 그리스어로 번역하는 작업이 있었는데, 이렇게 번역된 성경을 칠십인역(라틴어 셉투아진타 Septuaginta, 약어로 LXX)이라고 부릅니다.

그러면 "왼손잡이"로 번역한 히브리어 '이쉬 이테르 야드 예미노'를 LXX에서는 어떻게 번역했는지 살펴보면 당시 유다 공동체가 이 본문을 어떻게 이해했는지 알 수 있겠지요? LXX에서는 이 표현을 번역하면서 '암포테로덱시오스'(ἀμφοτεροδέξιος)라는 단어를 채택했습니다. 이 말은 "양쪽"을 의미하는 '암포테로이'(ἀμφότεροι)와 "오른손"을 뜻하는 '덱시오스'(δεξιός)의 합성어입니다. 기원전 3세기 중반에서 2세기에 이르는 시기에 알렉산드리아에서 히브리어 구약성경을 그리스어로 번역한 성경 번역가들은 당대에 '이쉬 이테르 야드 예미노'를 "두 손이 모두 오른손인 사람", "두 손을 모두 오른손처럼 자유자재로 사용하며 왼손마저 오른손처럼 편안하게 무기를 잡을 수 있었던 양손잡이"로 이해했다는 것이지요. 비록 오른손의 아들(베냐민)로 태어났지만, 다른 사람들이 모두 오른손만의 역량을 키울 때 왼손도 갈고 닦아 오른손처럼 사용했던 사람, 남들처럼 살아가는 것이 아니라 그들을 뛰어넘어 살아가던 에훗을 하나님께서 선택하신 것입니다.

에훗, 영광이 누구에게 있는가?

에훗이 다른 이스라엘 사람들과 다른 길을 걸었던 예로, 남들은 모두 오른손을 사용하며 그 힘에 가치를 두고 살면서 그것에 만족했던 반면에 에훗은 왼손마저 사용하려고 노력하여 왼손을 오른손처럼 사용했다는 것을 말했지만, 그보다 중요한 것이 하나 더 있습니다. 모든 이스라엘 사람들이 모압 왕 에글론을 따르고 그의 신 그모스를 섬겼지만 에훗은 그런 이스라엘 사람들과는 다른 길, 여호와 하나님과 동행하는 길을 선택한 것입니다.

사실 성경에 이스라엘 자손이 모압 왕 에글론을 섬겼다는 이야기는 있지만, 그들이 모압의 신 그모스를 섬겼다는 말은 없습니다. 그러나 여기에서 고대 풍습을 하나 알아볼 필요가 있습니다. 고대 사회에서 강력한 다른 국가를 섬길 때는 자연스럽게 임금과 신하의 관계가 형성됩니다. 이스라엘이 모압 왕 에글론을 열여덟 해 동안 섬겼다면, 자연스럽게 18년 동안 이스라엘이 신하 된 공동체로서 모압 왕 에글론을 자신들의 최고의 왕으로 삼고 살았던 셈입니다.

이렇게 신하 된 나라의 몇 가지 의무가 있는데, 하나는 때맞춰 공물을 보내는 것이고, 또 다른 하나는 그 나라 최고의 신을 자기 나라 신전에 두고 아침저녁으로 그 신을 위해서 제의(祭儀)를 행하는 것이었습니다. 우리의 신도 있으나 주인 삼은 나라의 신이 우리의 신보다 위대하다는 것을 인정하는 제의입니다. 그러다보면 자연스럽게 모압의 신이 내 나라의 신이 되는 것입니다. 모압의 압제 아래 더 이상 살 수가 없어서 여호와께 부르짖기 전 열여덟 해 동안 자의로든 억지로든 모압의 신 그모스를 섬겼을 것은 너무나 분명합니다. 그모스에게 최고의 영광을 돌리며 살았던 것이지요. 자기들의 기준과 눈으로 보기에 모압의 것이 더 안정적이고 좋아 보였으니 말입니다.

에훗은 달랐습니다. 에훗(에후드 אֵהוּד)의 이름은 "어디에?"라는 뜻의 히브리어 '에'(אֵי)와 "영광, 힘"이라는 의미의 '호드'(הוֹד)가 합쳐진 이름입니다. "영광이 어디에 있는가?", "힘은 누구로부터 나오는가?"라는 뜻입니다. 에훗의 이름을 통해서 알 수 있듯이 당시 사람들은 좀 더 문명화되고 안정적인 삶과 생존을 위해서 모압의 신 그모스를 선택했고, 그들이 섬기는 모압의 왕 에글론과 그의 신 그모스로부터 그것들을 찾으려 했지만 에훗은 달랐습니다. 오직 그 영광과 힘은 여호와 하나님으로부터 나온다는 믿음! 에훗은 그 믿음으로 에글론을 죽이기 위해 요단강을 건넜습니다.

에훗, 에글론을 만나다

에훗이 요단강을 건너 모압 땅으로 들어가는 표면적인 명목은 모압 왕

에글론에게 공물을 바치는 것이었습니다. 이때 에훗이 "길이가 한 규빗 되
는 좌우에 날선 칼"(삿 3:16)을 가지고 가는데, 개역개정성경은 '한 규빗'이
라고 표현했지만 사실 히브리어 성경에는 다른 단위가 쓰였습니다. 규빗
은 히브리어로 '암마'(אַמָּה)라고 합니다. 하지만 에훗이 가져간 칼의 길이
를 설명하면서 암마가 아니라 '고메드'(גֹּמֶד)라는 단위로 표기했습니다. 그
런데 이 단어도 앞서 말한 하팍스입니다. 성경에서 딱 여기에만 사용된 길
이 단위이기 때문입니다. 그래서 이 길이가 얼마나 되는지는 알 길이 없습
니다. 그러나 22절에 "칼자루도 날을 따라 들어가서 그 끝이 등 뒤까지 나
갔고"라는 표현이 있는 것으로 보아 짧지도 그리 길지도 않은 길이였다는
것은 분명합니다. 뚱뚱한 에글론의 몸에 칼자루까지 따라 들어갔는데 칼
끝이 나온 정도라면 한 규빗 정도가 되지 않을까 싶어서 그리 번역한 것이
아닌가 합니다.

　여기에 흥미로운 표현이 하나 있습니다. 에훗이 에글론에게 갈 때, 그
의 오른쪽 허벅지 옷 속에 칼을 찼다는 이야기가 나옵니다(16절). 우측 그
림은 앗시리아의 왕 아슈르나시르팔(Ashurnasirpal)이 사자 사냥을 하는
장면입니다. 왕이 칼을 찬 허리를 보면 왼쪽 허리춤에 칼을 찼습니다. 고대
벽화를 보면 사람들 모두 왼쪽 허벅지에 칼집이 오도록 칼을 찹니다. 왼쪽
허리에 칼을 차고 오른손으로 뽑는 것이지요. 그런데 성경에는 에훗이 오
른쪽 허벅지 옷 속에 칼을 찼다고 말하지요? 이 역시 에훗이 왼손을 잘 쓰
는 사람이었다는 것을 에둘러 보여주는 것이라고 할 수 있습니다.

　성경에서 모압 왕 에글론을 "매우 비둔한 자"(삿 3:17)라고 표현하는데
이것은 조금은 사심이 담긴 번역이 아닌가 합니다. 히브리어 원문에는 비둔

○ 사냥하는 아슈르나시르팔 2세(883-859BCE). 모두가 오른손잡이이다.

하다고 번역된 히브리어가 '바리'(בָּרִיא)라는 단어입니다. 우리말의 어감상 '비둔하다'라는 말에는 미련하고 제 한 몸 가누지 못할 것 같은 이미지가 있습니다. 그런데 이 말의 뜻은 "살지고 튼실한" 것입니다. 비둔한 것과는 조금 거리가 있습니다. 놀라운 것은 형용사 '바리'가 사람에게 쓰던 단어가 아니라는 것입니다. 성경에 여러 번 나오지만, 사람에게 사용된 것은 에글론이 처음이자 마지막입니다. 대부분 곡물이나 동물을 표현할 때 이 형용사를 사용합니다. 바로가 7년간의 풍년을 예고하는 꿈을 꾸었을 때, 나일 강가에서 아름답고 살진 일곱 암소가 올라오는 꿈을 꾸잖아요? 이 살지고 누가 봐도 튼실한 소를 표현할 때 히브리어 성경에서는 '바리'라는 말을 썼습니다. 한 줄기에서 무성하고 충실한 일곱 이삭이 나올 때에도 그 "무성하고 충실한"이라는 말이 바리입니다. 이것이 사사기를 기록한 역사가의 의도입니다.

에글론이라는 이름에는 히브리어 '에겔'(עֵגֶל)이라는 말이 숨어 있습니다. 이 뜻은 "송아지"인데, 사사기를 연구하는 학자들은 에글론 왕의 이름의 뜻을 "소"라고 말합니다. 또 다른 한 가지! 에훗이 에글론에게 공물을 가져가는 장면에서 우리말 성경은 "공물을 바칠 때에"(15절)라고 건조하게 표현해놓았지만, 히브리어로는 '바야크레브 엣-하민하'(וַיַּקְרֵב אֶת־הַמִּנְחָה)라고 읽습니다. 이 표현은 매우 상투적인 히브리어 표현으로 하나님의 성막과 성전에 제의를 드리기 위해서 제물을 가져갈 때 쓰는 표현입니다.

그래서 성경 해석자들은 "에글론에게 공물을 바치러 갔다"는 말을 두 가지로 해석합니다. 하나는 당시 이스라엘 사람들이 모압 왕을 마치 신을 떠받들 듯이 섬겼다는 것입니다. 아마 이 공물은 모압 왕이 아니라 모압의 신 그모스에게 주는 선물일 수도 있습니다. 당시 고대 서아시아 지방에서는 신과 그 신이 다스리는 나라 그리고 그 나라의 왕이 그리 다르지 않았기 때문에 이런 표현을 사용한 것이 아닌가 하는 해석입니다. 그렇다면 에글론 왕 혹은 그모스를 이스라엘의 신인 것처럼 섬기던 타락한 이스라엘의 모습을 보여주기 위해서, 사사기를 기록한 역사가가 일부러 제의에 사용하는 표현을 차용했다고도 말할 수 있겠습니다. 그리고 또 다른 해석이 있습니다. 사실 저는 이 해석을 선호합니다만, 에훗이 마치 살지고 튼실한 송아지를 잡아서 하나님께 제사를 드리듯 에글론(소)을 죽일 것이라는 숨은 뜻을 '바야크레브 엣-하민하'라는 말 속에 숨겨놓았다고 말입니다.

에글론 앞에서 주저하던 에훗 vs 에글론을 독대할 구실을 만드는 에훗

18절은 에훗이 에글론에게 공물을 바친 후에 일어난 일입니다. 공물을 바치고 나서 에훗은 에글론이 있던 왕궁을 떠나 가나안 땅으로 돌아오던 중에 요단강을 건너 길갈로 가려던 참이었습니다. 에글론을 죽이겠노라 호기롭게 요단강을 건널 때와는 전혀 다른 모습입니다. 오른쪽 허벅지 옷 속에 칼을 차고 모압에 다녀왔지만 아무것도 바뀐 것이 없었던 것입니다. 성경에는 이런 에훗의 마음을 그린 표현이 없지만, 호기롭게 요단강을 건넌 에훗의 처진 어깨가 머릿속에 그려집니다.

요단강을 건너 다시 돌아갈 때 길갈 근처 돌 뜨는 곳에서 에훗의 마음이 바뀌었습니다(19절). 왜 그의 마음이 바뀌었는지, 왜 그곳에서 돌아와 다시 에글론에게 가게 되었는지는 성경에 나와 있지 않지만, 대략 추측해 볼 만한 여지는 있습니다. 우리말 성경에서는 돌 뜨는 곳에서 에훗이 다시 에글론에게로 가는데 '돌 뜨는 곳'은 히브리어로 '프실림'(פְּסִילִים)입니다. 사사기를 연구하는 성서 해석자들 중에는 이 지역에 돌을 뜨는 채석장이 있었을 거라고 설명하기도 합니다. 그런데 이 단어의 원래 의미는 "신(하나님)의 임재를 상징하는 돌들"이라는 뜻입니다. 혹시 '요단강의 길갈 주변에 있는 하나님의 임재를 상징하는 돌들'이라고 하면 떠오르는 이미지가 있나요? 그렇습니다. 여호수아가 요단강을 건널 때 하나님께서 요단강 물을 쌓이게 하셨고, 백성들이 마른땅을 건너가면서 법궤를 메고 있던 제사장들이 서 있던 곳에서 열두 개의 돌들을 가져와서 길갈에 세웠던 이야기를 기억할 것입니다(수 4:20). 아마 에훗은 그 돌들을 보았을 것입니다.

'아! 애굽 땅에서 강제 노역을 하고 광야를 떠돌던 우리 조상들은 군사적인 힘과 능력이 없었는데도 하나님 때문에 이 요단을 건너고 여리고와 이 땅을 차지했는데 지금 우리는 그 하나님을 버리고 오히려 모압 왕, 모압 신을 섬기고 있구나. 그리고 하나님께서 우리를 위해서 싸우신다는 상징과도 같은 여리고마저 빼앗겼구나. 하나님의 눈, 하나님의 기준이 아니라 우리의 눈과 기준이 만들어낸 결과라는 것이 이렇게 비참하구나. 게다가 호기롭게 칼을 차고 에글론 앞까지 갔지만, 결국 공물만 바치고 그냥 돌아오는 나는! 여호와의 손이 강하다는 것을 아직도 의심하는 이들 중에 하나구나!'

아마 그 돌들 앞에서 이렇게 자기의 모습을 똑바로 쳐다보게 되지는 않았을까요? 그래서 다시 에글론을 찾아갑니다. 이 부분을 다르게 보는 해석들도 있습니다. 모압 왕을 죽여야 하는데 뭔가 빌미가 있어야 되지 않습니까? 그런데 이곳은 예로부터 이스라엘 사람들에게는 성소와 같이 중요하고 상징적인 역할을 했던 장소라는 것입니다. 그 주변 사회에서 출애굽 한 이스라엘 사람들이 이 강을 건넌 믿지 못할 이야기를 모르는 사람들은 없었습니다. 그리고 그 막강했던 여리고 성의 함락을 모르는 사람들도 없었습니다.

기적같이 요단강을 건넌 이야기와 그 막강한 성이 하나님의 나팔 소리에 모래성처럼 무너지는 이야기의 증인처럼 서 있는 '열두 개의 돌들'(프실림)은 역사적으로나 신앙적으로 이스라엘의 상징이었고, 그 돌들이 있는 곳은 당연히 거룩한 장소였을 것입니다. 에훗이 이곳에서 이스라엘의 하나님으로부터 무언가 신탁을 받은 듯 가장을 하고 에글론 왕을 찾아간다면, 혹 에글론 왕이 신하들을 물리고 이스라엘의 하나님 여호와의 말씀을 들으려

하지 않을까 하는 마음으로 길갈 주변까지 갔다가 다시 에글론 왕이 있는 모압 땅으로 돌아가는 치밀한 계획이었다는 설명 역시 이 상황을 설명하는 또 하나의 선택지입니다.

발을 가리다

길갈에서 돌아온 에훗이 에글론에게 '하나님의 은밀한 일'(드바르 세테르 דְּבַר־סֵתֶר)을 아뢰겠다고 합니다(19절). 히브리어 다바르는 "일"로 번역할 수도 있고, "말"(word)이라고 번역할 수도 있습니다. 우리말 성경에서는 "하나님의 은밀한 일"이라고 번역했지만, '하나님의 은밀한 말(신탁)'이라고 번역하는 것이 원래 의미에 더 충실한 번역인 것 같습니다.

왜냐하면 에훗이 서늘한 다락방에 홀로 앉아 있는 에글론을 독대할 때 한 말이 "내가 하나님의 명령을 받들어 왕에게 아뢸 일이 있나이다"(20절)였는데, 여기에서 '하나님의 명령'(드바르 엘로힘 דְּבַר־אֱלֹהִים)이라고 번역한 '명령'이 앞에 나온 "하나님의 은밀한 일"의 '일'에 해당하는 단어 '다바르'이기 때문에 20절도 "내가 하나님의 말을 받들어 왕에게 아뢸 일이 있나이다"라고 번역하는 것이 자연스럽겠습니다.

이 말을 들으러 에훗 가까이 오던 에글론에게 에훗이 왼손을 뻗어 오른쪽 허벅지에 차고 있던 칼을 뽑아 찌릅니다. 에훗의 왼손이 움직였을 때에도 에글론은 아무런 의심을 하지 않았을 것입니다. 무기를 잡는 손은 오른손이지 왼손이 아니었으니까요. 그러나 에글론이 몰랐던 사실은 에훗이 왼손을 오른손처럼 사용할 수 있는 사람이었다는 것입니다.

에훗이 나간 후, 에글론이 다락방에서 아무런 인기척이 없자 신하들은 그가 발을 가린다고 생각했습니다. 이 표현은 "쉬다" 또는 "낮잠을 잔다"라는 의미일 거라고 해석하는 사람들도 있고, "용변을 본다"라는 뜻일 거라고 해석하는 사람들도 있습니다. 그 외에도 다양한 해석들이 있지만, 성경이 전하고자 하는 것은 "발을 가리신다"라는 뜻이 무엇인가가 아니라 열여덟 해 동안 모압 왕 에글론을 섬기고, 모압의 신 그모스를 섬기던 이스라엘 백성들이 이제 여호와 하나님만을 섬기겠노라며 에글론을 죽였다는 사실이겠지요.

모압 사람들이 복수를 하기 위해서 요단강을 건너 가나안 땅으로 들어왔습니다. 그러나 이미 여호와 하나님께서 이스라엘의 편이셨습니다. 하나님께서 싸우시는 싸움에 만 명이 넘는 모압의 군사들은 그저 가랑잎 같은 존재일 뿐입니다. 에훗의 명령으로 이스라엘 백성들은 모압과 전쟁하는 한편, 이들이 퇴각하지 못하도록 요단강 나루터를 장악하고 지켜 섰습니다. 그 자리에서 모압의 용사 약 일만 명이 죽습니다.

에훗의 손

이 짧은 에훗의 이야기에 '손'이라는 히브리어 '야드'(דָי)가 자주 사용됩니다. 왼손을 오른손처럼 사용하는 양손잡이 에훗(15절), 에훗의 손에 들린 에글론에게 바치는 공물(15절), 왼손을 뻗쳐 칼을 빼는 에훗(21절), 이스라엘의 손에 모압을 넘겨주신 하나님(28, 30절)의 이야기에 손(야드)이라는 말을 반복합니다. 사사기를 기록한 역사가는 여러 번 반복하는 의도를 직접 밝히지는 않습니다. 그러나 이렇게 짐작해볼 수 있지 않을까요? 성경에서는 하나님의 손이 하나님의 도우심과 보호하심, 그리고 인도하심을 상징합니다. 손에는 힘이 있습니다. 그러나 누구의 손에 의지하는가, 내가 가진 손으로 무엇을 하는가에 따라서 한 사람과 민족의 운명이 바뀝니다. 하나님의 눈에 보시기에 하나님을 위한 가장 좋은 손을 가진 에훗! 에훗이 이스라엘의 구원자로 부름을 받기에 합당한 이유가 있었다면, 하나님이 그를 선택한 이유를 찾는다면, 이 사람은 오직 하나님께만 영광을 돌리고자 하는 신앙을 갖고 있으면서(에후드, "영광이 어디에 있는가?") 언제라도 하나님을 위해서 싸울 준비가 되어 있는 (양손잡이) 손을 가진 사람이었기 때문일 것입니다.

04

삼갈

삿 3:31

삼갈, 소(小)사사?

삼갈의 이야기는 성경에 딱 한 절 나옵니다.

"에훗 후에는 아낫의 아들 삼갈이 있어 소 모는 막대기로 블레셋 사람 육백 명을 죽였고 그도 이스라엘을 구원하였더라"(삿 3:31).

성경에 한 절 나와 있기 때문에 앞서 말한 것처럼 일반적으로 사람들이 사사기를 설명할 때 이야기하는 순환 구조(사람들이 죄를 짓고, 벌을 받고, 구원받고, 평안하고, 다시 죄를 짓고)를 따라갈 수가 없을 것입니다. 과거에 사사들을 구분할 때 '대(大)사사'(major judge)와 '소(小)사사'(minor judge)로 구분하는 경우가 있었습니다. 옷니엘처럼 사사의 일대기가 순환 구조에 잘 맞거나 드보라나 기드온과 삼손처럼 사사가 한 일들이 세세하게 기록되어 있는 사사들을 대사사라고 부르고, 그렇지 않으면 소사사라고 부릅니다.

이 구분에 따르면, 삼갈은 사사 중에서도 소사사로 분류됩니다. 개인적으로는 대사사니 소사사니 하는 분류도 별로 동의하지 않습니다. 사사면 다 같은 사사이지 큰 사사는 뭐고 작은 사사는 또 뭐겠습니까? 하나님의 영이 임하여 그를 이스라엘의 구원자로 세웠으면 모두가 다 똑같은 사사입니다. 누구는 더 위대하고 누구는 덜하다는 이미지를 심어줄 수 있는 큰 사사, 작은 사사 개념에 괜히 울컥합니다. 크고 작음을 나누는 기준도 참 억지스럽습니다. 그래서 이제는 학자들이 대사사니 소사사니 하는 표현을 잘 사용하지 않습니다.

비록 혈통으로는 이방인이지만

삼갈이라는 이름은 이스라엘식 이름이 아닙니다. 그래서 학자들은 삼갈의 이름을 근거로 그가 후르족 사람일 거라고 생각합니다. 삼갈이 이스라엘 민족 중 하나가 아니라는 것에 대해서 그리 놀랄 필요는 없습니다. 출애굽 당시 여호수아와 함께 가나안 땅에 들어온 출애굽 1세대 갈렙 역시 학자들은 그가 그니스족(the Kenizzite)이며, 이들이 신앙 공동체로서 유다 지파에 속하게 되었다고 설명하기도 하니까요.

출애굽을 한 히브리인들은 우리의 기대와 달리 단일 민족이 아닙니다. 이집트의 강제 노역으로부터 하나님이 허락하신 자유를 좇아 광야로 나와 모세와 함께 시내산에서 율법을 받고 여호와 하나님을 섬기는 신앙 공동체를 부르는 이름이 '히브리인'이고, 성경은 이들을 '이스라엘'이라고 부릅니다. 그러니 이스라엘은 '지파라는 이름 아래 모인 신앙 공동체'라고 말할 수 있습니다(출 12:38 참조).

삼갈은 혈통으로는 이방인이었습니다. 삼갈의 선조들은 여호와 하나

후르족 사람들(Hurrays)

○ 후르족의 신 테슈브(Teshub)

'삼갈'이라는 이름으로 보아 삼갈의 혈통이 이스라엘이나 가나안 민족 중 하나가 아닌 것이 분명하다. 삼갈은 셈어족 이름의 특징을 가지고 있지 않기 때문이다. 삼갈과 같은 어근과 발음을 가진 이름이 누지(Nuzi) 토판에서 발견되기 때문에 삼갈이 후르 사람(호리 사람)의 후손이라는 데 학자들이 동의한다.

이 민족은 지중해 서쪽 지역, 오늘날의 아르메니아 주변에 근거지를 두고 대략 기원전 1550년을 전후로 막강한 세력을 과시했다. 그러나 이들이 남겨놓은 문자 유산이 풍부하지 않아서 이들의 언어를 온전히 해독하지 못했으므로 이들의 역사에 대해서 구체적으로 밝혀진 바가 없다. 그리고 이집트와 메소포타미아 같은 주요 나라의 기록에도 이들을 중요하게 다루고 있지 않기 때문에 2차 사료(史料)로 이들을 파악하는 데는 한계가 있다.

기원전 1550년 이후, 후르족 사람들은 시리아 북부와 아나톨리아 반도까지 그 세력을 확장했다. 미타니 왕국은 후르족이 세운 국가로 널리 알려졌다. 후르 사람들과 가나안 땅의 관계에 대해서는 아직 충분한 사료가 없지만, 후르 사람들이 가나안 땅에도 일부 거주한 것은 이집트 파라오 투트모세 4세(1401-1391 BCE) 때 기록을 통해서 알 수 있다.

그리고 성경에서 말하는 호리 족속(창 14:6, 36:20,21,29,30 ; 신 2:12,22)이 후르 사람들일 것이라고 추정한다. 아마르나 서신에 의하면 이들의 신은 헵파(Hepa, Hepat)이다. 헵파를 주신(主神)으로 섬기는 후리 사람들이 가나안에 정착하면서 가나안의 신들도 받아들였으며, 바알의 아내로 여겨지던 아나트(Anath) 역시 그들의 문화 속에 흡수했다. 그러므로 삼갈을 소개하면서 "아낫의 아들"이라고 부른 것은 가나안의 여신 아낫(Anath)의 아들이라는 뜻이다. 헵파의 남편은 테슈브(Teshub)인데, 하늘의 신이면서 천둥과 우레, 그리고 폭풍의 신이다.

님이 아닌 후르 사람들의 신들을 섬겼을 것이 분명합니다. 그러나 삼갈은 그 모든 것을 다 버렸습니다. 그리고 오로지 여호와 하나님만을 유일한 하나님으로 고백했습니다. 하나님은 그런 삼갈을 부르셨습니다.

소 모는 막대기로 블레셋을 이기다

이스라엘 민족이 가나안 땅에 들어온 때와 비슷한 시기에 들어온 해양 민족이 블레셋입니다. 람세스 2세가 죽고 난 다음 가나안 땅은 진공 상태가 되었습니다. 이집트의 영향력이 급격히 줄어든 것이지요. 이때 가나안 땅에 들어온 두 민족이 블레셋 사람들로 대표되는 해양 민족과 출애굽을 한 이스라엘 민족들입니다. 블레셋 사람들이 이스라엘 사람들보다 대략 10년에서 20년 정도 일찍 가나안 땅에 들어왔는데, 이 두 민족이 기원전 12세기에 가나안 땅의 더 비옥한 곳을 차지하기 위해서 본격적으로 싸웁니다. 그 전쟁의 이야기가 사사기에 기록된 것입니다.

이 블레셋과의 전쟁에서 삼갈이 사용한 무기가 있습니다. 히브리어로 '말마드'(מַלְמָד)라고 하는 막대기입니다. 이 말마드는 하팍스입니다. 성경에 딱 한 번 삼갈의 일화에만 나오기 때문에 소를 모는 데 사용하는 농기구이거나 소를 보호하는 데 쓰는 무기라고 짐작할 수는 있지만, 구체적인 모양과 길이는 알 수 없습니다. 그런데 삼갈이 이런 무기를 사용한 것은 우연이 아닙니다.

블레셋 사람들이 해양 민족이라고 말했는데 흔히들 블레셋의 모체가 되는 해양 민족을 오늘날의 그리스 지역에 거주하던 미케네 사람들이라고 추정합니다. 이 해양 민족들이 중요하게 생각하던 신과 그 신을 상징하는 동물이 '소'였습니다. 해양 민족의 주요 도시 중 하나였던 미데아(Acropolis of Midea)와 그들이 이주한 흔적이 남아 있는 키프로스(Cyprus)에는 소가 그려진 그릇들과 흙으로 빚어 구운 조상(彫像)들이 어렵지 않게 발굴됩니다. 미케네 사람들의 삶에 소는 매우 중요한 동물이었습니다. 미케네 문명이 도리스인들의 침입과 지진으로 멸망하면서 이들이 동쪽으로 이주하게 되는데, 레반트를 따라 남쪽으로 이동하며 가나안까지 들어오게 됩니다. 이 해양 민족의 상징이 소이거나 소를 중요하게 여겼기 때문에 아마 이들에게 소가 신의 상징으로 사용되었을 것입니다. 그리스 신화에서도 제우스가 자주 소로 모습을 바꿔 나타나기도 하거든요. 무엇보다 그 소의 민족 혹은 소를 신으로 섬기는 민족을 소 모는 막대기로 무찔렀다는 것은 매우 상징적인 승리라고 할 수 있습니다.

소 모는 막대기 vs 청동과 철의 싸움

소 모는 막대기로 블레셋을 이긴 것을 다르게 볼 수도 있습니다. 블레셋으로 대표되는 해양 민족들은 이미 청동기를 보편적으로 사용하고 철기도 사용하기 시작한 사람들이었습니다. 삼갈이 블레셋과 싸우던 때가 대략 후기 청동기에서 초기 철기 시대로 전환하는 시기라고 합니다. 이 말은 청동기는 이미 널리 사용되고 있고, 지배층의 장신구와 전쟁 무기부터 철기로 바뀌기 시작한 시대라는 뜻입니다. 그리스 지역을 점령한 도리스 사람들이 그곳에 철기 문화를 전파했고, 이들에 밀려서 미케네 사람들이 가나안까지 들어왔으니 그들도 자연스레 철기 문화를 접했을 것입니다. "그때에 이스라엘 온 땅에 철공이 없었으니 이는 블레셋 사람들이 말하기를 히브리 사람이 칼이나 창을 만들까 두렵다 하였음이라"(삼상 13:19)라는 말씀을 통해 사사 시대의 마지막 사울 시대 때 이미 블레셋 사람들이 철기를 사용했음을 알 수 있습니다. 철기를 농사에 보편적으로 사용했다는 것 또한 알 수 있습니다(삼상 13:20,21). 그런데 이스라엘은 철기는커녕 청동으로 만든 물건도 귀했습니다. 굳이 짚어보자면 아주 낙후된 집단이라고 할 수 있을까요?

문명 수준이 비교할 수 없을 만큼 차이가 나는 두 공동체가 전쟁을 했습니다. 블레셋의 승리는 너무나 당연했습니다. 그러나 사사기를 기록한 역사가는 전쟁은 하나님이 하시는 것이고, 하나님이 싸우시면 무기 수준은 아무 의미가 없다고 말합니다. 여리고 성을 무기로 정복한 것이 아니니까요. 하나님이 하시면 다릅니다. 소 모는 막대기는 아마 나무로 만들었을 것입니다. 그런데 그런 농기구를 들고 이스라엘을 이끈 사사 삼갈이 이스라엘을 구원했습니다. 삼갈이 한 것이 아니라 하나님이 싸우신 것이라고밖에는 설명할 길이 없습니다. 마치 골리앗 앞에 선 다윗처럼 말입니다. 아니 시간순으로는 블레셋 군사들 앞에 선 삼갈처럼 다윗이 골리앗을 이겼다고 말해야겠네요.

05

드보라

삿 4:1–5:31

드보라, 우리의 기대와 다른 이름

삼갈의 이야기에서 블레셋 사람들은 이미 청동기를 일상생활에서 널리 사용하고 철기도 쓰기 시작했다고 언급했는데, 가나안 사람들도 마찬가지였습니다. 가나안 지역을 호령하던 하솔 왕 야빈은 철병거 900대를 보유한 군사 강국이었습니다. 또 신임이 두터웠던 시스라를 앞세워 삼갈 이후 20년 동안 이스라엘 백성들을 가혹한 정치로 괴롭혔습니다.

그때 하나님의 권위를 가지고 이스라엘 사람들을 재판하던 선지자가 드보라였습니다. 드보라의 남편은 랍비돗이었습니다. 랍비돗(לַפִּידוֹת)이라는 이름은 "횃불" 또는 "번개"라는 의미이고, 드보라(דְּבוֹרָה)는 "꿀벌"이라는 뜻인데요. 하나님께서 '번개'라는 이름의 남자가 아니라 '꿀벌'이라는 이름의 여자 드보라를 이스라엘의 의사결정 최종 책임자로 선택하셨다는 것은 참 많은 생각을 하게 합니다.

하나님은 외적인 조건을 중요하게 생각하지 않으시는 것이 분명합니다. 과거 고대 서아시아 지역에서는 여자들이 일종의 재산 가치를 할 뿐 사람의 수를 셀 때조차 제외했습니다. 집에서 식사 준비를 하는 문제 등 가정에서 일어나는 여성들의 일에 관해서는 연장자인 여자의 생각이 반영될지언정 여자들은 남자들 아래 종속된 사회였습니다. 이스라엘도 그런 문화에서 자유롭지 않았습니다. 그런데 하솔 왕으로부터 압제를 받을 때 그 안에서 하나님의 마음과 생각을 펼치던 지도자를 하나님께서 선택하셨는데, 번개 또는 횃불이라는 멋진 이름의 남자가 아니라 꿀벌이라는 이름을 가진 여자라니요!

랍비돗만이 아닙니다. 하나님께서는 드보라에게 납달리 게데스에 살고 있던 바락을 불러다가 납달리 사람과 스불론 사람들을 모아 야빈의 군대 장관 시스라와 이스르엘 골짜기에서 전쟁을 하라고 명령하십니다. 그런데 드보라가 전한 하나님의 말씀을 들은 바락이 선뜻 응하지 않습니다. 다볼산에 납달리 사람과 스불론 사람 일만 명이 모이더라도 이스르엘 골짜기에서 시스라의 병거와 전쟁해서 이길 확률은 매우 낮았기 때문입니다. 이런 무모한 전쟁이 정말 하나님의 말씀인지 의심했을 수도 있습니다.

바락이 드보라에게 "만일 당신이 나와 함께 가면 내가 가겠습니다. 만약 당신이 나와 함께 가지 않는다면 나도 이 전쟁에 참여할 수 없습니다"라고 했는데, 이 말에 바락의 두려움과 믿음 없음이 함께 녹아 있는 것이 아닌가 합니다. 드보라가 바락과 함께 다볼산에 오릅니다. 전장의 한가운데로 뛰어든 것입니다. '번개'라는 이름을 가진 바락(בָּרָק)도 두려워하는 그 전쟁터에서 꿀벌 한 마리가 전쟁을 이끄는 셈입니다.

그러므로 '꿀벌'이라는 이름의 선지자 드보라가 사사가 되었다는 사실은 정보 이상의 의미가 있습니다. 한 사람의 외적인 조건과 전통이 만들어낸 사람들의 보편적인 시선이 어떠할지라도 하나님의 말씀을 입에 두는 사람이라면 그가 비록 여성일지라도 하나님께서 그를 사용하신다는 것을 말하고 있으니까요.

다볼산에 꾸려야 할 진영

이스라엘 사람들이 블레셋 또는 가나안 사람들과 전쟁을 할 때 불문율처럼 지키는 원칙이 있었습니다. 바로 산 위에 진영을 꾸리는 것입니다. 평지는 안 됩니다. 언제라도 병거의 습격을 받을 수 있기 때문입니다. 당시 이스라엘 사람들은 아직 병거를 갖추지 못했습니다. 언제부터 이스라엘이 병거를 갖춘 전쟁을 했는지 알 수는 없지만, 다윗이 하닷에셀과의 전쟁에서 병거를 탈취했다는 기록(삼하 8:4)과 솔로몬 시대에 이미 천 사백 대의 병거가 있었다는 기록으로 보아 다윗과 솔로몬 시대에 이르러서야 이스라엘에서 병거가 주요 무기체계로 편입되었을 거라고 추측할 뿐입니다.

병거는 그 당시의 탱크라고 생각하면 됩니다. 이스라엘 사람들이 일만 명의 군사를 조직했어도 굳이 비유하자면 소총수들일 뿐입니다. 그런 소총수들 사이로 탱크가 지나간다고 상상해보십시오. 아무리 소총수들이 탱크를 향해 사격을 한들 탱크가 멈춰 설 일이 없을 것입니다. 그런데 병거는 탱크보다 기동력이 더 좋습니다. 그러니 병거의 유무는 전쟁에 큰 영향을 미칠 수밖에 없습니다. 어찌됐든 아직 병거를 갖추지 못한 이스라엘 사람들이 병거의 기동력을 감당해낼 능력이 되지 않기 때문에 병거가 쉽게 오

덧붙이는 이야기

전형적인 앗수르 병거의 모습

병거는 바퀴가 두 개 달린 수레이다. 고대의 부조들을 통해서 알 수 있는 것은 대부분의 병거가 두 사람을 태운다는 것이다. 한 사람은 병거를 운전하고 다른 한 사람은 활이나 창으로 공격한다. 병거는 기원전 1800BCE부터 전쟁에 사용된 것으로 추정하는데, 전쟁에서 사용하는 무기 중에 으뜸이었다. 병거를 끄는 말은 대부분 동유럽이나 중앙아시아 지역에서 조달되었다(솔로몬이 말을 이집트와 구에(지금의 터키 동남부 지역, 히타이트 거주지) 지역에서 사들였다고 한다. 왕상 10:28 참조).

병거를 가장 잘 이용했던 민족은 히타이트(Hittites) 민족으로 알려져 있다. 이들이 1700BCE에 병거를 이용해서 제국을 이룬 첫 민족이기 때문이다. 이후로 고대 서아시아 지역에서 병거는 전쟁의 필수 무기가 되었다. 병거를 이용해서 치른 전쟁 중에서 가장 널리 알려진 전쟁은 이집트와 히타이트가 가데스에서 치른 전투(the Battle of Kadesh, 1294BCE)이다. 이후 사람들이 말에 올라타서 전쟁하는 것이 훨씬 더 기동성이 있음을 알았고, 무기와 방어체계의 발달로 중장 보병의 활용도와 효율성이 높아지면서 500BCE부터는 전쟁에서 병거의 의존도가 점점 낮아지기 시작한다.

를 수 없는 산 위에 진을 치는 것은 이스라엘 입장에서는 당연한 원칙이 되었습니다. 그렇게 선택한 산이 다볼산입니다.

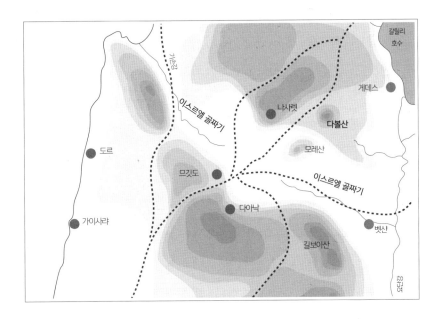

다볼산은 이스르엘 골짜기 한가운데 있는 산입니다. 골짜기라고 부르지만 갈릴리 산지와 사마리아 산지 사이에 있어서 가나안 땅을 동서로 나누는 분지라고 생각하면 됩니다. 그 길이가 대략 65킬로미터나 되는 어마어마한 평야 지대입니다. 이 골짜기의 한가운데 있는 다볼산(해발 575미터)은 주변 다른 산들과는 달리 모양이 독특하고 높습니다. 밀리서 보는 것보다 훨씬 경사가 급해서 병거가 오르기에 불가능한 산입니다. 그러나 그 정상은 평탄해서 많은 수의 군인들이 진영을 갖추고 전열을 정비하기에는 안성맞춤의 장소였습니다.

왕국 시대와 전혀 다른 사사 시대

여기서 꼭 한 가지 짚고 넘어가야 할 부분이 있습니다. 사사기를 기록한 역사가가 드보라 이야기에서 은근히 말하고 싶은 것이 있습니다. 이를 위해 먼저 드보라라는 인물을 중심으로 설명해보겠습니다. 드보라는 베냐민 지파에 속한 여자입니다. 이스라엘의 사사가 되어 에브라임 산지의 라마와 벧엘 사이 종려나무 아래 거주하면서 드보라를 찾아온 사람들에게 하나님의 뜻에 따라 어떻게 살아야 할지, 어떤 선택을 해야 할지를 가르쳐주었다고 성경은 말합니다(삿 4:5). 그런데 드보라가 여자이면서도 사사의 역할을 할 수 있었던 이유는 그가 선지자였기 때문입니다. 하나님의 영을 받고, 하나님의 마음을 알며, 하나님의 뜻을 전하고, 하나님의 마음을 전하는 사람이 선지자입니다. 하나님의 뜻을 알고 있으니 이스라엘 사람들이 의사결정을 하거나 분쟁이 있을 때 재판을 하는 권위를 갖는 것은 당연한 이치입니다.

그러나 왕정 시대는 달랐습니다. 역대하 19장 8절에 보면 여호사밧의 종교개혁 이야기가 나옵니다. 여호사밧이 '개혁'이라는 이름으로 만든 재판 조직을 말합니다. 여호사밧이 만든 재판 제도에 따르면, 레위 사람들과 제사장들과 이스라엘 족장들 중에서 사람을 세워 재판을 주도하게 합니다. 왕정은 거대한 나라와 제국을 시스템으로 통치하는 구조입니다. 그러니 시스템의 원칙을 갖추어놓아야 사람들 사이에 불만이 없고, 왕의 입장에서도 시스템 안에서 예측 가능한 통치를 할 수 있는 것입니다. 옳고 그름의 문제를 판단하는 것도 마찬가지입니다. 시스템 안에서 예측 가능해야 원활한 통치와 왕의 명령이 세워질 수 있기 때문입니다. 이렇게 시스템을 만들어놓으면 왕은 레위인 제사장들과 이스라엘 열두 지파의 대표자들과만 관계를 잘 맺으면 손쉽게 한 나라를 도모할 수 있습니다. 자연스럽게 왕은 이들과 동맹을 맺습니다. 왕은 그들의 사회적 지위와 경제적 풍요를 보장하고 그들은 성전과 왕궁을 중심으로 왕과 결탁하여 그 왕의 통치에 정당성을 주는 것입니다. 그러므로 제사장과 왕, 정치 지도자들과 왕은 떼려야 뗄 수 없는 관계일 수밖에 없습니다. 심지어 기원전 3세기 이후로는 레위인들 가운데서도 서로 대제사장이 되기 위해 왕과 결탁하여 대제사장의 직위를 매관매직하는 어이없는 일들까지 비일비재했습니다.

이런 왕과 지배 계층에 속한 이들에게 눈엣가시와 같은 이들이 있었습니다. 바로 선지자들입니다. 예언자라고도 하지요. 선지자들은 조직과 시스템 안에 있는 사람들이 아닙니다. 하나님의 영이 임하면 돌무화과나무 농사를 짓는 사람도, 목동도, 심지어 가정주부인 여자도 선지자가 될 수 있습니다. 하나님의 영은 날카롭습니다. 그래서 옳지 않은 것에 침묵하지 않습니다. 왕과 왕의 주위에서 권력을 탐하는 제사장들과 지파 지도자들의 도덕과 신앙의 타락을 모른 척 지나갈 수 없는 사람들이지요. 하나님의 영이 임하면 상대가 누구라도 "아니다!"라고 외칠 수 있는 사람들이 선지자들입니다. 그래서 왕과 제사장들 그리고 정치 지도자들의 공공연한 적(敵)이 선지자들이었습니다. 게다가 선지자라고 나온 사람이 자기들 생각에 수준이 맞지 않다고 생각되면 무시와 경멸도 서슴지 않았을 것입니다. 왕정 시대는 이 두 부류의 사람들이 서로 팽팽한 긴장 관계를 유지했던 때입니다.

그 시대에 살던 사람, 그 시대를 경험한 사람이 사사기를 기록한 역사가입니다. 이들이 과거의 역사를 꼼꼼히 되짚어보니까 사사 시대는 지금과는 전혀 다른 것입니다. 이스라엘을 주도하고 이끌어 가는 지도자의 자격과 사사들이 이끌어 가는 다스림의 원칙이 너무 달랐습니다. 역사를 통해 보니까 재판관이 될 수 있는 조건은 딱 하나였습니다.

"그(그녀)에게 하나님의 영이 임했는가?"

성별도 출신도 중요하지 않습니다. 출신을 따지면 삼갈은 안 됩니다. 이름이 벌써 이방인 이름입니다. 성별로 따지면 드보라도 안 될 사람입니다. 하지만 성경에서는 출신과 성별을 따지지 않습니다. 중요한 것은 하나님의 영이 임했는지 여부이고, 그것이 오로지 사사가 되는 기준이었습니다.

사사기를 기록한 역사가가 드보라의 이야기를 통해서 하고 싶었던 말을 알기 위해 이제 바락이라는 사람을 살펴보겠습니다. 성경은 바락을 소개하면서 바락이 아비노암의 아들이고, 납달리 땅 게데스에 살았다고 말합니다. 많은 이들이 이 소개를 읽고는 바락이 납달리 사람이라고 생각하는데, 여호수아서 19장을 읽어보면 그것이 아니라는 것을 알 수 있습니다.

이 지도에는 레위인들이 받은 48개 도시들의 명단이 나와 있습니다. 그 중에 게데스가 있습니다. 게데스의 위치로 두 장소가 경합하는데, 게데스는 레위인이 살던 도시이자 심지어 도피성입니다. 하나님께서 열두 지파에게 땅을 분배해주실 때 레위 지파에게는 땅을 주시지 않았습니다. 그들에게는 특별히 48개 도시들을 나눠주셨습니다. 그렇다면 그 도시에 살고 있던 사람들은 레위 지파라는 말이겠지요. 비록 그 도시가 있는 땅은 납달리

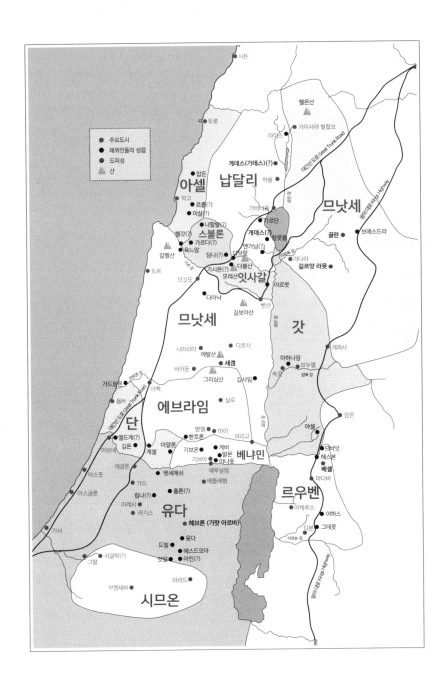

지파가 할당받은 영역이지만, 그 도시는 레위 사람들의 도시라고 이해하면 됩니다. 그러니 바락은 레위 지파 사람이라고 보는 것이 더 합리적입니다.

이제 다시 드보라와 바락의 관계를 살펴볼까요? 여성이자 선지자인 드보라가 남성이자 레위인 군대 장관 바락에게 다볼산으로 가서 야빈의 군대 장관 시스라와 싸우라고 합니다. 왕정 시대와는 달리 이스라엘의 조직에서 가장 높은 위치에 있다고 인정하는 레위인들이, 사회적으로는 한 남자의 아내인 드보라의 명령을 받는 형국입니다. 그러나 사사 시대에는 당연한 일이었습니다. 그런데 드보라의 말에 바락이 오롯이 따랐던 것은 아닙니다. 두려웠던 것이지요. 그래서 드보라가 함께하지 않으면 싸우지 않겠다고 한 발 뺍니다. 결국 선지자 드보라와 레위인 바락이 함께하는 전쟁의 지도자가 남자이자 레위 사람 바락이 아니라 여자이자 선지자인 드보라가 된 셈입니다. 이것이 놀라운 것입니다.

이 이야기를 말과 글로 듣고 읽는 왕국 시대 사람들 또는 페르시아 시대 이후 왕정 시대를 경험하고 살던 사람들이 몸으로 아는 상식과 드보라의 이야기는 완전히 다릅니다. 이 놀라운 이야기를 읽고 있을 사람들이 사는 세상은 레위인, 제사장, 열두 지파의 지도자가 그 사회를 이끌어 가는 사회입니다. 그런데 이스라엘 공동체의 역사를 거슬러 올라가 출애굽 한 선조들이 가나안 땅에서 살던 시대로 가보니, 이스라엘을 이끌 지도자로서의 권위와 정당성이 그의 출신과 사회적인 지위에서 비롯된 것이 아님을 알게 된 것이지요.

사사기를 기록한 역사가가 말하고자 하는 것이 바로 이것입니다. 이스라엘이라는 공동체는 시스템에 의해 운영되는 이웃 나라와는 달리 하나님의 말씀에 따라서 서로 연합한 공동체입니다. 하나님이 세우시는 지도자의 요건은 오로지 그가 '하나님의 영에 사로잡혀 있는가 그렇지 않은가'일 뿐 이었습니다. 그리고 이것이 왕국 시대와 사사 시대의 결정적인 차이였습니 다. 사사기를 기록한 역사가는 그것을 말하고 싶었던 것입니다.

힘만이 아니라 하나님이 주신 지략으로

잠시 발칙한 상상을 하나 해보려고 합니다. 고대 사회에서는 전쟁에도 일종의 낭만이 있었습니다. 《삼국지》를 보면 장군들이 전쟁을 하기 전에 먼저 대열에서 앞으로 나와 적장끼리 서로 통성명을 하고 상대에게 항복을 종용하지 않습니까. 성경에도 다윗과 골리앗의 전쟁을 보면 전장에서 싸 우기 전에 둘이 이야기를 나누는 장면이 나옵니다. 그러면 드보라의 이 전 쟁에도 그런 낭만이 있지 않았을까요? 그냥 한번 상상해보는 것입니다. 저 멀리서 이스라엘의 전쟁 지휘관이라는 자가 오는데 걸음걸이도 그렇게 우 람해 보이지 않습니다. 그런데 자세히 보니 여자입니다. 철로 된 갑옷으로 중무장한 시스라 앞에 가죽 갑옷이라도 입었는지 모를 드보라가 섰습니 다. 시스라에게는 일단 이 상황이 모욕적이었을 것입니다. 아마 이스라엘 의 적장이 자기를 만나러 왔다가 죽을지도 모르겠다는 두려움에 여자 하 나를 보낸 것은 아니었을까 깔보았을지도 모릅니다.

시스라가 드보라에게 말합니다. "나는 하솔 왕의 군대 장관인 시스라 다. 나는 태양의 아들('시스라'라는 이름의 뜻으로 추정)이다." 그때 상대편 여 자가 대답합니다. "나는 이스라엘의 사사 드보라다. 나는 꿀벌이다." 전 쟁 지휘관쯤 되면 천둥이니 번개니 태양의 아들이니, 뭐 이런 거창한 이름

하솔, 그리고 하솔 왕 야빈

하솔은 갈릴리 북쪽 홀레 골짜기 평지의 남쪽에 위치한 도시로, 갈릴리 지역의 남북을 관통하는 도로를 장악하고 주변의 비옥한 평지에서 농사를 짓고 사는 강력한 도시 국가를 구축했다. 1928년에 영국의 고고학자 가스탱(J. Garstang)이 하솔 발굴을 시작했다(Tel el-Qedah). 본격적인 발굴과 그 성과는 1955-1969년 사이에 야딘(Y. Yadin)이 이뤄냈다. 하솔 발굴지는 현재 이스라엘의 고고학 발굴 지역 가운데서 가장 넓다. 두 개의 언덕으로 이루어진 하솔은 각각 101,171m²(약 30,000평)의 언덕과 687,966m²(약 208,000평)이나 되는 언덕이 있다. 규모로 보나 발굴된 거대 건축물로 보나 하솔이 갈릴리 북부 지역에서 가장 영향력 있는 도시였던 것이 분명하다.

하솔의 고고학 발굴을 통해서 기원전 13세기에 일어난 전쟁으로 이 주거 지역이 광범위하게 파괴되었다는 사실이 밝혀졌다. 이 시기는 블레셋 정착 시기, 여호수아의 정복 전쟁 시기, 사사 시대와 일치한다. 하솔은 후에 솔로몬이 병거성으로 요새화했고(왕상 9:15), 솔로몬의 시대로 거슬러 올라가는 건물 역시 발굴되었다.

여호수아가 가나안 정복 전쟁을 할 당시 하솔 왕 야빈과 전쟁을 하는 이야기에서 '야빈'이라는 이름이 처음 등장한다(수 11:1-15). 야빈은 "총명한 사람" 또는 "신이 돌보시기를!"이라는 뜻이다. 야빈은 여호수아가 갈릴리 북쪽 지역으로 진군해 들어오는 것에 위협을 느끼고 마돈 왕 요밥과 시므론 왕과 악삽 왕과 북쪽 산지와 갈릴리 주변 왕들을 불러 모은다. 성경은 하솔이 그 모든 나라의 머리였다고 말한다(수 11:10). 전쟁 결과 여호수아는 야빈을 칼로 죽였으며 하솔은 불살랐다.

드보라의 시대에도 하솔을 통치하는 야빈이 다시 등장한다. 이 두 명의 야빈이 어떤 관계인지 학자들 사이에 일치된 견해는 없으나 일반적으로 받아들여지는 대표적 견해는 야빈이 특정 개인의 이름이 아니라 왕조의 이름 또는 그 왕조의 왕을 지칭하는 이름일 것이라는 것이다. 이 견해는 기원전 18세기 마리 지역에서 발견된 문서들(Mari Text)과 기원전 14세기 아마르나 서신에서 야빈이라고 읽을 수 있는 왕의 이름이 등장하기 때문에 매우 설득력이 있다.

하나쯤 가지고 있어야 할 텐데 말벌이나 땅벌도 아닌 꿀벌이라니요! 그러니 시스라가 드보라를 얼마나 우습게 봤겠습니까? 그러나 하나님은 태양의 아들도 아니고, 번개도 아닌 꿀벌을 통해서 새 역사를 만드셨습니다.

다볼산에 진을 치고 있던 드보라가 산 밑으로 이스라엘 군인들과 함께 내려오기 시작했습니다. 말이 안 되는 거지요. 이스라엘은 산 위에서 버텨야 합니다. 내려오면 죽는 것입니다. 이스라엘 군대에는 병거가 없잖아요. 시스라는 애초에 이 전쟁을 시작할 때 장기전이 될 수도 있겠다는 각오를 하고 나왔을 것입니다. 이스라엘 군대가 산 위에서 금방 내려오지 않을 것이 분명하니까요. 그런데 이스라엘 군대가 다볼산 아래로 내려오는 겁니다. 시스라가 보기에 전쟁 경험이 없는 것이 분명한 여자 지도자는 기본적인 전쟁의 전술과 전략도 모르는 어리석은 장군일 뿐입니다. 얕잡아 봤겠죠. 아마 이렇게 생각했을지도 모릅니다.

'내가 이 전쟁터에 여자 꿀벌이 나올 때부터 알아봤어. 전쟁에 대해서 아무것도 모르는구먼!'

그런데 드보라와 시스라의 전장인 이스르엘 골짜기에는 한 가지 특징이 있습니다. 건기와 우기 때 모습이 완전히 달라진다는 것입니다. 이 지역은 원래 물이 많습니다. 사사기 4장에 언급되는 이스라엘 평야에 있는 기손강은 평야와 같은 이스르엘 골짜기 구석구석에 마치 사람 몸의 실핏줄처럼 뿌려져 있는 강입니다. 비록 농수로 같은 강이지만 그만큼 땅에 물이 풍부하고 비옥하다는 뜻이기도 합니다. 그런데 우기(雨期)가 되면 이 땅 전체에서 물이 올라옵니다. 땅이 머금고 있는 물이 워낙 많다보니까 우기에는 물이 올라와서 이스르엘 골짜기가 완전히 진흙탕이 됩니다. 지금도

우기에 걸으면 신발 밑에 쩍쩍 달라붙는 진흙 때문에 몇 발자국 걷지도 못하고 포기할 정도입니다. 드보라는 이것을 알고 있었습니다. 시스라는 전혀 몰랐고요.

시스라가 다볼산에서 군대가 내려오는 모습을 보고는 그들과 싸우기 위해서 병거를 달리기 시작했습니다. 아니나 다를까 이스라엘 군대가 다볼산 자락 앞에서 머리를 돌려 산 뒤로 돌아 들어가기 시작했습니다. 시스라는 두려움에 떤 이스라엘 군대가 도망간다고 생각했습니다. 더 열심히 이스라엘 군대를 뒤쫓는데 아무리 달려도 그 간격이 좁혀지지 않았습니다. 병거가 전부 진흙에 처박힌 것이지요. 그야말로 기손의 물결이 땅을 적시고 병거들을 꼭 붙들고 있는 듯 꿈쩍하지 않는 것입니다(삿 5:21). 땅의 상태가 병거가 달리기에 좋을 때나 시스라가 전쟁에서 유리한 것이지 이미 전차가 무용지물이 되었다면 병거에서 내려와 싸워야 합니다. 이제는 창과 화살의 전쟁일 뿐입니다. 그리고 육탄전이 벌어지겠지요. 그런데 철갑옷을 두른 시스라의 군대가 이스라엘 군대와 싸우기 위해 병거에서 내려오면 오히려 진흙에 더 깊게 발이 빠져서 움직이기 힘들었을 것입니다. 전쟁은 그렇게 끝났습니다.

병거에서 내린 시스라가 목숨을 부지하기 위해서는 도망가는 수밖에 없습니다. 병거를 타고 도망하는 것이 빠를까요? 내려서 달리는 것이 빠를까요? 뛰어서 도망하는 것이 빠를까요, 걷는 것이 빠를까요? 평소라면 당연히 달리는 것이 빠르고, 병거를 타고 달리는 것이 훨씬 더 빠르겠지요. 그러나 시스라는 걸어서 도망했습니다(삿 4:17). 다 진흙 때문입니다. 뛰고 싶어도 뛸 수가 없었던 것입니다. 오히려 입고 있던 철갑옷이 진흙을 걷기에 거추장스러워서 다 벗어던지고 가지는 않았을까요?

여인의 명령으로 시작해서 여인의 손으로 끝난 전쟁

시스라가 걸어서 도망하여 겐 사람 헤벨의 아내 야엘의 장막에 이르렀습니다. 사사기를 기록한 역사가는 겐 사람들이 모세의 장인 호밥의 자손 중 하나라고 소개합니다(삿 4:11). 겐 사람들은 지역적으로 하솔과 가깝기 때문에 하솔 사람들과 좋은 관계를 맺고 살았습니다. 또 겐족 자체가 원래는 유목을 하면서 시나이 반도 북쪽에 살던 사람들인지라 그 유목민들의 전통대로 자기들이 만나는 사람이 적이든 친구든 모두를 친절히 맞아주었습니다. 시스라는 이런 성향을 가진 사람들에게로 도망간 것입니다. 시스라가 나름 현명한 선택을 한 것처럼 보입니다.

야엘은 자신의 장막에 들어온 시스라에게 우유를 주고 이불로 그를 덮어주었습니다. 시스라는 깊은 잠에 빠졌습니다. 맹렬한 전쟁을 하다가 도망하는 중인데 그 장막에서 잠을 잔다는 것이 쉽게 이해되지는 않는데요. 아마 시스라 입장에서는 이스라엘 백성 중의 하나처럼 함께 출애굽 한 모세의 장인 가족의 장막이 이스라엘 사람들이 의심하지 않을 가장 좋은 피난처였기 때문에 마음을 놓았을 수도 있었을 것입니다. 또 진흙탕 속에서 먼 길을 이동했으니 체력이 거의 방전되었을 겁니다. 이제 배도 부르고 몸도 따뜻해지니까 갑자기 긴장이 풀려서 그랬던 것이 아닐까 싶습니다.

그런데 그때 야엘이 장막 말뚝과 방망이를 들고 시스라에게로 가서 그의 관자놀이에 말뚝을 박아버렸습니다(삿 4:21). 갈릴리 북부를 호령하고 이스라엘을 떨게 했던 그 위대한 장군이 여인의 손에 죽은 것입니다. 그러고 보면 드보라의 전쟁 이야기는 그저 사사의 이야기가 아닙니다. 하나님이 이스라엘 공동체에서 사람들의 눈에 띄지 않은 소수자들을 사용하셔서 그들을 역사의 전면에 드러나게 하시는 역사 이야기입니다.

드보라와 바락의 노래

그러면 왜 하나님께서는 드보라를 선택해서 사사로 세우셨을까요? 왜 드보라와 바락을 부르셨을까요? 드보라와 바락의 노래에 그 이유를 추측해볼 수 있는 단서가 있습니다.

"여호와여 주께서 세일에서부터 나오시고 에돔 들에서부터 진행하실 때에 땅이 진동하고 하늘이 물을 내리고 구름도 물을 내렸나이다"(삿 5:4,5).

다름 아닌 출애굽 이야기를 하고 있는 것입니다. 그러니까 드보라는 출애굽의 역사를 알고 있고, 이스라엘 민족의 역사의식을 가지고 있던 사람이라는 것입니다. 이 책에서 밝힌 것처럼 예언자들의 가장 큰 역할은 이스라엘 공동체가 잊었던 역사, 이스라엘 사람들이 잊었던 율법을 다시 기억나게 해서 그들의 현재와 현실을 직시하게 하고, 과거(역사)를 통해 그들의 미래를 내다보면서 궁극적으로 현재를 바꾸고, 더 나아가 우리의 미래를 바꾸는 것이라고 말했습니다. 드보라는 역사를 아는 여자였고 선지자였습니다. 드보라는 출애굽의 역사를 알고 있었기 때문에 지금 겪는 고난의 이유가 과거 선조들이 출애굽 당시 새 신들을 택하여 여호와 하나님으로부터 징계를 받던 때와 다르지 않다는 것을 알고 있었습니다(삿 5:8).

결국 하나님은 드보라를 통해서 큰일을 행하셨습니다. 가나안 사람들의 뛰어난 문화와 기술에 눌려서 그들을 두려워했던 이스라엘이었습니다.

평지에 큰길이 있었지만 그 길로 다니지도 못하고 산에 나 있는 오솔길로 다녔습니다. 평지 가까운 곳에 정착하려고 하면 가나안 사람들과 블레셋 사람들이 곧장 쳐들어와서 마을을 쑥대밭으로 만들어버렸습니다. 그래서 이제는 평지 가까이 내려갈 엄두조차 내지 못했습니다(삿 5:6,7). 이 모든 것이 여호와 하나님의 눈에 옳지 못한 일을 일삼던 이스라엘이 받은 응분의 벌이었습니다. 그러나 하나님이 이것을 바꿔주셨습니다. 여호와 하나님께서 이스라엘에 행하신 놀라운 역사를 아는 여선지자 드보라에게 하나님의 영이 임하여 모든 것을 바꿔놓으신 것입니다. 이제는 평지로 마음껏 다니며 그곳에 정착할 수 있게 되었습니다. 이 모든 것은 하나님이 하셨고, 여선지자 드보라를 통해서 하신 일입니다.

불행의 그림자

드보라와 바락의 노래는 마냥 즐거운 승리의 노래가 아닙니다. 이 노래 중간에(13-18절) 함께 싸운 이스라엘 지파의 명단이 나오는데, 에브라임 사람, 베냐민 사람, 므낫세 사람(? 마길), 스불론 사람, 잇사갈 사람, 르우벤 사람, 납달리 사람들이 내려와서 싸웠다고 말합니다. 그런데 이 명단의 끝에 길르앗은 요단강 저쪽에 거주했다고 하고, 단은 배에 머물렀고, 아셀은 해변에 앉아 자기 부둣가에 있었다고 말합니다. 길르앗 지역에는 갓 지파가 살고 있었으니 길르앗은 갓 지파를 가리키는 것입니다. 단 지파와 아셀 지파는 해변의 땅을 받은 지파들인데, 이 세 지파 사람들이 전쟁에 참전하지 않았다는 것입니다. 더군다나 유다 지파와 시므온 지파는 아예 언급조차 하지 않습니다. 말할 가치도 없다는 걸까요?

사사 시대는 끝나지 않은 정복 전쟁의 시대였습니다. 다만 공동체의 지도력이 여호수아에서 사사로 이전된 시대일 뿐입니다. 하나님께서 땅의 경계를 나눠주시고 각 지파에게 땅만 주신 것이 아니라 그 땅을 정복해야 하는 소명도 함께 주신 것입니다. 그 소명은 한 지파가 감당할 수 있는 몫이 아닙니다. 열두 지파가 연합하여 함께 이뤄나가야 할 것이었습니다. 서로 돕고 싸워나가며 여호와 하나님이 세우신 하나의 공동체임을 기억하는 것입니다. 그래서 요단 동편의 지파들은 모세에게 땅을 받으면서 가나안 땅의 정복이 끝날 때까지 분배받은 땅으로 돌아가지 않겠다는 굳은 약속을 했습니다(민 32:20-42). 출애굽 한 이스라엘 중에 하나라는 것과 여호와 하나님의 백성이라는 자기 정체성을 잊지 않겠다는 약속이자 그 약속의 실천인 것입니다. 그런데 이제 그 약속이 무너지기 시작하는 것입니다. 사사 드보라가 소집한 전쟁에 함께하지 않은 지파들이 있는 것이지요. 지도자 여호수아가 죽고 난 후, 사사 시대로 접어들면서 지파들 사이에 연대 의식이 허물어지기 시작했습니다. 드보라와 바락의 노래는 그 재앙의 시작을 알리는 서곡과도 같은 노래입니다.

광야 시대와는 달리 가나안 땅에 정착하고 난 다음부터 문화적, 경제적 수준은 광야와 비교할 수 없이 성장하고 있었습니다. 그런데 동시에 여호와 하나님의 신앙으로 연결된 지파들이 정착 후 안정적인 삶을 누리면서 정체성이 느슨해지기 시작한 것입니다. 이것이 나중에는 여호와 하나님과의 관계마저 느슨해지는 이유가 되었고, 지파의 연합이 아니라 결국 지파들 사이에 내전까지 벌어지는 비극을 초래합니다. 드보라의 노래는 그 징조를 슬쩍 내비치고 있습니다.

"아, 아무개는 오지 않았구나! 누구누구는 여호와 하나님을 기억하며 시스라를 이길 수 있다는 믿음을 가지고 왔는데, 아무개는 주판알을 튕겨 보고 오지 않았구나!"

결국 드보라도 아니고, 바락은 더더욱 아니고, 전쟁에 참전한 지파 중의 어느 장수도 아니고, 출애굽 할 때 함께 나온 겐족 여인의 손에 시스라가 죽었다는 것, 그리고 전쟁 무기가 아니라 천막을 붙들던 말뚝에 시스라가 죽었다는 노래를 통해서 사사기를 기록한 역사가는 이런 말을 덧붙이고 싶었을 것입니다. "이 전쟁은 드보라와 바락이 이끈 전쟁이 아니라 하나님이 이끌어 가신 전쟁이었다. 하나님이 나누어주신 열두 지파가 여호와 하나님의 땅에서 연합하지 않으면 이스라엘이 생각하기에 하찮아 보이고 존재감도 없어 보이는 다른 누군가를 통해서라도 하나님은 하나님의 계획을 이루실 것이다. 그때 이스라엘은 보이지 않고 오로지 여호와 하나님께서 세우고 선택하신 그만이 해처럼 빛날 것이다. 그가 비록 이스라엘 사람이 아닐지라도!"

PART 3

내리막길을 달리는
사사들

06

기드온 1 - 영웅본색

삿 6:1-8:28

미디안 사람들

므낫세 사람 기드온의 시대에 이스라엘 백성들은 미디안 사람들로부터 고난을 받고 있었습니다. 미디안에 대해서는 알려진 것이 별로 없습니다. 미디안의 시작은 창세기 25장에 나오는데, 아브라함이 얻은 세 번째 아내 그두라에게서 태어난 자녀들의 명단에 미디안이 있습니다(창 25:2). 굳이 조상의 조상으로 거슬러 올라가면 모두가 아담의 후손이고 한 가족이겠지만, 아브라함 - 이삭 - 야곱(이스라엘)으로 내려오는 족보를 보면 미디안이나 이스라엘 모두 같은 할아버지(아브라함)를 둔 커다란 범위의 한 가족이라 말할 수 있습니다. 그리고 보면 혈통으로 한 가족이라는 것과 여호와 하나님을 아는 신앙으로 한 가족이 되는 것 사이에는 정말 큰 간극이 있는 것 같습니다.

창세기를 보면 미디안의 자손들이 가나안을 떠나서 동쪽으로 갔다고 합니다(창 25:6). 오늘날로 보면 사우디아라비아 주변 땅으로 이주했다고 말할 수 있습니다. 미디안 사람들이 가나안식 문자를 썼을 것으로 보지만, 이들이 남겨놓은 문학이라고 할 만한 글이나 기록해놓은 석비 또는 토기에 새긴 글들이 발견되지 않기 때문에 이들에 대한 정보가 거의 없다고 봐도 무방합니다. 대부분의 학자들은 미디안 사람들이 나라를 세운 적이 없었을 것이라고 말합니다. 향료나 향신료를 주요 물품으로 지역과 나라를 오가며 장사를 하던 대상(隊商)이었을 것으로 추측합니다. 그래서 요셉도 미디안 사람들에 의해 팔려간 것이 아닐까요?(창 37:28 참조)

어느 한 지역에 정착하며 살던 사람들이 아니라서 이들의 주거지를 찾기는 쉽지 않지만, 미디안 사람들이 살았을 가능성이 있는 곳은 이스라엘 땅 중에서 홍해에 가까운 딤나(Timnah)라는 지역입니다. 이 지역은 당시 번창하던 구리 광산이었습니다. 이 구리 광산

○ 하토르 여신을 새긴 목걸이 장식. 하솔에서 발견된 이 목걸이 장식은 풍요의 여신 하토르(Hathor)이다. 이 여신이 이집트 고유의 신인지, 아니면 가나안에서 유래한 바알라트(בעלת)와 같은 뿌리를 가지고 있는지에 대해서는 논쟁적이다.

지역에 하토르(Hathor)라는 풍요의 여신을 섬기던 신전이 있는데, 미디안 사람들이 세운 신전일 것이라고 생각합니다. 그렇다면 미디안 사람들, 적어도 미디안 사람들 중의 일부는 하토르를 섬겼다고 추정할 수 있습니다.

일반적으로 대상들은 단지 물건만 파는 사람들이 아닙니다. 군인이기도 합니다. 미디안 사람들이 이곳저곳을 옮겨 다닐 때 자신들이 소유한 가치 있는 물건들을 지키기 위해 무장을 하고 다녔습니다. 그렇게 다니다보면 마을 사람들의 성향이 어떤지, 그 성의 치안 상태가 어떤지, 성읍 지도자에 대한 마을 사람들의 인식은 어떤지 등등 시시콜콜한 마을과 성읍의 상황들을 알게 됩니다. 이렇게 축적한 정보들을 가지고 무력을 써서 한 성읍이나 마을을 약탈하는 일도 종종 있었습니다(삿 6:5). 그러니 미디안 사람들을 '사막의 바이킹'이라 불러도 손색이 없을 것입니다. 이들은 이렇게 부(富)를 축적해나갔습니다.

포도주 틀에서 밀을 타작하는 용사

미디안 사람들은 낙타를 탄 베테랑 전사들이었고, 워낙 강력해서 이들이 가나안 땅에 들어와 한 번 휘저어놓으면 감당할 수가 없었습니다. 그래서 이스라엘 사람들은 산에 웅덩이를 파고 굴과 산성을 만들어 살았다고 합니다. 산에 파놓은 굴은 다윗이 사울을 피해 도망 다니던 광야의 오아시스 엔게디에 가보면 그 모습을 알 수 있습니다.

절벽 한가운데 굴을 파놓고 그 굴에 사람들이 들어가서 살았습니다. 사진에 보이는 동굴에서 기원전 8-7세기부터 사람들이 살았던 흔적이 발견되었고, 쿰란 사람들이 기록한 두루마리 중의 일부가 발견되기도 했습니

○ 국립공원 엔게디(En-Gedi)에 보존되어 있는 동굴. 기원전 8-7세기부터 사람이 거주한 흔적이 발견되었다.

다. 사람들이 살 만큼 넓은 공간을 만들기 전에 이미 작은 동굴이 자연적으로 있었을 것입니다. 그 동굴을 사람이 손을 대서 팠을 텐데요. 아마도 절벽 맨 위에서 사다리를 타고 내려와 작업했을 것입니다. 작업이 끝나고 사람들이 살기 시작하면 파놓은 동굴에서 물이 있는 아래쪽 골짜기로 내려가는 사다리를 만들었을 것입니다. 그러다 잠을 잘 때나 적들이 쳐들어올 때는 사다리를 걷어올리는 것입니다. 그러면 적들이 동굴 안에 있는 사람들을 공격할 수 없고, 그곳은 안전한 피신처가 되는 것입니다.

기드온 시대에 이스라엘 사람들이 이런 식으로 동굴에서 살았다고 상상해보십시오. 물론 안전했겠다고 생각할 수도 있습니다. 그러나 다른 한

편으로는 동굴에서 지내느라 아래쪽에 심어놓은 농작물과 양, 소, 나귀들이 약탈당하는 것을 그저 지켜볼 수밖에 없는 이스라엘의 처지까지 함께 상상해본다면 사사기 6장 2절 말씀이 매우 비참한 이스라엘의 상황을 묘사한다고 이해할 수 있을 것입니다.

비참했던 이스라엘의 상황은 여호와의 사자가 기드온을 만나는 장면에서도 매우 구체적으로 묘사됩니다. 성경은 기드온이 미디안 사람에게 들키지 않으려고 밀을 포도주 틀에서 타작하던 중이었다고 말합니다(삿 6:11). 추수한 밀을 정리하는 방식은 타작마당에서 나귀가 타작하는 타작판을 끌면서 밀의 낱알을 털고 바람에 날려서 모으는 것이었습니다. 타작마당의 크기야 집안마다 수확량에 따라서 조금씩 다를 수 있지만, 나귀가 빙빙 돌면서 타작판을 끌고 가는 정도의 크기라면 적어도 30평 남짓한 공간은 되어야 합니다. 그런데 포도주를 짜는 틀은 대부분 바위를 깎아서 만들기 때문에 바닥이 울퉁불퉁해서 나귀가 타작판을 끌 수도 없을뿐더러 그 크기도 조금씩 차이는 있지만 평균적으로 3평 내외입니다.

또 타작마당은 평지에 마련해야 하지만 포도주를 짜는 틀은 언덕배기나 산에 있어도 문제가 되지 않습니다. 기드온은 밀 수확기에 타작마당에서 밀을 타작하면 미디안 사람들에게 약탈당할 수 있다는 두려움이 있었습니다. 그래서 산 중턱이나 언덕 어딘가에서 작은 포도주를 짜는 틀을 가지고 미디안 사람들 몰래 손으로 밀 낱알을 털고 있었습니다. 기드온과 같은 이스라엘의 큰 용사(삿 6:12)가 이 정도라면 다른 사람들은 말할 필요도 없을 것입니다.

O 밀 타작 마당. 나귀가 낱알을 털어내는 돌이 박힌 판을 끌며 마당을 돈다.

▲ 포도즙을 짜는 틀

O 포도즙 짜는 틀. 바위를 깎아 만들었다. 수확한 포도를 쌓아 놓고 맨발로 밟아 으깨면 아래의 홈으로 포도즙
   이 흘러 내려와 고인다.

끝없는 수탈

성경에서 그냥 스쳐 지나갈 수도 있는 구절이지만 좀 더 깊이 들여다보면 이스라엘 백성들이 얼마나 잔혹하게 미디안 사람들에게 수탈을 당했는지 더 확실히 알 수도 있습니다. 미디안 사람들이 이스라엘을 수탈할 때 밀 수확기에 쳐들어와서 한 해 농사의 결실을 빼앗아가기도 했지만, 파종할 때에도 이스라엘 땅에 와서 약탈을 일삼았습니다.

"이스라엘이 파종한 때면 미디안과 아말렉과 동방 사람들이 치러 올라와서"(삿 6:3).

이스라엘의 달력을 참고해보면 씨 뿌리는 시기는 아홉 번째 달이나 열번째 달입니다. 밀을 거두는 시기는 셋째 달입니다. 기드온 시대에 미디안의 약탈을 서술하는 이 구절을 통해서 알 수 있는 것이 있습니다. 미디안 사람들이 아말렉 사람들과 함께 주기적으로 반년(6개월)마다 이스라엘에 쳐들어와서 파종하기 위해 지난여름 창고에 보관해놓은 밀 씨앗들과 밀을 추수하고 거두어들인 낟알들을 모조리 쓸어갔다는 사실입니다. 또 파종하는 시기에 양, 소, 나귀도 남기지 않고 다 가져갔다고 합니다(삿 6:3-5). 씨 뿌리는 달인 열째 달에서 바로 한 달 후가 양들이 새끼를 낳는 시즌입니다. 그러니 파종할 때 이스라엘에 메뚜기 떼처럼 몰려들어 와서는 곧 출산을 앞둔 암양들을 약탈해갔다는 것입니다. 끊임없는 수탈이자 셈조차 할 수 없는 대규모의 약탈이었습니다. 하나님 없이 살아가던 이스라엘 백성들이 하나님 없이 살면 자유로울 것 같고 내 눈에 좋아 보이는 대로 살면 행복할 것 같지만, 결국 그들이 경험하는 것은 끝없는 약탈이라는 것이 성경이 말하는 아이러니입니다. 그리고 이것이 하나님을 떠난 이들의 결말

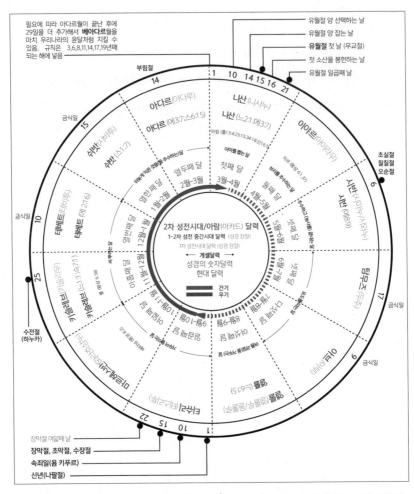

○ 이스라엘의 달력. 성경에는 몇 가지 달을 부르는 다른 이름들이 있다. 이 표는 성경에 나오는 다른 이름들을 병렬로 표기해서 각 달들이 시대에 따라서 어떻게 달리 불렸는지를 보여준다. 그리고 검은색 굵은 글씨로 써놓은 농사력은 성경에는 쓰여 있지 않지만, 기원전 10세기에 가나안 땅에서 사용되던 게젤(Gezer) 달력이다.

이기도 합니다. 이스라엘은 그제야 여호와 하나님께 부르짖습니다.

여호와, 여호와의 사자, 선지자

이스라엘 자손이 미디안 때문에 드디어 정신을 차린 모양입니다. 여호와 하나님께 부르짖었습니다. 자신들을 살려달라고, 미디안의 압제에서 해방시켜달라고 했겠지요. 그러자 여호와께서 이스라엘에 한 선지자를 보내셨습니다(삿 6:8). 그 선지자가 이스라엘 자손들에게 가장 먼저 전한 메시지는 출애굽의 역사였습니다. 이스라엘이 잊고 살던 놀라운 하나님의 역사입니다. 출애굽의 역사를 되풀이해서 이야기하는 이유는 이스라엘을 애굽에서 건져내신 이스라엘의 주인이 여호와 하나님이심을 알려주는 것입니다. 그리고 그 역사를 통해서 여호와 하나님이 이집트의 모든 신들보다 위대하시며, 나아가 지금 가나안 땅에서 여호와 하나님을 떠나 섬기고 있는 바알과 아세라가 아니라 오직 여호와 하나님만이 유일한 한 분 하나님이심을 깨닫게 하기 위해 다시금 출애굽의 역사를 되짚어주는 것입니다. 바로 이것이 선지자의 역할입니다.

그 선지자를 '여호와의 사자'(삿 6:11)라고 부릅니다. 여호와의 사자가 기드온을 찾아왔습니다. 기드온이 그 선지자에게 여호와 하나님이 이스라엘을 대하시는 방식에 대해서 물어보자 선지자가 기드온에게 답을 해줍니다. 그런데 성경은 "선지자가 그를 향하여 이르되" 또는 "여호와의 사자가 그에게 이르되"라고 하지 않고 "여호와께서 그를 향하여 이르시되"(삿 6:14)라고 기록합니다. 그렇다면 여호와, 여호와의 사자, 선지자의 차이는 무엇일까요? 모두 같은 말입니다.

우리말 성경에서는 "여호와의 사자"라고 번역했지만 이 표현의 히브리어 '말아크 아도나이'(מלאך יהוה)는 "여호와의 천사"라고도 번역이 됩니다. 히브리어 '말아크'(מלאך)를 "천사"라고 번역하면서 무의식적으로 천사라는 단어가 주는 이미지 때문에 영적인 존재로만 생각하려는 경향이 있지만, 영어로 굳이 번역하면 "메신저"(messenger)입니다. 그러니 우리말로 "사자"라고 번역한 것은 참 잘된 번역이라고 할 수 있습니다. 구약성경 말라기서는 히브리어로 '말아키'(מלאכי)이고 "나의 천사", "나의 메신저"라는 뜻입니다. 선지자 말라기는 나의 사자, 곧 여호와 하나님의 말을 전달하는 존재라는 것이지요. 선지자의 역할이 바로 그것입니다. 자기의 말이 아니라 하나님의 말씀을 전달하는 것입니다. 하나님이 부르신 한 사람이 하나님의 말씀을 전달하는 순간 그는 메신저, 천사, 사자, 선지자가 되는 것이고, 그 사람의 말은 그 사람의 입에서 나오지만 곧 하나님의 말이 되는 것입니다.

그래서 선지자가 기드온에게 이야기하는 것을 "여호와께서 그에게 이르시되"(삿 6:14, 16 참조)라고 기록한 것입니다. 그 뒤에는 "하나님의 사자가 그에게 이르되"(삿 6:20)라고 표현하는데 다 같은 뜻입니다. 그러므로 선지자가 곧 여호와의 사자요, 여호와의 사자가 곧 여호와의 천사이며, 여호와의 천사가 곧 여호와 하나님의 권위를 가진 그분이 되는 것입니다. 이와 같은 도식은 여기뿐 아니라 아브라함이 하나님의 천사(하나님)를 만난 이야기(창 18장), 야곱이 얍복강에서 하나님의 천사와 씨름한 이야기(창 32장), 삼손의 아버지 마노아가 여호와 하나님의 사자를 만난 이야기(삿 13장)에서도 계속 나옵니다.

하나님을 본 자는 죽는다 그러나 여호와 샬롬!

사람은 하나님의 얼굴을 볼 수 없습니다. 출애굽기 33장에서 "네가 내 얼굴을 보지 못하리니 나를 보고 살 자가 없음이니라"(출 33:20)라고 명확하게 이야기합니다. 그래서 모세는 하나님의 등만 보았을 뿐입니다. 하나님의 얼굴을 보면 죽는다는 사실은 시내산에서 모세가 율법을 받은 이래 이스라엘 백성들에게 널리 알려진 사실입니다. 기드온도 마찬가지였습니다. 기드온은 자기가 만난 사람이 선지자이며, 하나님의 사자이고, 하나님의 천사이며, 곧 하나님의 권위를 가지고 이야기했기 때문에 '여호와 같은' 사람이라는 것을 알았습니다. 갑작스레 그 사자가 놀라운 기적과 함께 제물이 드려진 뒤 사라진 것을 보고서는 떨면서 말합니다.

"여호와 하나님, 내가 주님의 천사를 대면하여 뵈었습니다"(삿 6:22 저자 사역).

여호와의 사자가 곧 여호와의 권위를 가지고 있으니 여호와 하나님의 얼굴을 본 셈입니다. 그러니 시내산에서 모세에게 말씀하신 하나님의 말씀대로라면 기드온은 곧 죽게 될 것입니다. 그때 여호와께서 기드온에게 위로의 말을 건네주셨습니다.

"안심하라. 두려워할 필요 없어. 넌 죽지 않을 거야"(삿 6:23 저자 사역).

여호와의 사자가 여호와 하나님의 권위를 가지고 그분의 말씀을 선포하는 것은 맞지만 그렇다고 해서 인간인 그가 여호와 하나님이 되는 것은 아닙니다. 여호와 하나님의 권위를 가진 것과 그가 곧 여호와 하나님이라는 말은 완전히 다른 말이니까요. 하나님께서는 기드온에게 죽음이 아니라 평화를 약속하셨습니다. 이는 하나님과 기드온의 관계 회복인 동시에 이스라엘과의 관계 회복을 뜻하는 것이 아닐까요? 그러나 하나님과 온전한 관계(샬롬)를 회복하기 위해서는 반드시 해야 할 일이 있었습니다. 그 것은 바로 기드온이 진심으로 여호와 하나님을 인생의 주인으로 고백하는 것입니다.

기드온의 아버지 요아스의 집에는 바알의 제단이 있었습니다(삿 6:25). 참 아이러니합니다. '요아스'(요아쉬 יוֹאָשׁ)라는 이름에는 "여호와의 불"이라는 의미가 있습니다. 그런데 여호와의 불이라는 이름을 가진 사람의 집에 여호와 하나님을 위해서가 아니라 바알을 위해서 불을 피우고 제사를 드리는 바알의 제단이 있었다니요. 이 사실 하나만으로도 당시 이스라엘 백성들의 삶이 얼마나 모순적인지 알 수 있습니다. 기드온의 집에 바알을 위한 제단이 있었다는 것은 그의 아버지가 그저 시골에서 농사를 짓던 사람이 아니라는 것을 보여줍니다. 또 성경을 잘 읽어보면 기드온 아버지의 제단은 개인용 제단이 아니라 그 성읍의 사람들 모두가 바알에게 제사를 드리기 위해 그 제단을 찾았다는 것도 알 수 있습니다(삿 6:28-30 참조). 그러고 보면 요아스는 바알의 제사장과 같은 역할을 했거나 바알 신앙을 수호하는 중요한 위치에 있으면서 그것으로 돈을 벌었던 사람이었을 것입니다.

기드온은 그런 집안의 문화 속에서 자연스럽게 바알 신앙에 물들었을 것입니다. 그렇다면 여호와 하나님과 온전한 관계(샬롬)를 회복하기 위해서 제일 먼저 할 일이 분명해졌습니다. 그 제단을 허물고 바알 신앙을 그 집안과 이스라엘로부터 끊어낸 후 하나님께 예배를 드리는 것입니다.

이상한 제사

여호와 하나님께서 기드온에게 제사를 드리라고 명령하십니다. 오직 여호와 하나님만을 위한 온전한 제사를 드리기 위해서는 먼저 바알의 제단을 헐어버려야 합니다. 바알의 제단이 어떻게 생겼는지는 정확히 알 수 없지만, 이스라엘에서 발견되는 이방 신들을 위한 제단들의 일반적인 모양들로 봐서는 사각형 또는 동그라미 모양으로 돌을 쌓은 형태일 것입니다. 기드온은 산성의 꼭대기 아버지 집에서 헐어버린 제단 옆에 여호와 하나님을 위한 제단을 만들었습니다. 제단을 만들 때는 나름의 원칙이 있습니다. 사용하는 재료와 모양의 문제인데요. 하나는 돌로 제단을 쌓는 방법입니다. 돌로 제단을 쌓을 때에는 다듬지 않은 돌로 만들어야 합니다. 정으로 쪼아서 다듬은 돌을 사용하면 안 됩니다. 그리고 제단을 올라가는 계단을 만들지 말아야 합니다. 그 이유는 제사장의 하체를 보이지 않기 위해서라고 말합니다.

아래 사진은 이스라엘의 므깃도(Tel Megiddo)라는 곳에서 초기 청동기 시대, 대략 3500-3100BCE 사이에 만들어진 제단입니다. 아브라함이 아직 가나안 땅으로 오기 이전 시대였고, 므깃도에 사는 사람들은 여호와 하나님이 아니라 하늘의 해나 달을 섬겼을 것입니다. 이 제단은 원형으로 되어 있는데 제단으로 올라가는 계단이 있습니다. 돌을 쌓아 제단을 만들 때는 정으로 쪼개며 깎지 말고 이방의 제단처럼 계단을 만들지 말라는 것입니다. 모양의 차별화를 통해서 그들과 이스라엘의 다름을 이야기하는 것입니다.

두 번째는 흙으로 단을 쌓는 방법입니다(출 20:22-26). 기드온은 급하

제단으로 올라가는 계단

○ 므깃도의 제단. 돌을 쌓아 만든 원형 제단은 기원전 3500~3100BCE 사이에 만들어진 제단으로 해 또는 달을 섬기던 가나안 사람들이 동쪽을 향하여 만든 제단이다. 제단으로 오르는 계단이 보인다.

게 만들어야 했으니 아마도 흙으로 제단을 만들었을 것입니다. 바알과 아세라에게 제사를 드리던 부정한 돌로 제단을 만들 것 같으면 처음부터 헐지도 않았을 테니까요. 하나님께서는 제단을 만든 후 나무로 만든 아세라 상들과 바알들을 찍어서 그 나무들로 번제를 드리라고 하십니다. 이스라엘 박물관에 전시된 우상들의 모습을 보면 대부분 흙을 구워 만든 것이거나 청동 혹은 금으로 만든 것입니다. 아마도 나무로 만든 우상은 오랫동안 보존하기가 힘들었기 때문에 지금은 찾을 수 없을 것입니다.

여기까지는 문제가 없어 보입니다. 율법에서 말하는 것과도 크게 부딪치는 것이 없습니다. 그런데 마음에 걸리는 것이 있습니다. 왜 하필 둘째 수소일까요? 기드온은 명령대로 아버지의 칠 년 된 둘째 수소를 끌어다가 번제를 드렸습니다. 제물을 드릴 때는 몇 가지 조건이 있습니다. 우선 수컷이어야 하고 흠이 없어야 합니다. 제사에 따라 처음 태어난 것을 제물로 드려야 한다는 규정도 있습니다. 그런데 특별히 둘째 수소를 제물로 규정하는 경우는 없습니다. 그래서 '둘째 수소'라는 표현이 성서 해석자들에게는 고민거리였습니다. 둘째 수소는 히브리어로 '파르 하쉐니'(פַר הַשֵּׁנִי)라고 읽습니다. 그런데 히브리어는 원래 모음이 없었기 때문에 모음 없이 'פר השני'라고만 쓰여 있었습니다. 이 자음들만 나열된 히브리어는 파르 하쉐니라고 읽을 수도 있지만, 파르 하샤니라고도 읽을 수 있습니다. '파르 하샤니'라고 읽는다면 "튼실하고 기름기 많은 보기 좋은 수소"로 뜻이 달라집니다. 그래서 기원전 3세기에 히브리어를 모르는 디아스포라 유대인들을 위해서 그리스어로 번역된 성경에는 칠 년 된 둘째 수소가 아니라 "칠 년 된 기름진 수소"로 되어 있습니다.

기드온의 다른 이름 여룹바알

기드온이 그 튼실한 수소를 끌고 와서 밤중에 제사를 드립니다. 무서웠거든요. 모든 사람들이 자기들의 신이라고 섬기고, 최고의 신이라고 모시는 바알의 제단을 허문다는 것이 얼마나 무서운 일인지, 그리고 얼마나 큰 용기가 필요한지는 충분히 상상할 수 있을 것입니다. 또 그 바알 제단이 기드온의 집에 큰 수익을 안겨주었을 텐데 그것을 허물었을 때 아버지와 나머지 가족들로부터 받게 될 비난 역시 두려웠을 것입니다. 그래서 밤중에 제단을 허물고 여호와 하나님께 제사를 드렸습니다. 아무도 모르게 말입니다. 아침이 되었습니다. 요아스는 완전히 사색이 되었습니다. 바알과 아세라에게 아침 제사를 드려야 하는데 제단은 허물어졌고 흙으로 쌓아 올린 허름한 제단이 떡하니 있었습니다. 곧 성읍 사람들이 바알과 아세라에게 제사를 지내러 올 텐데 이것을 어떻게 설명해야 할지 난감했을 것입니다. 그것을 본 성읍 사람들의 반응은 더 격렬했습니다.

"네 아들을 끌어내라. 반드시 죽여야겠다. 그가 바알의 제단을 파괴하고 그 곁의 아세라를 찍어냈다"(삿 6:30 저자 사역).

바알의 제단이 허물어진 것을 보고 분노했던 사람들, 나무로 만든 바알과 아세라 상이 찍혀 나가고 태워진 것에 분개한 사람들은 므낫세 사람들입니다. 이스라엘 사람이지요. 소위 하나님의 백성이라 불리는 사람들이 바알의 제단이 허물어진 것을 보고 분노하고 있습니다!

미디안의 압제 때문에 사람들이 못 살겠다, 구원해달라고 여호와 하나님께 부르짖었습니다. 그래서 하나님이 기드온을 이스라엘을 구원할 자로 부르셨다는 이야기를 하기 전에 기드온의 집에서 일어난 일이 불쑥 끼어 들어왔습니다. 왜 그랬을까요? 사사기를 기록한 역사가가 꼭 이 부분을 말하고 싶었기 때문입니다. 진짜 문제는 이스라엘과 미디안과의 관계가 아닙니다. 이스라엘과 하나님과의 관계가 가장 큰 문제라는 것을 말해주고 싶었던 것입니다. 미디안의 억압을 끊어내고 다시 평화를 찾고 싶다면 먼저 하나님과의 관계를 완전하게(샬롬) 회복해야 합니다. 그래서 사사기의 순환 구조에서 벗어나는 이야기가 갑자기 튀어나온 것입니다.

기드온(גִּדְעוֹן)이라는 이름에는 "잘라버리다"(גד"ע)라는 의미가 있습니다. 이것은 단지 바알과 아세라 상을 찍어버린다는 의미에 국한되지 않습니다. 그들이 바알과 아세라를 섬기던 과거의 삶을 끊어버리고 새롭게 시작할 오늘을 알리는 이름입니다. 기드온의 적은 표면적으로는 미디안이었지만, 진짜 적은 바알이었습니다. 그래서 이 사건이 있은 후 기드온은 "바알과 다투는 자", '여룹바알'(יְרֻבַּעַל)이라는 이름을 얻게 됩니다.

사사도 온전하지 못하다

하나님이 기드온의 삶을 바꾸셨을지라도 어제까지 바알을 섬기던 사람이 갑자기 180도 다른 사람이 되었을 거라고 기대하는 것은 욕심입니다. 사사기에서 기드온 때부터 사사들의 부족한 점들이 조명되기 시작합니다. 사사기를 기록한 역사가는 사사들조차 하나님을 믿는 온전한 신앙에서 점점 멀어져갔다는 것을 고발하고 있습니다. 사사들의 내리막길을 보여주기 시작한 것입니다.

이스르엘 골짜기에 미디안, 아말렉 그리고 동방 사람들이 진을 쳤습니다. 기드온은 사자들을 보내서 므낫세, 아셀, 스불론, 납달리 지파를 불렀습니다. 왜 열두 지파 모두를 부르지 않았을까요? 성경은 그 이유를 밝히지 않지만 이미 드보라의 시대부터 그 징조를 보인 열두 지파들의 연대가 느슨해지고 있음을 보여주는 것이라고 할 수 있습니다. 미디안은 강력한 낙타 부대를 이끌고 7년 동안 이스라엘을 괴롭혔습니다. 낙타 부대는 주로 평지를 중심으로 움직였습니다. 대상들은 주요한 길을 따라서 장사

아말렉

　아말렉은 아마도 에돔 지역에 거주하던 사람이었을 것이다(창 36:16).
아말렉에 대해서 고고학이 증명해낼 수 있는 구체적인 증거들은 없다. 브
엘세바 남쪽 약 10킬로미터 떨어진 텔 마소스(Tel Masos)를 아말렉의 거주
지로 보는 견해도 있으나 학자들 사이에 일치된 견해는 없다. 그러므로 성
경에서만 그 정체를 추정할 수 있다. 창세기는 에서의 아들 엘리바스가 첩
을 들어서 낳은 아들로 아말렉을 소개한다(창 36:12). 아말렉은 유목민으
로 계절을 따라서 에브라임 산지(삿 12:15)로부터 남쪽으로는 시글락 남
쪽 지역(네게브, 삼상 30:1,2; 민 13:29)까지 삶의 터전을 옮겨가던 사람들이
다. 사울이 아말렉과 전쟁을 치른 이야기가 사무엘상 15장 7절에 나오는
데 아말렉과의 전쟁을 이집트 동쪽 지역이라고 말하는 것으로 보아서 아
말렉이 활동하던 지역을 시나이 반도 서쪽과 아라바 광야 지역 그리고 에
돔 지역과 에브라임 산지에 이르기까지 넓은 지역으로 볼 수도 있다. 그
래서 이들도 미디안과 마찬가지로 유목민이자 대상들이었다고 설명한다.

를 하고 약탈을 일삼았는데 그 길이 산지를 통과하기도 했지만 대부분은 왕의 대로(大路)와 해변 길과 골짜기의 평지를 따라서 형성되었고, 미디안 사람들도 마찬가지로 그 길들을 중심으로 움직였습니다. 이 길에서 벗어나 있거나 이들이 잘 다니지 않는 산지에 속한 유다, 시므온, 베냐민과 에브라임 지파들은 처음부터 미디안과의 전쟁을 자기들의 일이 아니라고 생각했을 수도 있습니다. 그래도 사사라면 온 이스라엘을 불렀어야 합니다. 그런데 기드온은 그들 모두를 부르지 않았습니다. 전쟁터인 이스르엘 골짜기에 기대어 살고 있는 네 개의 지파만을 소집한 것입니다.

기드온은 막상 이 지파들을 불러놓고도 전쟁에서 정말 이길 수 있는지 회의적이었습니다. 그래서 하나님께 징표를 구합니다. 양털 한 뭉치를 타작마당에 두려고 하는데 이슬이 양털에만 있고 주변에는 없게 해달라는 것입니다. 그러자 그대로 되었습니다. 마른땅에서 이슬에 흠뻑 젖은 양털을 보여주셨으면 "아이고, 주님! 죄송합니다. 제가 주님을 의심했습니다. 이제는 주님의 말씀대로 나가서 싸우겠습니다!"라고 해야 마땅합니다. 그런데 곰곰이 생각해보니 양털의 이슬은 마르기 쉽지 않지만, 땅의 이슬은 해가 뜨면 곧 마르니 이것은 하나님이 하신 일이 아니라 자연 현상이 아닐까 싶었나봅니다. 그래서 또다시 하나님께 징표를 요구합니다. 이번에는 땅은 다 젖고 양털만 말라 있게 해달라는 것이었습니다. 합리적으로 생각해보면 있을 수 없는 일입니다.

마음 좋으신 하나님께서는 기드온의 요청에 응답해주셨습니다. 단지 기적의 이야기일 수도 있겠습니다. 그러나 이 기적은 사실 하나님을 시험하는 것이었습니다. 하나님께서 기드온의 바람대로 응해주셨지만 이제 사사도 예전 같지가 않습니다. 하나님을 의심하고 온전한 믿음이 희석되는 현상이 단지 몇몇의 문제가 아니라 사사를 비롯한 이스라엘 전반에 흐르는 풍조가 되었다는 것을 사사기를 기록한 역사가는 전하고 싶었던 것입니다.

이상한 하나님의 전쟁

기드온은 일찍이 하롯 샘 곁에 진을 쳤습니다. 미디안의 진영은 모레 산 앞 골짜기에 있었습니다. 전쟁을 하기 위해서 모여든 이스라엘 사람들이 3만 2천 명이었습니다. 많이 모인 것 같지만 미디안 군사의 수가 13만 5천 명이었으니(삿 8:10 참조) 절대로 많은 수가 아닙니다. 그런데도 하나님께서는 이 수가 많다고 생각하셨습니다. 그동안 봐온 이스라엘의 믿음 상태로는 이 전쟁에서 이기면 분명히 자기들이 잘 싸워서 이겼다고 으스댈 것이 분명했습니다. 여기저기 다니면서 "우리가 5대 1로 싸워서 이겼다!"며 자랑을 늘어놓겠지요. 하나님의 명령에 따라 두려운 사람들은 돌아가라고 말하니까 2만 2천 명이나 돌아갔습니다. 갑자기 3분의 2가 이탈한 것입니다. 사사가 불러서 오기는 했지만 내가 가진 땅에서 누구를 신이라고 부르든 내 배만 채울 수 있다면 그것이 바알이든 아세라든 상관없다고 생각하는 사람들, 그리고 미디안으로부터 약탈을 당해서 힘들게 살아갈지언정 목숨만 붙어 있으면 된다고 생각하는 사람들이 아닌가 싶습니다.

1만 명밖에 남지 않았으니 단순하게 계산을 해봐도 한 사람이 적어도 13명을 맡아서 싸워야 하는 힘든 전쟁입니다. 그런데 하나님은 또다시 이 수도 너무 많다며 이들 중에서 싸울 만한 사람을 택하겠다고 하십니다. 그

○ 국립공원 하롯샘

들이 싸울 자격이 있는 자들인지 시험하겠다고 하십니다. 기드온이 이 전쟁에서 이스라엘을 정말 구원할 수 있는지 알아보기 위해서 하나님을 시험한 이야기가 바로 앞에 나오는데, 이번에는 하나님께서 기드온과 이스라엘을 시험하십니다. 이 또한 참 아이러니합니다. 그러나 하나님이 시험하신 목적은 달랐습니다. 하나님의 목적은 이스라엘 백성들의 현실 점검입니다.

하나님의 말씀대로 하롯으로 내려간 기드온은 병사들에게 물을 마시라고 합니다. 뜨거운 태양 아래 있다가 시원한 물이 터져 나오는 샘을 만났으니 얼마나 기뻤을까요? 물에 뛰어드는 사람, 들고 있던 창과 방패를 잠시 내려놓고 무릎을 꿇고 머리까지 물속에 담그며 벌컥벌컥 물을 마시는 사람, 참 많은 사람들이 있었을 것입니다. 그런데 하나님께서는 손으로 움켜 입에 대고 핥는 사람만이 전쟁에 나갈 수 있다고 하셨습니다. 고대 성서 해석자들은 이렇게 물을 마시는 사람의 모습을 묘사하면서 한 손에는 창을 잡고 다른 한 손으로 물을 마시는 사람들이었다고 말합니다. 두 손으로 마시면 손을 모아서 후루룩 마실 수 있는데 개처럼 핥았다면 분명히 한 손으로 물을 떴을 것이고, 그렇다면 다른 한 손에는 창이나 방패를 잡고 있지 않았을까 짐작해보는 것입니다.

전쟁터에서 반가운 물을 만나도 늘 주변에 적이 있는지 경계하면서 마시는 사람들만이 하나님의 전쟁에 참여할 수 있다는 말입니다. 전쟁터에 나왔지만 어쩔 수 없이 의무감으로 나온 사람들이 아니라 이스라엘을 위해서 죽으면 죽으리라는 마음으로 나온 이들을 선택하신 것이라고 말할 수 있습니다. 그렇게 마신 사람들이 고작 300명입니다. 3만 2천 명 중에 300명이라면 그 수가 100분의 1 이하로 줄어든 것입니다. 그렇지만 처음부터 이 전쟁은 사람이 이끄는 전쟁이 아니었습니다. 하나님의 전쟁이었습니다. 300명과 13만 5천 명의 대결, 그러나 병사들의 수는 중요하지 않았습니다.

여호와 하나님께서는 기드온에게 미디안 진영을 염탐하도록 하셨습니다. 그때 미디안 진영에서 대화하는 군인들의 이야기를 엿들었습니다. 한 사람이 꿈을 꾸었는데 보리떡 한 덩어리가 미디안 진영으로 굴러 들어와서는 장막을 무너뜨렸다는 것입니다(삿 7:13). 그러고는 그 보리떡이 기드온일 것이라는 염려 어린 대화였습니다.

"보리떡 한 덩어리"라고 번역된 '쯜릴 레헴 세오림'(צְלִיל לֶחֶם שְׂעֹרִים)이라는 말에서 '쯜릴'이라는 히브리어는 성경에 딱 한 번 나오는 하팍스 레고메논입니다. 이 말이 무슨 뜻인지는 알 수 없지만 문맥상 "덩어리"라고 번역해 놓은 것입니다. 이 단어의 원뜻을 알아보기 위해서는 그 어원을 찾아 올라가거나 이와 같은 어근을 가진 말이 다른 지역에서는 어떻게 사용되는지를 연구합니다. 아랍어에서 이 단어의 흔적을 찾았는데 "말라비틀어진"이라는 뜻이었습니다. 그렇다면 보리떡 한 덩어리는 "말라비틀어진 보리빵"이라는 뜻일 텐데, 이 말라비틀어진 보리빵이 딱 기드온 군사들의 처지와 같습니다. 갓 구운 따뜻한 빵도 아니고, 밀 수확을 끝낸 후 갓 도정한 밀로 만든 빵도 아닙니다. 미디안을 피해 산지 구석구석 척박한 땅에서 자란 거친 보리로 만든 빵, 그것도 오래전에 만들어서 말라비틀어진 빵과 같은 신세가 꼭 이스라엘의 신세이고, 기드온과 함께한 군사들의 신세입니다. 그런데 그 빵 때문에 장막이 무너졌다는 미디안 군사들의 해몽은 그야말로 하나님이 기드온에게 주신 메시지입니다.

준비부터 이상한 전쟁의 승리 무기 또한 이상합니다. 빈 항아리와 그 항아리 안에 든 횃불 그리고 나팔입니다. 칼은 필요 없습니다. 그래도 승리할 수 있습니다. 하나님이 하시는 전쟁이기 때문입니다. 미디안 군사들을 둘러싸고 있는 횃불과 나팔 소리에 혼비백산이 되어 도망하면서 자기들끼리 칼로 싸우는 이상한 광경이 펼쳐집니다. 물론 하나님이 하신 일입니다. 13만 5천 명을 상대로 300명이 싸운 전쟁, 항아리와 횃불과 나팔을 들고 싸운 전쟁, 이 이상한 전쟁은 바로 하나님의 전쟁이었습니다.

에브라임의 참전과 지파들 사이의 다툼

미디안 사람들이 도망가기 시작했습니다. 그리고 요단강을 건너 자기 땅으로 내려가려고 합니다. 그때 기드온이 에브라임에 전령을 보내서 도망가는 미디안 사람들을 앞질러 요단강에 이르는 길목을 막고 함께 싸우자고 말합니다. 드디어 에브라임 지파가 전쟁에 참전하게 된 것입니다. 에브라임은 미디안의 부대 지휘자였던 오렙과 스엡을 잡았습니다. 오렙은 바위에서 죽이고 스엡은 포도주 틀에서 죽였는데, 장소 또한 상징적입니다. 이스라엘 사람들은 미디안의 약탈이 두려워서 타작마당에서 밀을 타작하지 못 하고 포도주 짜는 틀에서 밀의 낱알을 일일이 손으로 털어내야 했습니다. 포도주를 짜는 틀은 바위를 깎아서 만드는 데 바위와 포도주 틀에서 죽였다는 것은 약탈로 인한 고난의 상징이었던 곳에서 미디안 사람을 죽임으로써 이제 더 이상 그렇게 살지 않아도 된다는 것을 보여주는 것이라고 할 수 있습니다.

그런데 아직 전쟁이 끝나지도 않았는데 에브라임 사람들과 기드온 사이에 다툼이 생겼습니다. 왜 전쟁을 할 때 자기들을 부르지 않았느냐고 따지는 것입니다. 기드온은 왜 그들을 부르지 않았을까요? 이 대답은 잠시 뒤로 미뤄놓겠습니다. 어찌됐든 기드온은 에브라임 사람들의 마음을 누그러뜨릴 요량으로 이렇게 말합니다(삿 8:2,3 참조).

"이번에 내가 한 일이 당신들이 한 일에 비교나 되겠습니까? 에브라임이 떨어진 포도를 주운 것이 아비에셀이 추수한 것 전부보다 낫지 않습니까? 하나님이 미디안의 우두머리 오렙과 스엡을 당신들의 손에 넘겨주셨습니다. 그러니 내가 한 일이 어찌 당신들이 한 일에 비교나 되겠습니까?"

기드온은 에브라임이 한 일이 그동안 전쟁을 치른 네 개 지파가 한 일보다 더 뛰어났다며 칭찬합니다. 이 말 역시 어떻게 이해하면 좋을지 잠시 미뤄두겠습니다. 그렇게 에브라임의 마음을 풀어준 후, 기드온과 그 군사들은 요단강을 건너 미디안의 두 왕 세바와 살문나를 추격합니다.

단 300명의 군인들로 이 큰 전쟁을 치른 것과 먼 거리를 쫓는다는 것이 쉬운 일은 아닙니다. 요단강을 건너서 지친 몸을 이끌고 적들을 추격하다가 숙곳에 이르렀습니다. 그리고 숙곳 사람들에게 지금 병사들이 지쳤으니 빵을 좀 달라고 부탁합니다. 그런데 숙곳의 지도자들이 비아냥거리면서 거절합니다. "마치 세바와 살문나를 이미 잡았다는 듯이 우리에게 말하시는구려?" 그렇게 거절당한 기드온이 미디안의 군사들을 추격하며 산지 동네인 브누엘로 갔습니다. 그런데 그들도 숙곳 사람들과 마찬가지로 기드온의 용사들을 조롱하며 빵을 건네주기를 거절합니다.

그런데 그거 아십니까? 이 숙곳과 브누엘의 사람들은 이스라엘 지파 중의 하나인 갓 지파에 속하는 사람들이었습니다. 르우벤 자손들과 갓 자손들은 가축 떼가 많아서 목축할 만한 적절한 장소로 요단 동편을 선택했습니다. 사실 요단 동편은 가나안이 아닙니다. 가나안의 문턱이기는 하나 여호와 하나님께서 가라고 정해주신 그 땅은 아닙니다. 그러나 모세를 설득하여 그 땅에 머물게 되었습니다(민 32장). 그렇지만 그 땅들은 아람, 암몬, 모압과 경계를 맞대고 있는 땅이면서 왕의 대로(King's Highway, 고대 메소포타미아 지역과 이집트를 연결하던 도로)가 지나가서 이방인들의 왕래가 잦았던 곳인지라 고유한 여호와 하나님의 신앙과 문화가 위협받을 조건을 두루 갖춘 곳이었습니다. 그곳에 살면서 아마도 이들은 요단강 건너에 살고 있는 나머지 열 지파들보다는 그 지역을 오가며 장사하던 미디안 사람들과 더 친분을 쌓았던 모양입니다. 성경에서 소개하는 기드온과 갓 지파 사람들의 대화로 보건대 갓 지파 사람들이 심정적으로 미디안과 오히려 더 가까운 것은 분명합니다. 또 추측이지만 그렇게 싸운 미디안 적군 가운데 숙곳 사람, 그러니까 갓 지파 사람도 있지 않았는지 의심스럽습니다(삿 8:14 참조).

기드온은 승리하고 돌아오는 길에 숙곳과 브누엘 사람들에게 사로잡은 세바와 살문나를 보여주면서 그들이 떠벌린 말에 책임을 물었습니다. 망대를 허물고 그 성읍 사람들 가운데 책임져야 할 사람들을 죽였습니다. 형제들끼리, 공동체 안에서 벌어진 살상입니다. 그리고 그 자리에서 세바와 살문나도 죽였습니다. 열두 지파 공동체는 이렇게 허무하게 무너져가고 있었습니다. 모두가 하나 되어 하나님을 섬기는 이상적인 시대가 저물어가고 있음을 사사기를 기록한 역사가가 보여주고 싶었나봅니다.

기드온의 본색

이 전쟁 이야기 뒤에는 "미디안이 이스라엘 자손 앞에 복종하여 다시는 그 머리를 들지 못하였으므로 기드온이 사는 사십 년 동안 그 땅이 평온하였더라"(삿 8:28)라고 끝내는 것이 사사기의 순환 구조상 자연스러운 배치입니다. 그런데 사사기를 기록한 역사가의 눈에 기드온은 그렇게 이야기를 끝낼 인물이 아니었습니다. 기드온은 이전의 사사들과는 전혀 다른 결을 가진 사람이었기 때문입니다.

이스라엘 사람들이 기드온을 찾아와서 "당신이 우리를 미디안의 손에서 구원하셨으니 당신과 당신의 아들과 당신의 손자가 우리를 다스리소서"(삿 8:22)라고 부탁합니다. 왕이라는 말만 사용하지 않았지 왕이 되어달라는 요청인 것입니다. 기드온은 이 요청을 거절합니다. "오직 주님께서 여러분을 다스리실 것입니다"(삿 8:23 새번역)라는 기드온의 대답이 뭔가 수상쩍다는 느낌이 드는 것은 왜일까요? 이 대답은 다음 장에서 아비멜렉을 이야기할 때 덧붙이도록 하겠습니다.

기드온은 왕으로 추대되는 것은 거절했지만, 사사기를 기록한 역사가는 기드온이 탐욕스러운 사람이었다고 은근슬쩍 이야기합니다. 기드온은 왕이 되어달라는 요구를 거절한 후에 이스라엘 백성들에게 다른 것을 요구합니다. 그들이 획득한 전리품 중에서 귀고리 하나씩을 달라는 것입니다. 그렇게 해서 받은 금귀고리의 무게가 금 1,700세겔입니다. 세겔이라는 단위가 시대 혹은 지역에 따라서 다르기 때문에 정확하게 말할 수는 없지만, 평균적으로 1세겔을 10그램으로 계산한다면 17킬로그램입니다. 또한 초승달 모양의 장식품과 패물들, 낙타 목에 둘렀던 사슬을 달라고 합니다. 세바와 살문나가 타던 낙타의 목에서 초승달 모양의 장식은 이미 기드온이 떼어가졌습니다(삿 8:21). 또 다른 낙타들의 목에 초승달 모양의 장식품들이 있었나봅니다. 그 장식품은 사슬, 그러니까 일종의 목걸이 형태였던 것 같습니다. 낙타 목이 좀 두껍습니까? 낙타 목에 있던 목걸이에 초승달 모양 장식까지 있었으니 무게가 꽤 나갔을 것이고, 또 패물들이 뭔지는 몰라도 꽤나 값나가는 것들이었겠지요.

기드온은 왕이 되기를 거절했으나 엄청난 전리품을 요구했습니다. 이런 기드온의 탐욕스러운 면을 볼 때 전쟁터에 네 개의 지파만을 부른 것이 조금은 이해가 됩니다. 전쟁에 참전한 모든 지파의 군인들은 전쟁이 끝난 후 전리품을 얻습니다. 승리한 전쟁의 전리품은 대단했겠지요. 그런데 참전한 지파의 수가 많을수록 얻게 되는 전리품은 줄어들게 마련입니다. 기드온은 그것이 못마땅했을 수도 있습니다. 이런 기드온의 속내를 에브라임이 알아차린 것은 아닐까요? 그래서 이것을 무마하기 위해서 그들을 띄워주는 말로 에브라임의 환심을 사려고 한 정황적 증거가 너무나 명백합니다.

이렇게 금붙이를 요구한 것이 단지 재산에 대한 욕심 때문만은 아니었다는 것이 곧 드러납니다. 기드온은 그것으로 에봇을 만들었습니다. 출애굽기 28장과 39장에는 에봇을 만드는 방법이 자세하게 소개되어 있으며 그 모양과 재질까지 설명해줍니다. 그런데 에봇은 거룩한 제사장들이 입는 옷이었습니다. 기드온은 므낫세 사람입니다. 므낫세 땅에도 레위인이 살 수는 있지만, 기드온은 레위 지파 사람이 아닙니다. 기드온의 집에 바알을 위한 제단이 있기는 했습니다. 그리고 그가 하나님의 사자를 만난 뒤에 바알의 제단을 허물고 새로 쌓은 제단에서 하나님께 제사를 드리기도 했습니다. 하지만 그렇다고 해서 기드온이 갑자기 레위인이 된 것도, 제사장이 된 것도 아닙니다. 그런데 이제는 에봇을 만들어서 레위인의 도시도 아닌 그 땅에 에봇을 두고 스스로 제사장이 된 것입니다. 자기가 입을 것이 아니라 제사장을 데려와서 그에게 입혔다고 해도 기드온의 불순한 의도는 같습니다. 이제 하나님을 만나기 원한다면, 그분의 음성을 듣기 원한다면

"나를 통하라!"라는 말입니다.

　기드온의 집에 바알의 제단이 있던 때 그 집안은 그것으로 돈을 벌었습니다. 이제 바알의 제단이 사라진 지금 기드온은 여호와 하나님의 제단이 우리 집에 있으니 이것으로 돈을 벌어야겠다는 생각을 했을지도 모릅니다. 그러나 더 많은 지지를 받는 설명은 기드온이 왕 노릇을 하려고 했다는 것입니다. 이스라엘의 왕정 시대에도 제의와 정치 영역은 철저하게 구분되어 있었습니다. 그러나 이스라엘 주변 나라들은 왕이 곧 제사장이었습니다. 또는 왕이 신의 아들들이었습니다. 제의와 정치를 구분하지 않았던 것입니다. 기드온이 지금 그 흉내를 내고 있는 것입니다. 형식적으로는 왕이 되는 것을 거절했지만, 그 마음속에는 왕이 되려는 마음과 함께 이웃 나라들처럼 제사장의 역할까지 모두 독점하고 싶었던 기드온의 마음을 사사기를 기록한 역사가가 적나라하게 드러내고 있는 것입니다.

　이제부터 사사 시대는 계속 내리막길입니다. 시대와 사사를 거듭할수록 이스라엘의 탐욕과 사사들의 부패는 점점 커져만 갑니다. 역사를 바라보면서 그 시대를 아파했던 사사기를 기록한 역사가는 기드온 집안의 비극을 기록하면서 이스라엘에게 경각심을 불러일으키지만, 이 역사를 통해서 들을 귀 있는 사람들만이 그 역사가의 목소리를 듣게 될 것입니다.

07

기드온 2 - 아비멜렉

삿 8:29-9:57

하나님을 잃어버린 기드온

기드온의 가족 이야기는 요아스의 아들 여룹바알이 자기 집에 돌아가서 살았다는 내용으로 시작합니다. 구약성경에서 기드온을 아버지의 이름과 함께 소개할 때는 항상 '요아스의 아들 기드온'이라고 합니다. 그런데 딱 한 번 기드온을 '요아스의 아들 여룹바알'이라고 부릅니다.

"요아스의 아들 여룹바알은 자기 집으로 돌아가서 살았다."(삿 8:29 새번역)

기드온은 자기 집에서 바알 신상과 아세라 신상들을 다 태워버리고 바알 제단을 전부 다 쓸어버려서 여룹바알이라는 이름을 얻기는 했지만, 스스로 바알의 자리에 올라간 사람입니다. 기드온이 이제 그런 사람이 되었다는 것을 은근슬쩍 비꼬는 말이 '요아스의 아들 여룹바알'입니다. 그렇게 경제적으로 풍요롭게 살면 행복할 것 같고, 권력을 잡으면 무엇이든 다 할 수 있어서 좋을 것 같지만, 그 권력과 재력이 기드온의 집안을 나락으로 떨어지게 했습니다.

기드온에게는 아내가 많았습니다. 그 아내로부터 낳은 아들의 수만 70명입니다. 아들이 70명이니 딸의 수까지 더한다면 족히 100명은 넘지 않았을까 상상해봅니다. 기드온은 그만한 대식구를 먹여 살릴 여유도 있습니다. 그러나 기드온에게 아내가 많고 아들이 많다는 것은 그가 복을 받았다는 이야기가 아닙니다. 오히려 이스라엘 공동체의 지도자가 그렇게 많은 아내를 두는 것은 율법이 금하는 것이었습니다(신 17:17). 신명기에서는 지도자가 지켜야 할 법령으로 많은 아내를 두는 것과 지나치게 많은 재산을 소유하는 것 모두를 경계하는데 기드온은 이 두 가지 법 모두를 어긴 셈입니다. 많은 아내들과 그 사이에서 태어난 아들들이 하나님이 왕 된 나라를 세워가는 데 걸림돌이 될 것이 분명했습니다. 그리고 집안의 재산을 놓고 아들들이 암투를 벌이는 일 역시 비일비재했기 때문에 이런 법률을 만들어놓았을 것입니다. 그러나 기드온은 그 법률을 몰랐거나 무시했던 것입니다. 그리고 그 많은 아내들도 모자라 첩까지 있었습니다. 세겜에서 얻은 첩입니다.

사사기를 기록한 역사가가 정의하는 '첩'(필레게쉬 פִּלֶגֶשׁ)은 아내와 반대되는 개념입니다. '아내'(이샤 אִשָּׁה)라는 말은 합법적인 결혼으로 맺어진 남녀의 관계이고, 첩은 그렇지 않다는 것입니다. 그러면 왜 세겜 출신의 여인과는 합법적인 결혼을 하지 못했을까요? 세겜 여인이 공동체 밖의 사람이었기 때문입니다. 만약 세겜 출신의 여인이 이스라엘 여인이었다면 기드온과 결혼할 경우 바로 아내가 됩니다. 합법적인 결혼이니까요. 그런데 만약 세겜 출신의 여인이 다른 남자의 여자였는데 강제로 빼앗은 거라면 불법적인 결혼이라고 할 수도 있겠지만, 이것은 다름 아닌 범죄입니다. 둘 다 죽임을 당했을 것입니다(레 20:10). 그러니 이 둘의 경우는 아닙니다. 그렇다면 불법적인 결혼 관계의 범위가 줄어듭니다. 기드온과 아비멜렉 이야기를 전하는 정황을 보면 하나님께서 금하신 이방 여인과 결혼을 했기 때문에 적법한 이스라엘 공동체의 일원이 될 수 없었고, 그래서 첩이라 불린 것이 분명합니다. 이것은 뒤에서 다시 말하겠습니다.

어찌됐든 기드온은 적법한 결혼이 아닌 불법적인 이방 여인과의 결혼으로 아들을 낳았습니다. 그리고 그 아들에게 아비멜렉이라는 이름을 주었습니다. 아비멜렉이라는 이름은 "나의 아버지는 왕이시다"라는 뜻입니다. 기드온은 아들의 이름을 지어주면서 슬며시 자기의 마음을 집어넣은 것입니다. 사실 그렇습니다. 기드온이 외양은 왕이 아니지만 주변 나라들의 왕이 그러하듯이 정치와 종교 모두를 틀어쥐고 있었기 때문에 실질적으로 이스라엘의 왕이나 마찬가지였습니다. 아비멜렉이라는 이름은 이런 기드온의 자신감이었을까요? 그나마 끝까지 스스로를 왕이라 부르지 않은 것은 대견하지만, 사사 기드온과 그 집안은 이렇게 무너져 내립니다.

이스라엘이 바알브릿을 신으로 삼다

사사기를 기록한 역사가는 기드온 집안의 이야기를 하면서 의도적으로 '바알'이라는 말을 반복합니다. 이스라엘 백성들은 바알을 섬겼습니다. 그러나 바알을 섬기던 기드온은 여호와 하나님의 사자를 만난 뒤에 바알의 제단을 허물어버립니다. 그래서 '바알과 싸운 자' 여룹바알이 되었습니다. 여룹바알로 인해 이스라엘 사람들은 바알과 아세라를 떠나 여호와 하나님을 섬기게 되었습니다. 그런데 여룹바알의 탐욕이 여룹바알을 바알의 자리에 올려놓았습니다. 바알과 다투던 이가 스스로 바알이 되어버린 것입니다. 이제 사람들은 바알브릿을 자기 신으로 삼았습니다(삿 8:33 참조). 바알과 언약(베리트 בְּרִית)을 맺고 살게 된 것이지요. 바알을 떠나게 된 것도 여룹바알 덕분이었고, 다시 바알과 언약을 맺게 된 것도 여룹바알 때문이었습니다.

하나님의 영이 한 번 임했다고 해서 그가 영원히 하나님의 사람으로 남는 것은 아닙니다. 그에게도 늘 유혹과 시험이 있습니다. 그 유혹을 이기고 끝까지 여호와 하나님의 편에 서야 하나님의 사람으로 살아갈 수 있는 것입니다. 그러나 여호와 하나님이 주신 것에 취해서 눈에 보이는 것들에 만족하며 살아가다보면 나도 모르게 하나님을 떠나서 어느덧 전혀 다른 자리에 서 있게 됩니다. 놀랍게도 그 자리는 하나님의 자리입니다. 기드온처럼 이스라엘 백성을 이끄는 지도자라면 더 무섭습니다. 스스로 하나님의 자리에 오르려 하는 순간 어느덧 괴물이 되어버리기 때문입니다. 기드온은 자기 집안과 이스라엘을 올무에 걸려 넘어뜨리는 괴물이 되었습니다. 가족들은 권력을 잡으려고 혈안이 된 괴물이 되어버렸고, 이스라엘 백성들은 하나님을 떠나 풍요를 보장한다고 꾀는 바알을 따르는 괴물이 되었습니다.

기드온은 왜 세겜 여인과 결혼했을까?

그렇다면 기드온이 왜 세겜 여자와 결혼을 한 걸까요? 이 질문에 학자들은 크게 세 가지 의견을 제시합니다.

1. 므낫세 지파와 에브라임 지파의 연합을 위해서

첫 번째는 정치적으로 강력한 힘을 가진 두 지파인 므낫세 지파와 에브라임 지파의 연합을 위해서라는 것입니다. 이스라엘 지파들 가운데서 정치적으로 가장 막강한 힘을 자랑하는 지파 둘을 꼽으라면 므낫세와 에브라임입니다. 이 둘은 요셉의 아들이라는 공통점이 있습니다. 기드온은 요셉의 아들이라는 정체성으로 이 둘의 연합을 공고히 하고 싶었고 그래서 에브라임 지파의 세겜 여자와 결혼을 했다는 것입니다. 여기서 한 가지! 세겜이 에브라임 지파(수 21:21)에 속하는지 아니면 므낫세 지파(수 17:2)에 속하는지에 대해서는 다툼의 여지가 있을 수 있습니다.

그러나 여호수아서 16장 9절과 17장 8절에 의하면, 므낫세 자손의 유산 가운데 에브라임 자손의 몫으로 구별된 성읍들과 그 주변 마을들이 있었고(수 16:9), 세겜의 바로 남쪽에 있는 답부아는 므낫세의 소유이나 에브라임 자손의 소유라고 합니다(수 17:8). 서로 다른 말을 하고 있는 듯한 이 두 말씀(수 17:2, 21:21)은 사실 세겜이 므낫세 자손의 유업 혹은 에브라임 사람들의 몫으로 구별된 성읍이었다는 것을 증명해주는 구절이라고 할 수 있습니다. 어쨌든 므낫세 사람 기드온이 세겜에 있는 에브라임 여인과 결혼을 한 것은 이스라엘 전체를 가장 영향력 있는 두 지파가 함께 장악하려는 정치적 계산이 숨어 있었다는 것이 첫 번째 견해입니다.

2. 가나안 땅의 안정을 위해서

두 번째는 첫 번째와 비슷하지만 조금 다릅니다. 기드온 입장에서 가나안 땅의 안정을 위해 일종의 정략적인 결혼이 필요했을 것이라는 견해입니

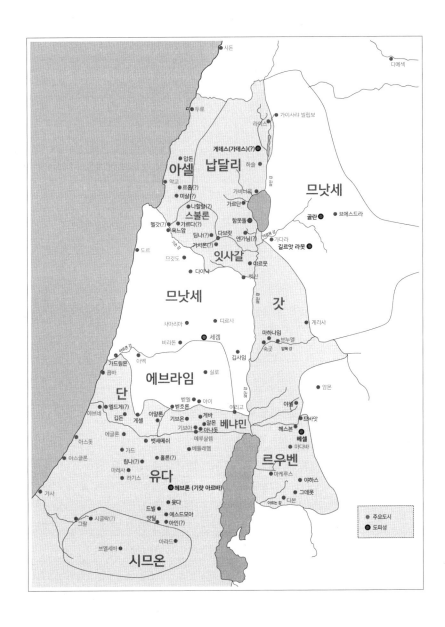

시돈
다메섹

두로

가이사랴 빌립보
라이스

게데스(가데스)(?)
하솔

아셀　**납달리**

압돈
악고
르훔(?)
미살(?)

므낫세

가바나옥
가르단

나할랄(?)
스블론
가르다(?)
헬갓(?)
욕느암

딤나
거지온
잇사갈

골란
브에스드라

함못돌

다브랏
엔가님(?)
가다라
길르앗 라못

도르
므깃도

아르못
다아낙
벳산

므낫세

사마리아
디르사

갓

비라돈
세겜
게라사

길사임

마하나임
브누엘
숙곳
얍복 강

가드림몬
아벡

에브라임
실로

암몬

욥바

단
벧엘
아이

야셀

엘드게(?)
아얄론
기브온
게바
알몬
아나돗
베냐민
여리고
드바앗

마브네
깁돈
게셀
기브아
헤스본

아스돗
에글론
벧세메스
여루살렘
벧셀
마다바

가드
베들레헴

아스글론
립나(?)
플론(?)

르우벤

마레사
라기스
유다

마케루스
야하스

가사
에브론 (기랏 아르바)

그데못
아로는 강
디본

드빌
욧다
에스드모아
아인(?)

그랄
시글락(?)
앗딜

아라드

브엘세바

시므온

주요도시
도피성

다. 땅의 크기만 보았을 때는 므낫세가 제일 큰 지파인데, 실질적으로 가장 처음 손꼽히는 지파는 에브라임이었다는 것입니다. 알다시피 모세를 이어서 출애굽의 가장 영향력 있는 지도자이자 땅 분배를 완성한 지도자는 여호수아입니다. 이 여호수아가 에브라임 사람입니다. 사사 시대는 여호수아가 죽은 이후지만, 에브라임 지파가 여전히 힘을 갖고 있던 시대였습니다. 그러니 므낫세 지파가 가장 껄끄러워 할 정치적 라이벌은 에브라임일 수밖에 없겠지요. 그래서 에브라임 여자 중에서 세겜에 사는 여자와 결혼을 했다는 것입니다. 둘 사이의 갈등을 막기 위한 예방주사로 말입니다.

3. 정치적 안정을 위해서

세 번째는 세겜에 살고 있던 가나안 사람과 결혼을 해서 기드온이 이끄는 이스라엘의 정치적인 안정을 추구하려고 했다는 것입니다(삿 9:28 참조). 첫 번째와 두 번째 견해에는 결정적인 약점이 있습니다. 만약에 정말 첫 번째와 두 번째와 같은 의도로 결혼을 했다면 같은 이스라엘 공동체 지파 간에 합법적인 결혼을 한 셈인데, 그러면 세겜의 여인은 첩이 아니라 아내가 되어야 마땅합니다. 사사기를 기록한 역사가가 군이 기드온의 이야기에서 아내와 첩을 구분한 것은 세겜 여인이 다른 아내들과 다르다는 것을 보여주는 것이겠지요. 세겜 여인이 여호와 하나님을 섬기지 않는 이방 여인이라는 것입니다. 비록 가나안 땅에 정착하기는 했지만 이스라엘 사람들은 광야생활 40년 동안 물질문화라는 것을 만들거나 누려본 적이 없습니다. 한곳에 정착하면서 문화와 문명을 일궈낸 가나안 사람들에 비해서 유랑생활 40년의 히브리인들이 누리는 눈에 보이는 물질문명은 질적으로 가나안의 것들과 비교 대상이 아니었습니다. 기드온은 자기들보다 더 멋진 문명과 강한 힘을 가진 가나안 사람들 중에서 가장 영향력이 있었던 세겜과 결혼을 매개로 정치적인 동맹을 맺고, 그 안에서 평안한 삶을 추구하려 한 것이라고 볼 수 있습니다.

기드온은 한때 하나님의 영이 함께했던 사람입니다. 그리고 하나님이 싸우시는 전쟁에서 하나님의 통치를 직접 경험한 사사입니다. 그때는 모든 것을 하나님이 하셨습니다. 그런 믿음이 기드온에게 있었습니다. 그렇지 않았다면 불과 300명을 이끌고 미디안과 싸우는 전쟁터에 나갈 수 없었을 것입니다. 그러나 이제 기드온은 하나님이 인도자가 되신다는 생각보다는 이웃 나라 왕들처럼 자신이 이스라엘을 인도하려고 했습니다. 의사결정의 맨 꼭대기에, 하나님을 향한 제의의 맨 꼭대기에 자신이 서려고 한 것입니다.

기드온이 세겜 여인과 결혼했다는 사실과 그 사이에서 태어난 아비멜렉의 이야기는 기드온이 더 이상 하나님을 주인 삼아 살지 않게 되었다는 그의 민낯을 드러냅니다. 하나님의 영이 인도하는 사사가 하나님이 아닌 국내외 관계에서 안전을 보장받으려는 정치인이 되어버린 것입니다. 결국 기드온이 세겜 여인에게서 낳은 아들 아비멜렉이 기드온 집안의 역사뿐 아니라 이스라엘의 역사에 큰 재앙이 된 것은 어찌 보면 당연한 일일지도 모릅니다.

아비멜렉의 연설

아비멜렉은 아버지 기드온이 죽자 세겜으로 갑니다. 그곳은 외가 친척들이 있는 곳입니다. 그곳에 가서 친족들을 선동합니다.

"세겜 성읍의 모든 사람들에게 물어보아주십시오. 여룹바알의 아들 일흔 명이 모두 다스리는 것하고 한 사람이 다스리는 것하고 어느 것이 더 좋은지 물어보아주십시오. 그리고 내가 여러분들과 한 혈육이라는 것을 상기시켜주십시오." (삿 9:2 새번역)

여기서 "세겜 성읍의 모든 사람들"은 히브리어 '콜 바알레 쉐켐'(כָל־בַּעֲלֵי שְׁכֶם)을 번역한 것입니다. 또 익숙한 단어가 등장하지요? 바알입니다. '콜 바알레 쉐켐'을 우리말로 직역하면 "세겜에서 힘 좀 쓰는 사람들" 또는 "세겜의 유력자들"이라고 할 수 있습니다. 지금 세겜에서 의사결정을 내릴 만큼 영향력 있는 사람들을 불러모아놓고는 아버지 기드온의 자리를 차지하려고 하니 내 편에 서서 자신을 좀 도와달라고 하는 것입니다. 앞서 말한 것처럼 기드온의 이야기에서는 유독 '바알'이라는 말을 의도적으로 반복하면서 그 이름의 아이러니를 말하고 있습니다. 뿐만 아니라 이 성경 한 절에는 아주 중요한 두 가지 정보가 담겨 있습니다.

첫 번째는 여룹바알의 아들 70명과 아비멜렉이 가족 안에서 신분이 분명하게 다르다는 것을 말해줍니다. '여룹바알의 아들 일흔 명이 모두 다스리는 것'이라는 말에 아비멜렉 자신은 포함되지 않습니다. 이스라엘 공동체는 열두 지파가 연합해서 하나가 된 공동체입니다. 모두가 형제인 셈입니다. 그런데 아비멜렉은 세겜에 사는 가나안 여인의 아들이었기 때문에 왕위 세습 서열에 들어가지 않았나봅니다. 혈통이 달랐기 때문입니다. 기드온이 세겜을 찾아와 아비멜렉의 어머니와 결혼을 했을 때는 정치적인 욕심이 있었습니다. 그리고 그 결혼으로 인해 많은 것을 얻었습니다. 그러나 이스라엘 공동체 안에서는 합법적인 결혼이 아니었기 때문에 아비멜렉의 어머니와 아비멜렉은 이스라엘 공동체에서 그저 첩과 첩이 낳은 아들일 뿐이었습니다. 그 어머니가 세겜 지역의 대단한 유력자의 딸이고, 기드온도 무시하지 못하는 힘을 가진 여자인데도 말입니다. 그 이유로 기드온이 죽은 뒤, 아비멜렉은 기드온의 권위를 계승하는 후보에조차 들지 못했습니다. 아마 속으로 이렇게 생각했을 수도 있습니다.

'아버지 기드온을 포함해 이스라엘 사람들은 오로지 필요를 위해서 어머니를 이용했구나. 힘이 필요할 때는 세겜을 찾아가 어머니와 결혼하고, 세겜 사람들을 마치 가족 대하듯이 친절하게 굴더니만 이제 이스라엘 공동체의 지도자 자리를 놓고서는 내가 세겜 출신이라고 차별을 하는구나.'

그래서 아비멜렉이 세겜으로 간 것입니다. 외가의 도움이 필요했던 것입니다. 자기의 꿈을 이루기 위해서 말입니다.

두 번째는 말만 사사였지 기드온은 스스로 왕처럼 행세했다는 것입니다. 사사는 세습이 되는 자리가 아닙니다. 이웃 나라의 왕들과는 달리 하나님의 영이 임하는 사람이 이스라엘의 최고 의사결정자로서 사사의 역할을 감당하게 됩니다. 아버지가 옷니엘이라고 해서 그 아들이 사사가 되지 않았고, 어머니가 드보라라고 해서 그 아들이 사사가 되지 않았습니다. 그런데 기드온이 죽고 난 다음에는 그 아들들 가운데서 이스라엘의 지도자를 선출하려고 했던 모양입니다. 하나님의 선택이 아닌 이스라엘 사람들의 선택으로 말입니다. 이것은 이미 기드온의 시대에 기드온이 왕으로 불리지 않았을 뿐 모두가 그를 왕처럼 생각했고, 또 기드온도 스스로 왕처럼 굴었기 때문에 벌어진 사단이 아닌가 싶습니다. 이 모든 징조가 기드온의 시대에 싹을 틔웠으니 누구를 탓할 일도 없습니다.

바알을 위해 기드온의 아들들을 죽이다

세겜 사람들이 아비멜렉의 말에 마음이 기울었습니다. 기드온의 아들 70명이 서로 이스라엘 공동체의 머리가 되려고 치고받고 싸우는데 이 틈에 자기들과 피를 섞은 아비멜렉을 후원해서 그가 왕위에 오르면, 가나안 땅에서 세겜 사람들의 영향력이 더 강해질 것이라는 기대가 있었을지도 모릅니다. 그래서 그들이 섬기던 바알브릿 신전에서 은 70냥을 꺼내서 아비멜렉에게 주었습니다. 이 행동에 숨은 뜻은 아마도 이랬을 것입니다.

'저들은 여호와 하나님을 섬기는 자들이야. 그런데 우리는 바알을 섬기는 사람들이잖아. 그들과 우리는 달라. 그러니 너(아비멜렉)는 우리와 형제인 것이 분명하지. 네 어머니를 우리가 알고, 그 집안이 이곳에서 우리와 함께 바알을 섬기고 있는 걸? 그러니 우리는 형제야. 바알이 우리의 관계를 확증하지. 우리는 바알 앞에서 언약을 맺은 관계(바알브릿)니까. 우리가 싸울 적은 여호와를 섬기는 저들이라는 것을 확실하게 해두자.'

아비멜렉은 바알을 따랐습니다. 아버지 여룹바알이 보여준 가정의 모습은 이미 하나님의 눈에서 너무나 멀리 떨어져 있었습니다. 여룹바알은 권력을 즐겼고, 소유에 집착했고, 하나님마저 이용하려고 했습니다. 그 아버지의 정치적인 계산으로 아비멜렉이 태어났습니다. 그런 아비멜렉이 아버지로부터 배운 것은 바알과의 싸움(여룹바알)이 아니라 바알과의 타협이었습니다.

스스로 바알이 되는 것이 성경이 말해주는 아이러니한 기드온 집안의 모습입니다. 그리고 기드온의 집안을 대표로 하는 이스라엘의 모습이기도 합니다. 싸움은 너무도 싱겁게 아비멜렉의 승리로 끝났습니다. 아비멜렉은 은 70으로 건달과 불량배를 고용해서 기드온의 아들들을 한 바위에서 죽였습니다. 70냥으로 70명의 아들들을 죽였다고 하니 아마 암살자나 살인을 청부한 사람들에게 기드온의 아들 한 명당 은 1냥을 지불했을지도 모르겠습니다. 다행히 막내아들 요담은 숨어서 목숨을 건졌으니 한 명은 실패했지만, 누가 뭐라 해도 아비멜렉의 일방적인 승리였습니다.

이 승리의 장소가 '바위'라는 것이 마음을 껄끄럽게 합니다. 아비멜렉과 그가 고용한 이들이 기드온의 집이 있는 오브라에 가서 기드온의 아들들을 죽이는데, 한 바위 위에서 죽였다고 말합니다. 고대 사회에서 바위나 큰 나무라든가 기둥은 신의 임재를 상징하거나 신이 거주하는 거룩한 장소 혹은 신과 연결될 수 있는 제의 장소라고 생각했습니다. 그렇기 때문에 바위에서 죽였다는 표현은 마치 아비멜렉이 섬기는 바알 신에게 사람의 제사를 드리는 것을 연상시킵니다.

여호와 하나님께서는 사람을 희생제물로 받으시는 분이 아닙니다. 그러나 고대 근동 사회에서는 사람이 희생제물이 되기도 했습니다. 그래서 한 바위에서 기드온의 아들 69명이 죽었다는 이야기에는 아들들을 죽였다는 객관적인 사실 전달 외에 그냥 죽인 것이 아니라 마치 바알에게 제사를 드리듯이 종교적인 의미를 부여하면서 그들을 죽였다고 이해할 여지가 있는 것입니다. 아비멜렉 입장에서 바알을 따르는 세겜 사람들과 더 확고한 관계를 맺기 위해서 이런 종교적인 상징이 내포된 살인을 저지른 것일 수도 있습니다. 또 한편으로는 아비멜렉이 숭상하는 바알(정치권력)을 위해 그들을 한 바위에서 죽였다고도 말할 수도 있을 것 같습니다.

약속을 잊고 아비멜렉을 왕으로 삼다

세겜 성읍 사람들이 세겜에 있는 돌기둥 곁의 상수리나무 아래로 가서 아비멜렉을 왕으로 삼았습니다(삿 9:6). 사사기를 기록한 역사가는 이 부분을 기가 막히게 극적으로 기록해놓았습니다. 단 한 절 안에 정말 많은 역설적인 역사의 이야기들을 심어놓은 것입니다.

비록 아비멜렉이 세겜의 토박이 가나안 여인의 아들이라고 해서 세겜 사람들이 모두 다 토박이 가나안 사람이라고 생각해서는 안 됩니다. 세겜은 정복 전쟁 직후 레위인들에게 주어진 성읍이었고, 또 도피성으로 사용된 곳이었습니다. 그곳에는 분명히 이스라엘 사람들, 그중에서도 레위인들이 살고 있었을 것이 분명합니다. 그러나 그들도 얼마 지나지 않아서 세겜 사람들과 뜻을 같이해서 그들처럼 살았던 모양입니다. 조금 지나친 상상을 해본다면 그들을 위해서 살았다고도 할 수 있지 않을까요?

레위인들의 성읍에는 여호와 하나님을 위한 제단이 있었습니다. 그래서 이스라엘 사람들은 하나님께 제의를 드리기 위해서 가까운 레위인들의 성읍을 찾아갔습니다. 그런데 그런 세겜에 또 다른 제단, 바알브릿을 위한 제단이 있다는 것이 놀랍습니다. 그러면 세겜에 제단이 두 개가 있었다는 말일까요? 아니면 여호와 하나님의 제단에서 바알에게도 제사를 드렸다는 말일까요? 고고학자들이 세겜(Tel Balata)에서 동시대에 만들어진 제단을 하나밖에 찾지 못했으니 여호와 하나님의 제단에서 바알에게도 제사를 드렸고, 그 제사에 레위인 제사장들도 방조했거나 동조했거나 앞장섰

그리심산 / 여호수아가 세운 증거의 돌(?) / 에발산

○ 텔 발라타(Tel Balatah). 성경의 세겜으로 여호수아가 죽기 전, 이스라엘 백성들을 모으고 언약을 체결한 곳이다. 가운데 세워진 큰 돌은 여호수아가 세운 증거의 돌로 추정된다.

다는 막장 상상이 가능합니다. 결국 이스라엘 사람이고 레위인이라고 말하지만, 세겜에 살면서 토박이 가나안 사람들이나 바알을 섬기던 이들과 별다를 바 없이 문명이 주는 풍요를 누리고 안주하며 살았던 이스라엘 사람들의 모습에 황망할 따름입니다.

　세겜은 여호수아의 숨결이 있는 곳이기도 합니다. 여호수아가 죽기 전에 이스라엘 백성들을 세겜으로 불러 모았습니다. 그리고 이스라엘의 장로들과 그 우두머리들, 재판관들을 불러내서 아브라함 때부터 이스라엘의 역사를 쭉 읊고 출애굽의 역사를 되새기면서 이렇게 말합니다.

"당신들은 주님을 섬기지 못할 것입니다. 그분은 거룩하신 하나님이시며, 질투하시는 하나님이시기 때문에, 당신들의 허물과 죄를 용서하지 않을 것입니다. 만일 당신들이 주님을 저버리고 이방 신들을 섬기면, 그는 당신들에게 대항하여 돌아서서, 재앙을 내리시고, 당신들에게 좋게 대하신 뒤에라도 당신들을 멸망시키시고 말 것입니다." (수 24:19,20 새번역)

그러자 백성들이 대답합니다. "아닙니다. 우리는 주님만을 섬기겠습니다. … 우리가 주 우리의 하나님을 섬기며, 그분의 말씀을 따르겠습니다." (수 24:21,24 새번역)

이 이야기를 읽을 때마다 예수님 앞에서 절대로 예수님을 모른 척하지 않겠노라고 호기롭게 말하던 베드로가 생각납니다. 그리고 나서 여호수아가 세겜에서 백성들과 언약을 세우고, 그들이 지킬 율례와 법도를 율법책에 기록하고, 큰 돌을 가져다가 주님의 성소 곁에 있는 상수리나무 아래 두고서는 이렇게 외칩니다.

"보십시오, 이 돌이 우리에게 증거가 될 것입니다. 주님께서 우리에게 하신 모든 말씀을 이 돌이 들었기 때문입니다. 여러분이 여러분의 하나님을 모른다고 할 때에, 이 돌이 여러분이 하나님을 배반하지 못하게 하는 증거가 될 것입니다." (수 24:27 새번역)

그런데 지금 오직 여호와 하나님만을 왕처럼 섬기겠다고 맹세하던 백성들이 하나님을 버리고 바알과 결탁한 세겜 사람들과 함께 그 돌기둥과 상수리나무로 가서 바알을 섬기는 아비멜렉을 왕으로 삼은 것입니다. 사사기를 기록한 역사가의 눈에는 단지 아비멜렉이 왕이 되었다는 기록 뒤에 이런 역사의 아이러니를 숨겨놓고서 사사기를 읽는 사람들에게 깊고 큰 한

숨을 내뱉도록 한 것입니다.

요담의 연설, 나무 비유

세겜 사람들이 아비멜렉을 왕으로 삼았다는 이야기를 들은 요담이 그리심산 꼭대기에 올라가서 외쳤습니다. 구약성경에 이렇게 재미있고 잘 들어맞는 비유도 흔하지 않습니다. 나무들이 감람(올리브)나무, 무화과나무, 포도나무를 찾아가서 한 나무를 왕으로 세우려는 이야기입니다. 감람나무는 풍성한 기름을 내는 자기 본연의 일이 있다고 사양했습니다. 무화과나무도 달고 맛있는 과일을 맺는 것이 자기 일이라고 거절합니다. 포도나무도 마찬가지로 포도주를 내는 일이 자기 일입니다. 어떻게 자신이 다른 나무 위에 날뛸 수 있냐고 반문합니다. 그런데 가시나무는 나무들의 제안을 덥석 받아들입니다. 가시나무가 무슨 그늘을 만들 수 있을까요? 그런데 모든 나무들은 반드시 자기 그늘 아래로 와서 피해야 한다고 명령합니다. 그리고 이 명령을 어기면 가시나무와는 견주어 감히 그 가치를 셈할 수도 없는 백향목마저 불살라버리겠다고 겁박하는 것입니다.

중세의 랍비인 라쉬(רש״י)는 이 네 그루 나무의 비유를 참 재미있게 해석합니다. 라쉬는 감람나무가 첫 번째 사사인 옷니엘을 가리킨다고 이야기합니다. 예레미야서 11장 16절에 보면, 예레미야가 잎이 무성하고 열매가 많이 달린 감람나무였던 유다의 암울한 미래를 이야기합니다. 감람나무를 유다에 비유하고, 유다 지파 출신의 사사가 옷니엘이기 때문에 감람나무를 옷니엘을 가리키는 비유로 이해한 것입니다.

무화과나무는 사사 드보라를 비유한다고 이야기합니다. 무화과나무 열매는 종려나무 열매와 함께 고대에 꿀 대용으로 사용되던 과일입니다. 두 나무의 열매가 매우 달고, 건조 보관이 용이해서 두고두고 당을 섭취하기에 좋은 열매들이기 때문입니다. 무화과가 '나의 단것'(삿 9:11)이라고 할 때, 랍비 라쉬는 이것을 무화과나무의 꿀이라고 이해했습니다. 그리고 꿀은 곧 꿀벌을 연상시킵니다. 꿀벌이 달달한 꿀이 있는 곳으로 모여들기도 하고, 그 꿀벌이 꿀을 만들어내니까요. 드보라의 뜻이 꿀벌이기 때문에 라쉬는 무화과나무가 사사 드보라를 비유한다고 설명합니다.

포도나무는 사사 기드온을 가리킨다고 해석했습니다. 창세기 49장 22절에서는 요셉을 이야기하면서 샘 곁에서 담장을 넘어 뻗은 무성한 나뭇가지와 그 열매를 노래합니다. 창세기 탈굼 옹켈로스(Targum Onqelos)에서는 이 나무가 포도나무라고 해석했습니다. 알다시피 요셉의 아들들이 에브라임과 므낫세이고, 므낫세 지파 출신의 사사가 기드온입니다.

라쉬의 이러한 비유 해석을 근거로 이 책의 맥락을 따라가보면 요담의 연설은 이렇게 해석할 수 있습니다.

"아비멜렉, 너 이전에 있었던 이스라엘의 구원자들을 보아라! 옷니엘이 왕이 되려고 했던가? 그는 갈렙의 사위이면서 유다뿐만 아니라 이스라엘까지 영향력을 미칠 수 있는 가문의 배경이 있었지만 왕이 되려고 하지 않았다. 그가 할 일은 하나님과 사람을 영화롭게 하는 것이지 스스로 영화로운 자리에 오르는 것이 아니었기 때문이다. 오로지 하나님만이 이스라엘의 힘이고 왕이 아니었던가? 드보라를 보라! 드보라는 통념을 깬 입지전적인 인물이다. 여자이자 한 남자의 아내로 이스라엘의 선지자가 되었고, 남자이면서 용사였던 바락도 두려워하던 전쟁을 승리로 이끈 여자 장군이기도 했다. 꿀벌처럼 작으나 하나님이 함께하셔서 그 놀랍고 위대한 일을 해냈던 드보라는 왕이 되려고 하지 않았다. 이 모든 일은 하나님이 하신 것이기에 그녀가 우쭐댈 일이 아니라는 것을 분명히 알고 있었기 때문이다. 네 아버지 기드온을 보아라! 그는 두려움 가운데서도 하나님의 명령을 따라서 바알의 제단을 허물고 찍어버렸다. 비록 그의 말년은 너무 많은 소유 때문에 하나님이 왕 되심을 잊게 되었지만, 그래도 그가 가진 신앙의 전통 때문에 차마 스스로 왕이라고 부르지는 않았다. 그런데 이제 너는 스스로 왕이 되어서 너보다 더 찬란한 백향목 같은 이스라엘을 불살라 없애려고 하느냐?"

요담의 외침 속에서 그 불이 걷잡을 수 없게 되어서 이스라엘뿐만 아니라 세겜과 밀로의 집안(세겜 주변에 든든한 망대와 요새에 거주하며 살던 가문들), 그리고 아비멜렉 자신 모두를 태워버릴 것이라는 예언을 담고 있는 것입니다.

그러고 나서 아쉽게도 요담은 브엘로 몸을 피했습니다. 그가 이후에 어떤 삶을 살았는지는 모릅니다. 그 부분에 대해서 사사기를 기록한 역사가는 관심이 없습니다. 요담이 그다음에 기드온을 이어서 이스라엘 공동체의 지도자 자리에 서는가 아닌가 하는 문제는 사사기를 기록한 역사가의 관심사가 아니었습니다. 왜냐하면 사사의 자리는 내가 차지하는 것이 아니기 때문입니다. 요담의 예언자적인 비유가 아비멜렉과 이스라엘 사람들이 잊고 있던 과거의 역사를 다시 기억나게 해주는 장한 일을 하기는 했지만, 그렇다고 요담이 사사가 되는 것도, 선지자나 재판관이 되어서 이스라엘을 다스리는 것도 아니라는 점을, 사사기를 기록한 역사가는 말하고 싶었던 것입니다. 모든 것은 하나님께서 결정하십니다. 그래서 요담은

밀로(מִלּוֹא)

밀로는 어느 지역을 가리키는 말 같다. 특히 밀로는 예루살렘 성과 연관되어서 성경에 일곱 번 나온다(삼하 5:9; 왕상 9:15, 24, 11:27; 왕하 12:20; 대상 11:8; 대하 32:5). 그밖에 밀로를 언급하는 곳은 오직 사사기 아비멜렉의 이야기에서다. 밀로의 어근은 히브리어 '말레'("가득 찼다"는 뜻)에서 찾는다. 솔로몬 시대에 다윗 성에서 성전으로 연결되는 구역은 돌로 쌓은 탑들이 즐비해서 도시를 방어하고 성벽의 기능을 담당했다. 고고학자들은 돌로 쌓은 요새화 된 탑 또는 요새화 된 대형 건축물을 밀로라고 부른다고 설명한다. 그렇다면 사사기 9장 6절과 20절에 나오는 밀로는 예루살렘의 밀로 궁이라는 특정 건물이나 지역을 가리킨다기보다는 세겜 지역 주변의 데베스와 같이 망대를 갖춘 요새화 된 도시 또는 장소를 가리키는 말로 이해해야 한다.

○ 다윗 성을 성벽처럼 에두르고 있는 급한 비탈의 망대와 그 망대에 잇대어 건축한 집

라쉬(רש"י)

'라쉬'라고 부르는 중세 유대교 랍비의 이름은 '랍비 쉴로모 이짜아 키'(רבי שלמה יצחקי)를 줄여 부르는 호칭이다. 중세 프랑스 지역에 살던 랍비로서 탈무드와 성경을 주석하였다. 라쉬의 해석은 학문적이지만 동시에 유대교와 성경을 처음 배우는 이들이 손쉽게 성경과 탈무드를 공부할 수 있다는 평가를 받는다.

탈굼 옹켈로스(Targum Onqelos)

기원전 587년에 바벨론에 의해 유다 왕국이 무너지고 나서 유다 사람들 중 일부는 바벨론 포로로 잡혀가고 일부는 제국의 곳곳 혹은 다른 제국(이집트)으로 이주했다. 그리고 몇 세대 만에 히브리어는 일상 용어에 흔적만 남았을 뿐 제국의 언어와 지방 언어에 모두 흡수되었다. 히브리어의 자리를 차지한 것은 아람어이다. 페르시아 제국 시대에 와서는 인도, 그리스, 이집트에 이르는 거대한 제국의 공식 외교 언어로 아람어가 채택되었으며, 아람어가 유대인들의 일상 언어가 되었다. 이 시기에 쓰인 성서가 에스라서, 다니엘서이다. 이 두 권의 책은 상당 부분 아람어로 기록되었다. 히브리어를 모르는 유대인들을 위해서 성경을 아람어로 번역할 필요가 생긴 것이다.

탈굼 옹켈로스는 기원후 2세기 초반에 로마인으로서 유대교로 개종한 아퀼라(Aquila of Sinope)가 히브리어에서 아람어로 번역한 것이다. 중세 유대인들의 미드라쉬(midrash)에서는 "토라는 두 번 읽고 탈굼은 한 번 읽으라"라고 할 정도로 탈굼을 성경과 함께 성경을 이해하는 중요한 매개체로 여겼다.

이 비장한 연설을 한 다음에 아비멜렉의 이야기에서 사라져버린 것입니다.

요담의 연설이 실현되다

'권력을 얻고자 하는 욕구'라는 괴물은 아무리 먹어도 배부르지 않는 무시무시한 녀석입니다. 그리고 이 괴물에게는 도덕적인 감수성이라든가 자비라는 것이 없습니다. 작은 것 하나를 먹고 나면 점점 더 큰 것을 먹고 싶어 하는 괴물이기도 합니다. 거대한 욕망의 괴물입니다. 아비멜렉을 도와서 기드온의 아들들을 죽인 세겜 사람들은 이제 어떻게 권력을 얻고 힘을 갖게 되는지 알게 되었습니다. 그리고 그들이 이스라엘 정치의 중심에 있어 보니까 이제는 자기들이 제일 높은 자리에 앉아보고 싶다는 마음도 들었습니다. 자기들이 선택한 아비멜렉이 왕이 되었습니다. 그렇다면 그들은 다른 사람을 왕으로 세울 수도 있고, 자기들이 그 자리에 오를 수도 있습니다. 이것이 그들 가운데 똬리를 틀고 있는 '권력을 얻고자 하는 욕구'라는 괴물입니다.

그런데 아비멜렉이 이스라엘을 다스린 지 3년에 세겜에 세겜 사람들이 딱 마음에 들어 하는 인물이 흘러들어왔습니다. 가알이라는 사람입니다. 그가 누구인지에 대해서는 성경에 구체적으로 나와 있지 않기 때문에 단정할 수는 없지만, 사사기를 연구하는 연구자들이 대부분 동의하는 것은 가알이 무역상일 것이라는 견해입니다. 무역상들을 그저 장사하는 사람들로만 생각하면 안 됩니다. 장사를 하기 위해 이 도시 저 도시를 다닐 때 자기들의 물건들이 약탈당할 수 있기 때문에 스스로 무장도 하고 다니던 사람들입니다. 또 좀 더 가치 있는 것들을 운반할 때는 고용한 군인들과 함께 다녔습니다. 무리를 지어 다니며 싸울 준비가 되어 있는 사람들입니다. 그래서 이런 무역상들을 '대상'(隊商)이라고 부릅니다.

그런데 그 도시에 가서 장사를 하다보면 도시의 상태를 파악할 수가 있습니다. "아, 이 도시는 아주 잘 갖춰진 도시구나", "이 도시는 참 허술하구나", "이 도시 사람들은 지금 이 도시의 삶에 무척 만족하고 있구나", "이 도시 사람들은 자기네 지도자들에게 불만이 많구나." 이런 것들을 알수 있습니다. 이렇게 이 도시 저 도시를 다니면서 한 도시(예전에는 하나의 도시가 하나의 나라일 수 있어서) 혹은 한 나라의 정치, 경제, 문화적인 상황을 꿰뚫고 다녔던 사람들이 무역상들입니다. 이런 첩보들을 쌓고 군사적인 힘을 키워가다가 도시 자체를 무력으로 정복하고 그 도시의 주인이 되기도 했습니다. 이 같은 민족들이 대표적으로 미디안 사람들이나 아말렉 사람들입니다.

그런 가알이 세겜 사람들을 설득합니다. "우리 세겜 성읍 사람들이 어떤 사람들입니까? 왜 우리가 아비멜렉을 섬겨야 합니까?" 여기에서 '우리'라는 표현은 가알이 세겜 사람들 중의 하나임을 슬쩍 보여주는 것입니다. 그러나 그가 토박이였다가 대상으로 이곳저곳을 유랑하던 끝에 다시 세겜으로 돌아와서 정착한 것인지, 아니면 미디안이나 아말렉의 대상들이 그러하듯이 세겜을 점령하기 위해서 동질감 있는 단어인 '우리'를 썼는지는 모르지만, 설득의 방법은 놀랍게도 3천 년이 지난 지금도 사용하는 가장 효과적인 방법이었습니다. "우리가 남인가?" 하는 지역색과 혈연을 강조하고 잔치를 베풀며 바알의 신당에 들어가서 환심을 사고는 뇌물을 바치는 것입니다(삿 9:27).

"우리 세겜 성읍 사람들이 어떤 사람들입니까? 왜 우리가 아비멜렉을 섬겨야 합니까? 도대체 아비멜렉이 누굽니까? 여룹바알의 아들입니다! 스불은 그가 임명한 자입니다. 그런데 왜 우리가 그를 섬겨야 합니까? 여룹바알과 그의 심복 스불은 세겜의 아버지 하몰을 섬기던 사람들입니다. 왜 우리가 아비멜렉을 섬겨야 합니까? 나에게 이 백성을 통솔할 권한을 준다면, 아비멜렉을 몰아내겠습니다. 그리고 아비멜렉에게 군대를 동원하여 나오라고 해서 싸움을 걸겠습니다." (삿 9:28, 29 새번역)

처음 아비멜렉이 세겜 사람들을 선동할 때 기드온의 아들들은 세겜 사람들과 아무 관계가 없는 순수 이스라엘의 혈통이지만 자신은 세겜의 피가 흐르고 있다는 것을 내세웠습니다. 심리적으로 자신이 세겜 사람들과 더 가깝다는 것입니다. 세겜 사람들은 그 말에 끌렸습니다. 그런데 아비멜렉이 사용한 방법을 가알이 그대로 쓰고 있네요. 아비멜렉은 혈통으로 따지면 반만 세겜 사람입니다. 그의 아버지는 이스라엘 사람이지요. 그런데 가알은 순수 세겜 혈통이라는 것입니다.

"왜 우리가 아비멜렉을 섬겨야 합니까? 여룹바알과 그의 심복 스불은 세겜의 아버지 하몰을 섬기던 사람들입니다. 왜 우리가 아비멜렉을 섬겨야 합니까?"라는 말에는 이스라엘 사람들이 우리를 함부로 대하지 못하던 그 시대의 영광을 되찾자는 말입니다. 또 그 일에 가장 적합한 사람이 절반은 이스라엘 사람인 아비멜렉이 아니라 완전한 세겜 사람이자 이스라엘에 물들지 않은 자신임을 주장하는 것입니다. 이들에게 하나님이 주인 되시는 것이 아니라 자신들의 계략으로 하나님의 힘을 자기 권력으로 바꾸려는 사람들의 전형적인 모습을 사사기에서 보여주는 것입니다.

가알은 자신을 따르는 사람들과 함께 아비멜렉이 다스리는 지역의 산지 곳곳에 숨어서 지나가는 사람들을 약탈했습니다. 원래부터 하던 일이니 그렇게 어렵지는 않았을 것입니다. 이렇게 약탈을 하면서 사람들 사이에 아비멜렉이 자기 영토도 지킬 역량이 부족하다는 민심의 불안과 불만을 불러일으킬 작정이었습니다. 불안정한 치안의 뒷배에 가알이 있었고, 가알의 의도를 알게 된 스불은 아비멜렉에게 이 사실을 알리고 가알과 일전을 준비합니다. 매복 공격에 당한 가알과 세겜 주민들은 세겜 망대로 들어가서 방어전을 했습니다. 하지만 아비멜렉이 불을 놓는 바람에 망대에 있던 사람들이 다 죽었습니다. 세겜 망대 안에 있던 사람들은 자기 동족들이었고(물론 가알의 말대로 절반뿐이지만), 친족들이었고, 같은 바알 신앙을 가지고 있었던 사람들이었습니다. 그런데 이들을 완전히 진멸하다시피 합니다. 아비멜렉은 권력을 유지하고 왕 노릇을 하기 위해서 자신을 제외한 모두를 희생시킬 수 있는 사람이었던 것입니다. 또 자신을 반대하는 사람들이 치러야 할 대가를 분명히 보여주고 싶었던 것입니다.

아비멜렉의 위대한 이름을 이름 모를 여인이 지우다

아비멜렉은 자신을 반대하는 사람들을 하나도 남겨두지 않는 무자비함이 통치의 원칙이었습니다. 공포 정치로 권력을 유지하려고 했던 아비멜렉은 데베스까지 쫓아가서 가알과 뜻을 같이한 사람들을 죽였습니다.

"그 뒤에 아비멜렉은 데베스로 갔다. 그는 데베스에 진을 치고, 그곳을 점령하였다. 그러나 그 성읍 안에는 견고한 망대가 하나 있어서, 남녀 할 것 없이 온 성읍 사람들이 그곳으로 도망하여, 성문을 걸어 잠그고 망대 꼭대기로 올라갔다. 아비멜렉은 그 망대에 이르러 공격에 나섰고, 망대 문에 바짝 다가가서 불을 지르려고 하였다. 그러나 그때에 한 여인이 맷돌 위짝을 아비멜렉의 머리에 내리던져, 그의 두개골을 부숴버렸다. 아비멜렉은 자기의 무기를 들고 다니는 젊은 병사를 급히 불러, 그에게 지시하였다. "네 칼을 뽑아 나를 죽여라! 사람들이 나를 두고, 여인이 그를 죽였다는 말을 할까 두렵다." 그 젊은 병사가 아비멜렉을 찌르니, 그가 죽었다. 이스라엘 사람들은 아비멜렉이 죽은 것을 보고, 저마다 자기가 사는 곳으로 떠나갔다."

(삿 9:50-55 새번역)

세겜에서 이미 망대에 들어간 사람들을 어떻게 효과적으로 죽일 수 있는지를 터득한 아비멜렉은 세겜에서처럼 데베스의 망대에 불을 놓으려고 망대 문에 바짝 다가섰습니다. 그런데 이름이 알려지지 않은 한 여인이 때마침 맷돌 위짝을 아비멜렉의 머리에 내던졌습니다. 그리고 그 돌에 맞은 아비멜렉은 두개골이 부서져버렸습니다. "내 아버지는 왕이다"라는 거창한 이름을 가진 아비멜렉이 이름도 모르는 여인의 돌에 맞아 죽은 것입니다. 청동이나 철로 된 창, 화살, 이런 엄청난 무기가 아니라 그냥 집에서 콩과 밀을 갈던 맷돌 위짝에 맞아 죽었다는 사실은 권력을 잡고 자신의 이름을 높이려고 왕이 되려고 하는 자들에게 주는 사사기의 교훈입니다.

사사기를 기록한 역사가는 기드온의 아들 아비멜렉의 이야기를 기드온 뒤에 소개하면서 이제 사사조차도 왕처럼 살고자 하는 유혹에 시달리는 시대의 비극을 그렸습니다. 마치 이름 높은 장군 시스라가 야엘의 장막에서 여인의 손에 죽었듯이, 다볼산의 놀라운 전쟁에서 번개라는 웅장한 이름의 바락이 앞장서지 못하고 여자 사사 드보라가 그 자리를 차지한 것처

'곡식을 갈아 부수는 돌'의 위짝

'곡식을 갈아 부수는 돌'의 아래짝. 약간 오목
하게 생긴 넓적하고 길쭉한 돌이다. 주로 현
무암을 많이 사용한다.

○ 곡식을 갈아 부수는 사람. 우리말로 맷돌이라고 번역했지만, "곡식을 갈아 부수는 돌"이라고 번역하는 것
이 그 의미를 좀 더 정확하게 전달한다. 석회암으로 조각된 이 조각상은 왕실의 문서를 관리하던 니카우인푸
(Nikauinpu)의 무덤에서 출토되었다(2477BCE). 이 동작은 전형적으로 곡식을 갈아 부수는 모습이다. 오목하
며 넓적하고 길쭉한 돌판에 둥근 윗돌을 문지르며 갈아 부순다.

럼, 권력을 좇아 살아가는 사람, 하나님의 자리에 스스로 올라가 자기의
이름을 높이려고 이스라엘의 왕이 되려는 사람이 겪게 될 암울하고도 비극
적인 미래를 사사기가 보여주고 있는 것입니다.

08

돌라와 야일

삿 10:1-5

사밀에 살았던 잇사갈 사람 돌라

사사들 가운데 이야기의 분량이 좀 적다고 해서 그 사사가 이스라엘 역사에서 덜 중요한 사사라는 말은 아닙니다. 이야기의 분량이 적은 사사들의 경우 사사기를 기록한 역사가가 역사를 기록할 때 수집한 자료의 양이 적어서 어쩔 수 없이 짧게 소개했을 수도 있습니다. 또 그 역사가가 '역사를 바라보는 관점'(史觀)에 따라 사사들의 이야기 분량이 결정될 수도 있습니다. 그러니 돌라와 야일을 다른 사사들에 비해서 역사적으로 무게감이 적었던 사사로 생각하면 안 됩니다. 그런 면에서 사사들을 대(大)사사와 소(小)사사로 나누는 것은 편견을 일으킬 만한 적합하지 않은 표현입니다.

돌라와 야일은 어떤 면에서는 바로 앞에 있는 아비멜렉의 이야기와 뒤이어 나오는 입다의 이야기를 연결해주는 가교 역할을 합니다. 아비멜렉의 시대를 닫는 이야기로 돌라를, 입다 이야기로 들어가는 문과 같은 역할로 야일을 소개합니다.

"아비멜렉 다음에는 잇사갈 지파 사람 도도의 손자이며 부아의 아들인 돌라가 일어나 이스라엘을 구원하였는데, 그는 에브라임의 산간 지방에 있는 사밀에 살고 있었다." (삿 10:1 새번역)

성경은 돌라의 출신과 그가 살았던 지역을 이야기하는데, 그가 잇사갈 지파 사람이면서 에브라임 산간 지방에서 살았다고 합니다. 에브라임 산간 지방이라고 하면 주로 에브라임 지파의 땅이면서 므낫세 지파에게 할당된 요단강 서쪽의 남쪽 지역 일부를 포함합니다. 성경에서 말하는 사밀(샤밀 שָׁמִיר)이 정확히 어디인지 알 수는 없지만 에브라임 지파 혹은 므낫세 지파 땅의 어디쯤일 것입니다.

고대는 이스라엘뿐만 아니라 어느 나라라도 이사하기가 쉽지 않던 시대였습니다. 이스라엘은 특히 더 그랬습니다. 여호수아가 지파 별로 땅을 나누어주었고 하나님이 허락하신 그 땅에 거주하면서 대를 이어 살아가는 것이 이스라엘의 전통입니다. 땅은 하나님의 것입니다. 그러므로 개인이 소유하는 것이 아니었습니다. 개인이 소유하지 않는다는 말은 한 개인이 특정한 땅을 자기 것으로 삼아 그 땅에서 농사를 지을 수 없다는 것이 아니라 땅을 재산으로 삼아 한 사람이 독과점하는 것을 허락하지 않는다는 뜻입니다.

때로는 경제적으로 너무 궁핍해서 땅을 파는 경우가 있었지만, 땅을 팔더라도 친족이나 같은 지파 사람에게 팔고 희년(禧年)에 되돌려 받는 것이 성경이 말하는 신앙의 전통입니다(레 25장). 그러니까 일시적으로 토지의 소유권이 이전될 수는 있어도 다시 돌려받기 때문에 다른 지역으로 영원히 이주할 수 없는 구조입니다. 그것이 온전히 지켜지기만 한다면 말입니다. 또 이렇게 땅을 사주는 것이 고엘(לאָג)의 의무입니다.

그러므로 하나님께서 명령하신 고엘의 의무와 희년의 의무를 잘 지켜나 간다면 가장 이상적인 하나님의 왕국을 세워갈 법률적인 기초를 가진 공동체가 이스라엘 공동체였습니다. 당시 어떤 나라도 이런 법령이 없었으니 혁명적인 율법이라고도 할 수 있습니다. 이 법에 따르면 어느 한 지파에 속한 사람이 다른 지파의 땅에서 살 이유가 없는 것입니다.

그런데 잇사갈 지파 사람인 돌라가 자기 땅을 떠나서 다른 지파 땅에서 살았다고 합니다. 아마도 하나님의 유업으로 받은 땅에서 살 수 없는 딱한 사정이 있었을 것입니다. 그 사정에 대해서는 성경에서 구체적으로 말하고 있지 않습니다. 자기 지파 땅에서 살 수가 없어서 다른 지파의 땅으로 이주한 사람들을 부르는 이름이 나그네입니다. 이들은 사회적 약자이고, 그 사회에서 빈곤층이 될 확률이 높은 사람들입니다.

사실 하나님의 법에 따르면 경제적인 어려움 때문에 생계를 위해서 잠시 땅을 사고파는 행위는 있을지언정 빈곤층으로 떨어져서 고통받는 사람들은 없어야 합니다. 또 땅을 잠시 팔았을지라도 희년이 되면 다시 그 땅을 돌려받게 되니까 한 가족의 경제적인 어려움은 50년마다 모든 것이 원래대로 돌아가야 합니다(레 25:28). 그리고 그렇게 되도록 옆에 있는 가족들과 가까운 친족들은 고엘로서 돌봄의 의무가 있습니다(레 25:25). 그러나 자기가 살던 지파의 땅을 떠나 다른 지파의 땅까지 가서 살아야 할 지경이 되었다면 아마도 이 시대는 이런 돌봄의 의무(고엘)가 제대로 지켜지지 않은 모양입니다. 사사기를 기록한 역사가는 이 짧은 돌라의 출신 이야기를

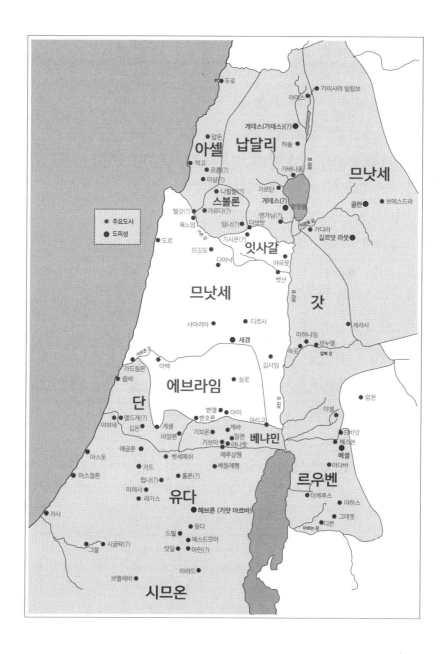

두로

가이사랴 빌립보

라이스

게데스(가데스)(?)

아셀   납달리   하솔

압돈

악고   르홉(?)   가버나움

미살(?)   므낫세

나할랄(?)   가르단   브에스드라

스불론   게데스(?)

헬갓(?)   가르다(?)   엔가님(?)   골란

욕느암   딤나(?)   다브랏   아로엘 길

주요도시   도르   기시온(?)   잇사갈   가다라   길르앗 라못

도피성   므깃도   다아낙   야르뭇

다아낙   벳산   갓

므낫세

사마리아   디르사   게라사

세겜   마하나임   브누엘

숙곳

김사임   압복 강

아르논 강   야르

가드림몬   아벡   실로   에브라임

욥바   암몬

단   벧엘   아이   야셀

벤호론   여리고

엘드게(?)   게바   느바앗

야브네   깁돈   게셀   기브온   헤스본

아얄론   기브아   암몬   아낫돗   베냐민   벧셀

애글론   벳세메쉬   예루살렘   마다바

아스돗   가드   베들레헴

립나(?)   홀론(?)   르우벤

아스겔론   마레사   라기스   유다   마케루스   야하스

가사   헤브론 (기럇 아르바)   그데못

아르논 강   디본

드빌   윳다

시글락(?)   앗딜   에스드모아   아인(?)

그랄   브엘세바   아라드

시므온

통해서 사사 시대에 벌써부터 하나님의 율법을 소홀히 여기기 시작했다는 것과 경제적인 문제 앞에서는 하나님의 명령도 소 귀에 경 읽기처럼 흘려보내는 이스라엘 공동체를 지적합니다.

돌라의 가정이 살고 있는 성읍이 사밀이라는 것은 사사기를 기록한 역사가가 에둘러 말하는 아비멜렉 이후 이스라엘의 모습입니다. 사밀의 어근은 '가시덤불'입니다. 아비멜렉의 이야기에서 요담이 사람들에게 비유로 이야기하면서 아비멜렉을 '가시나무'(아타드 אָטָד)에 견주어 비꼬듯 이야기했고, 그의 통치가 가시나무 가운데 나오는 불과 같을 거라고 외쳤던 것을 기억할 것입니다. 아비멜렉과 연결되는 사사 돌라가 하나님의 부르심을 받던 시대가 꼭 가시덤불이 광야를 뒤덮은 듯이 고통스러운 시대였음을 고발하는 것입니다.

그러나 그런 시대에도 하나님께서는 돌라를 시대의 구원자로 부르셨습니다. 돌라의 집안은 에브라임 산지에서 영원한 나그네와 같은 집안이었습니다. '돌라'(תּוֹלָע)라는 이름이 가진 의미는 "벌레"입니다. 자주색 염료를 채취하는 데 이용되는 벌레로 에브라임 산지에서 돌라와 그 가족은 그 이름처럼 벌레 같은 처지였습니다. 나그네의 삶이 다 그렇습니다. 권력과도 관계가 없었습니다. 그러나 하나님께서는 권력자들의 가시덤불(사밀) 같은 통치로 고통받는 이스라엘 사람들을 위해서 힘 가진 사람들의 눈에는 벌레 같은 돌라를 택하신 것입니다. 이것이 하나님께서 일하시는 방식입니다.

길르앗 사람 야일

그런데 이런 돌라와 완전히 배치되는 인물이 그다음 구절에 곧바로 나옵니다.

"그 뒤에 길르앗 사람 야일이 일어나서, 이십이 년 동안 이스라엘의 사사로 있었다. 그에게는 아들이 서른 명이 있었는데, 그들은 서른 마리의 나귀를 타고 다녔고, 성읍도 길르앗 땅에 서른 개나 가지고 있었다. 그 성읍들은 오늘날까지도 하봇야일이라 불린다. 야일은 죽어서 가몬에 묻혔다."
(삿 10:3-5 새번역)

그다음 사사는 길르앗 사람 야일입니다. 이 사람에 대해서 우리말 성경은 "22년 동안 이스라엘의 사사로 있었다"라고 소개하지만, 히브리어 성경을 직역해보면 "22년 동안 이스라엘을 다스렸다" 또는 "22년 동안 이스라엘의 의사결정을 도맡았다"라고 할 수 있습니다. 별다르지 않아 보이지만 이 작은 차이가 사사기를 기록한 역사가의 의도를 정확하게 드러냅니다.

"잇사갈 지파 사람 도도의 손자이며 부아의 아들인 돌라가 일어나 이스라엘을 구원하였는데"(삿 10:1 새번역)라고 돌라를 소개한 역사가가 야일을 설명할 때에는 아주 건조하게 "다스렸다"라고 하면서 휙 지나가버리기 때문입니다. 아마도 이스라엘 사람들의 의사결정 최고 책임자로 22년간 있었지만, 그 자리에 어울리는 삶을 살지 못한 것은 아닐까요?

아니나 다를까 성경은 곧바로 야일이 22년 동안 무엇을 했는지 고발합니다. 아들이 30명이 있었다고 합니다. 아내를 많이 두는 것이 이스라엘을 다스리는 지도자에게 좋지는 않지만, 아들이 많았다는 말이 꼭 아내가 많았다는 말은 아니라고 생각해보려고 합니다. 그런데 그 아들들이 나귀 30마리를 타고 다녔다는 말이 마음에 걸립니다. 지금의 광야도 마찬가지지만 고대 광야의 승용차가 나귀였습니다. 낙타는 화물차라고 생각하

희년(禧年)은 히브리어로 '요벨'(יוֹבֵל)이라고 부르며 50년 단위로 지킨다.

"안식년을 일곱 번 세어라. 칠 년이 일곱 번이면, 안식년이 일곱 번 지나, 사십구 년이 끝난다. 일곱째 달 열흘날은 속죄일이니, 너희는 뿔나팔을 크게 불어라. 나팔을 불어, 너희가 사는 온 땅에 울려 퍼지게 하여라." (레 25:8,9 새번역)

희년은 자유를 공포하는 해(年)로, 땅은 원래의 소유자에게로, 종 되었던 사람들은 자기의 가족에게로 돌아가는 해이다. 땅은 모두가 하나님의 것이다. 그렇기 때문에 잠시 경제적인 어려움 때문에 그 토지의 소유권을 다른 사람에게 넘길지라도 영구히 팔 수는 없었다. 반드시 그 땅의 소유권이 원래의 주인에게 돌아오게 되는데 그때가 희년이다. 그렇다면 그 땅을 산 사람은 경제적인 손해를 보는 것일까? 그렇지 않다. 예를 들어, 다윗과 요나단은 친구이다. 요나단은 매년 100가마니의 소출을 내는 땅을 가지고 있다.

다윗

요나단

소출량 100가마니/년

그런데 요나단의 집안이 어려워져서 요나단이 소유하고 있던 땅을 팔아야 하는 지경이 되었다. 그래서 다윗이 요나단의 땅을 사기로 했다. 그러면 그 땅은 일시적으로 다윗의 소유가 된다.

그런데 3년이 지나면 희년이 된다. 이때 친구인 다윗은 요나단의 땅값을 매길 때 300가마니에 해당하는 값을 쳐준다. 요나단은 일시적으로 땅을 잃었지만 마치 땅을 소유한 것처럼 3년 치의 돈을 갖게 되는 것이다. 요나단은 3년 동안 원래 자기 땅이었던 곳에서 일하면서 농산물을 거둬들이고 그것을 일시적인 소유주인 다윗에게 준다. 결국 다윗은 요나단에게 땅값으로 치러준 300가마니에 해당하는 돈을 3년 동안 되돌려 받는 셈이 된다. 요나단은 그 3년 동안 어려움 없이 경제적인 문제를 해결할 수 있다.

다윗

다윗   3년 뒤에 희년

요나단에게 300가마니 값을 줌

그리고 희년이 되면 다윗은 다시 그 땅을 요나단에게 돌려준다. 다윗은 요나단에게 이자를 받지 않고 돈을 빌려준 셈이고, 요나단은 돈을 빌렸으나 이자를 내지 않고 노동력과 땅으로 갚은 셈이 된다. 이것이 희년의 원리이다.

다윗   희년
(모든 것이
원래 상태로)   요나단

면 됩니다. 그러니 사사 야일의 아들들 모두가 승용차 한 대씩은 몰고 다녔다는 이야기입니다. 아버지를 잘 만난 금수저라는 말입니다. 더 놀라운 것은 이 아들들이 전부 길르앗에서 성 하나씩을 차지하고 있었다는 것입니다. 성경에서 여호수아 시대에 갓 지파에 속한 대표적인 성읍들을 열거할 때 그 수가 대략 11개입니다(수 13:24-28). 물론 'ㅇㅇ 지역'이라고 말한 곳에 성읍이 몇 개 더 있다고 하더라도 그 수가 30이 넘지는 않을 것입니다. 시간이 지나면서 인구도 늘어나고 마을들도 더 생겨났겠지요. 그래서 성읍의 수가 늘었을 텐데 그때마다 모두 야일의 손아귀에 들어간다고 해야 야일이 성읍 30개를 소유할 수 있는 것입니다. 야일이 가진 사유 재산이 그만큼 상상을 초월합니다. 갓 지파 전체가 야일의 것이었다고 말해도 과장이 아닐 만큼 말입니다.

사사기를 기록한 역사가는 야일을 재산도 많고, 여호와 하나님을 향한 신앙도 좋고, 그 재판도 공평하여 하나님의 영이 늘 함께했던 사람으로 묘사하지 않습니다. 오히려 이스라엘을 구원한 나그네 인생의 벌레 같은 돌라와는 달리 야일에 대해서는 그저 평범하게 "다스렸다"는 말로 슬며시 지나가버리면서 야일이 다스렸던 시대를 평가 절하합니다. 아니 그러다 못해 야일의 시대에 권력과 부를 한 손에 쥐고 있던 야일의 아들들이 오직 아버지의 후광으로 재산을 증식하고 권력을 누리면서도 하나님에 대한 신앙과 이스라엘 공동체로서 가져야 할 역사의식에 대해서 얼마나 무지했던 무능한 이들이었는가를 고발합니다. "하나님의 빛을 비추어라"라는 뜻의 이름을 가진 야일(야이르 יָאִיר)은 오로지 자기 자신과 자신의 가족이 드러나기만을 위해서 살았던 사람이라고 말할 수 있습니다. 이런 사람이 한 공동체

의 지도자라면 정말 끔찍한 일입니다. 그 아픈 이야기가 이어지는 입다의
이야기에서 드러납니다.

입다

삿 10:6–12:7

권력과 재산이 여호와보다 더 가치 있던 시대

사유 재산을 늘려가며 권력을 누렸던 야일 시대의 마지막은 이전에는 열거된 적이 없는 많은 신들의 향연입니다. 그때 바알 신들과 아스다롯과 아람의 신들과 시돈의 신들과 모압의 신들과 암몬 사람의 신들과 블레셋 사람의 신들을 섬겼다고 합니다(삿 10:6). 게다가 신의 이름에 다 복수형 '들'을 붙였으니 도대체 얼마나 많은 신들을 섬겼는지 모르겠습니다.

"이스라엘 자손이 다시 주님께서 보시는 앞에서 악을 저질렀다. 그들은 바알 신들과 아스다롯과 시리아의 신들과 시돈의 신들과 모압의 신들과 암몬 사람의 신들과 블레셋 사람의 신들을 섬기고, 주님을 저버려, 더 이상 주님을 섬기지 않았다." (삿 10:6 새번역)

이렇게 많은 신들을 섬겼다는 기사(記事)에는 사사기를 기록한 역사가가 의도한 바가 있습니다. 사사 야일이 처음부터 그렇게 탐욕스러운 사람은 아니었을 것입니다. 처음에는 분명히 하나님을 의지하던 믿음의 사람이었을 것입니다. 그러나 높은 지위를 경험하면서 권력을 맛보고 권력이 가져다주는 경제적 부요함을 누리면서 점점 바뀐 것이 아닌가 합니다. 야일이 사사로 있던 시대에 사람들이 더 많은 부를 얻기 위해서 어떤 방법을 사용했을까요? 성경에는 나와 있지 않지만 이 말씀에서 실마리를 찾을 수 있습니다.

경제적인 면으로만 보았을 때, 고대의 제사장이나 권력자들이 돈을 벌 수 있는 가장 좋은 방법은 많은 제의를 드리는 것이었습니다. 제의가 많을수록 성전이나 제의를 드리는 장소로 더 많은 돈이 흘러들어옵니다. 그런데 한 분 여호와 하나님께만 제의를 드리면 매일같이 드리는 상번제(출 29:38-46) 외에 사람들이 가져오는 몇몇 제사밖에 없습니다. 그러나 신들의 숫자가 많다고 생각해보십시오. 그 많은 신들에게 하루에 한 번씩만 제물을 바친다고 해도 여호와 하나님 한 분만을 섬기는 것보다 열 배 이상의 제의가 있을 것입니다. 제사장의 몫이 늘어나는 것은 물론입니다. 이 때문에 돌아가는 경제적 효과로 경제 권력층에 있는 이들도 더 많은 돈을 벌어들일 것입니다. 또 돈맛을 볼수록 제의의 지도자들과 정치 경제 지도자들이 더욱 공고히 결탁하게 됩니다. 이것이 사람의 욕심입니다.

그러다보면 이스라엘 공동체를 이끄는 사람들이 여호와 하나님의 나라와 그의 백성이라는 자기 정체성보다는 오히려 신들을 이용하는 이교도처럼 되어버리겠지요. 그리고 그들의 통치 아래 사는 백성들은 고통을 받을 수밖에 없는 것입니다. 사사 야일의 때가 바로 그런 시대였고, 그 시대를 이어받은 사사 입다의 때는 그 같은 부조리가 절정에 달했습니다. 그런데 신들의 명단을 들여다보니까 단지 야일이 있던 길르앗만의 문제는 아니었나봅니다. 페니키아 지역과 아람, 시돈과 모압, 암몬과 블레셋을 경계로 한 모든 지역에서 두루 나타난 일 같습니다. 결국 하나님은 이방의 우상들을 이용해서 자기 배를 불리던 이스라엘의 지도자들이 바라는 대로 그들로부터 억압당하게 내버려두셨습니다. 지도자들이 타락한 결과는 오롯이 백성들의 몫이었습니다. 그리고 보면 그때나 지금이나 마찬가지입니다.

잠시의 안정을 위해 하나님을 포기했던 시대

여호와 하나님을 버리고 이방의 신들을 섬기게 된 또 다른 이유는 나라의 안정을 정치에서 찾으려는 데서 비롯되기도 합니다. 국제 정치에서 살아남기 위해서 다른 나라와 외교 관계를 수립하고, 그 나라와 돈독한 관계를 유지하기 위해서 사용하던 일반적인 방법이 그 나라의 신들을 자기 나라의 성전 또는 제의의 장소에서 공개적으로 자기 나라의 신과 함께 예배하는 것이었습니다. 여호와 하나님 한 분만으로 만족할 수 없었던 이스라엘 사람들이 자신들의 안전을 국제 외교에서 찾으려는 순간 이방 신들을 섬기는 우상숭배를 할 수밖에 없는 것입니다.

그들의 신들을 섬기는 것은 단지 요식 행위가 아니었습니다. 처음에는 '그래, 그들의 새로운 문명을 받아들이기 위해서 잠시 그들의 신들에게 아침저녁으로 예배드리는 척만 하자. 그러나 우리가 여호와 하나님의 백성이라는 것은 절대로 잊지 말자' 하고 생각하면서 이웃 나라의 신들에게 형식적으로 예배를 드렸을지도 모릅니다. 그러나 그 요식 행위 때문에 이득을 보는 사람들이 생기고, 그 이득을 극대화하려는 사람들은 이스라엘 사람들에게 호감이 갈 만한 멋진 제의들을 만들어냈습니다. 주변 나라들의 신들을 위한 제사가 정례화되면서 점차 이스라엘 사람들은 그 우상들을 참 신인 양 섬기게 되었습니다. 또 이방의 나라가 그러하듯 특별한 상황과 장소에서 어떤 역할을 담당하는 신들이 있다고 착각하게 되었습니다. 이스라엘이 고대 주변의 나라들과 같이 다신(多神) 사회가 되어버린 것입니다. 선조인 아브라함이 다신 사회로부터 떠나 오직 한 분 여호와 하나님만을 바라보며 가나안 땅에 정착한 것과는 정반대가 되어버린 셈입니다.

가나안과 이스라엘 사람들이 살던 땅을 둘러싼 강대국들의 틈바구니에서 그들은 하나님께 더욱 절실히 매달려야 했습니다. 하지만 여호와 하나님을 잊은 채 국제 외교라는 방법으로 일시적인 안정을 추구하던 이스라엘은 결국 한계 상황에 이르렀습니다. 그들의 도움은 공짜가 아니었습니다. 처음에는 새롭게 정착한 땅에서의 삶과 광야에서 경험해보지 못한 문명 세계의 모든 것이 혁신적이고 아름다워 보였을지 모릅니다. 그러나 이스라엘 사람들은 그에 해당하는 대가를 지불해야 했습니다. 그것은 또 다른 압제와 고통 그리고 한 분 하나님 여호와를 향한 신앙의 포기였습니다.

벌하시는 하나님, 그러나 함께 아파하시는 하나님

결국 이스라엘 지파 가운데 요단강 동쪽 길르앗 지방에 살던 사람들은 18년 동안 암몬 사람들에게 억압을 당했고, 암몬 사람들은 유다와 베냐민, 그리고 에브라임 지파를 치려고 요단강을 건너 가나안 본토까지 쳐들어왔습니다. 그러자 조금 정신을 차렸는지 이스라엘 백성들이 하나님께 살려달라고 아우성을 칩니다. 하나님은 이런 백성들의 아우성에 "너희가

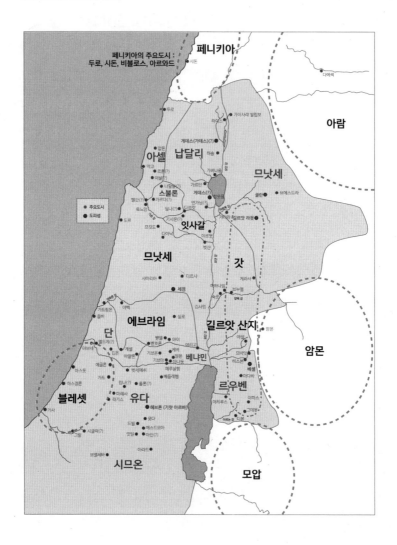

미스바

미스바라는 지명에는 "지켜보다" 또는 "망대"라는 의미가 있다. 성경에는 다섯 곳의 미스바가 나온다. 첫 번째는 베냐민 지파 땅의 미스바이다. 베냐민 지파의 미스바는 여호수아서 18장 26절에 처음 소개되는데, 여호수아가 베냐민 지파에 할당해준 지역이다. 이 장소는 왕국 시대 이전에 정치, 군사, 제의의 중심지였다. 두 번째는 모압의 미스베이다. 사무엘상 22장 3절에서 '미스베'라고 말하나 미스바와 미스베는 같은 이름이다. 이곳은 다윗이 사울을 피해서 도망한 장소이다. 세 번째는 유다 땅의 미스바이다. 여호수아서 15장에서 여호수아가 유다 지파에 나눠준 성읍의 명단에 미스베라는 이름으로 나온다. 네 번째는 이스라엘의 북쪽 헐몬산 아래 지역을 부르는 이름으로 미스바가 등장한다. 다섯 번째는 길르앗 땅의 미스바이다. 이곳은 라반이 야곱과 만나서 언약을 맺고 돌을 가져다가 기둥으로 세운 장소이다(창 31:49). 라반은 이 장소를 '여갈사하두다'라고 불렀고, 야곱은 '갈르엣'(갈에드 גַּלְעֵד)이라고 불렀다. '갈'이라는 말은 "무언가를 쌓아둔 무더기"를 의미하고 '에드'는 "증거"라는 뜻이다. 그래서 갈에드를 길르앗의 어원으로 보는 학자들도 있다.

선택한 신들에게나 가서 부르짖어라. 너희가 괴로울 때 그들에게 가서 구원해달라고 하라"라고 하시며 퉁명스럽게 대답하셨습니다.

그때 비로소 이스라엘 백성들은 자기들이 해야 할 바를 알게 되었습니다. 그들은 여호와 하나님만 섬기겠노라고 다짐했습니다. 그리고 자기들 가운데 있는 이방 신들을 다 없애버렸습니다. 하나님은 마음이 참 약하신 분입니다. 그런 이스라엘의 모습을 보시고 또 그들의 고통을 보시고는 가만히 있을 수가 없으셨거든요. 그래서 다시 한번 이스라엘의 역사에 개입하셨습니다. 하나님은 시시때때로 하나님을 잊고 다른 길로 걸어가는 우유부단하고 나약한 이스라엘의 편에서 함께 아파하셨습니다. 이스라엘의 역사를 보면 늘 그랬습니다.

누가 먼저 나가서 암몬 자손과 싸우겠느냐?

암몬 사람들이 길르앗에 진을 쳤습니다. 갓 지파의 땅인 길르앗의 많은 지역이 암몬의 수중에 넘어갔습니다. 이에 맞서서 이스라엘도 미스바에 진을 꾸렸습니다. 이스라엘 자손들이 길르앗에 사는 갓 지파 사람들과 모여서 함께 회의를 합니다. 이스라엘이 전쟁을 벌일 때는 나름대로 원칙이 있었습니다. 한 지파가 곤경에 처해서 전쟁을 치를 때에는 이스라엘의 형제 지파들이 도와야 합니다. 그리고 도움을 요청한 지파의 지도자가 전쟁의 지휘관으로서 앞장서야 합니다. 그 지역의 지리와 지형을 가장 잘 알기 때문입니다. 그런데 갓 지파 길르앗 사람 중에 이 전쟁에 선뜻 맨 앞에 서겠다는 사람이 없었나봅니다. 그래서 이런 제안을 했습니다.

"누가 먼저 나가서 암몬 자손과 싸우겠느냐? 그 사람이 길르앗에 사는

모든 사람의 통치자가 될 것이다." (삿 10:18 새번역)

갓 지파의 땅 길르앗에서 30개 성읍을 차지한 야일의 아들들이 아직 있던 시대입니다. 도대체 그 아들들은 다 어디에 갔을까요? 적어도 사사인 아버지 야일 밑에서 길르앗 30개 성읍의 머리로서 길르앗의 최대 맹주 역할을 자처했다면 길르앗에서 치르는 전투에 앞장서는 것이 당연합니다. 전투의 맨 앞에서 잃어버린 내 성읍을 다시 찾겠다고 나서야 했습니다. 그런데 그런 아들이 하나도 없습니다. 질 것이 뻔한 전쟁이어서 그랬을까요? 성읍에서 자기들의 이권을 챙길 때는 앞장섰을 그 아들들이 하나님의 이름으로 치르는 전쟁에 나가야 할 때는 뒤로 슬쩍 빠지는 모습이 너무나 얄밉습니다. 그래서 미스바에 모인 이스라엘 사람들과 길르앗 사람들이 그렇게 외친 것입니다. 전쟁에 나가서 싸워 이기는 조건이 아니라 그저 앞장서서 싸우기만 해도 지파의 머리로 인정해준다는 말이 왠지 모르게 씁쓸하게 들립니다.

입다, 창녀의 아들

입다는 길르앗이 창녀에게 낳은 아들이었습니다. 아버지 길르앗은 본처에게서도 여러 아들을 두었는데, 이 아들들이 아버지가 창녀에게서 낳아 온 아들 입다를 꽤나 구박했던 모양입니다. 결국 입다에게 "너는 우리의 어머니가 아닌 다른 여인의 아들이므로, 우리 아버지의 유산을 이어받을 수 없다"(삿 11:2 새번역)라고 말하며 쫓아냈습니다. 이것은 그냥 쫓아낸 것이 아닙니다. 아버지의 유산을 이어받을 수 없다는 말은 단지 경제적인 손해뿐만 아니라 그 가문으로부터 완전히 버림받아서 사회적으로 보호받을 어떤 장치도 없다는 선언입니다. 고대 사회에서는 가히 사형 선고에 가까운 말이라고 할 수 있습니다.

입다는 형제들의 영향력이 미치는 길르앗 산지를 피해 골짜기 건너 돕으로 도망가서 살았습니다. 그리고 마치 사울을 피해 아둘람으로 도망한 다윗의 주변에 압제받는 사람들, 빚에 시달리는 사람들, 원통하고 억울한 일을 당한 사람들이 모여들었듯이 입다의 주변에도 '아무것도 가지지 않은 사람들'(아나쉼 레킴 אֲנָשִׁים רֵיקִים)이 모여들었습니다. 이 단어를 왜 '잡류'(개역개정) 또는 '건달패'(새번역)라고 번역했는지는 잘 모르겠지만, 히브리어 성경은 마치 입다처럼 "아무것도 가지지 않은 사람들", "박탈당한 사람들"이 입다의 주변에 모여들었다고 말합니다. 아무것도 가지고 있지 않아서 오로지 여호와 하나님께만 의지할 수밖에 없는 사람들이었습니다.

그런데 길르앗의 장로들이 입다를 데려오려고 돕 땅으로 찾아갔습니다. 그리고 입다에게 그 전쟁의 지휘관이 되어달라고 부탁했습니다.

"그러나 입다는 길르앗의 장로들에게 말하였다. "당신들이 나를 미워하여, 우리 아버지 집에서 나를 쫓아낼 때는 언제이고, 어려움을 당하고 있다고 해서 나에게 올 때는 또 언제요?" 그러자 길르앗의 장로들이 입다에게 대답하였다. "바로 그렇기 때문에 우리가 당신을 찾아온 것이오. 우리와 함께 가서 암몬 자손과 싸운다면, 당신은 모든 길르앗 사람의 통치자가 될 것이오." 입다가 길르앗 장로들에게 물었다. "당신들이 나를 데리고 가서 암몬 자손과 싸울 때에, 주님께서 그들을 나에게 넘겨주신다면, 과연 당신들은 나를 통치자로 받들겠소?" 그러자 길르앗의 장로들이 입다에게 다짐하였다. "주님께서 우리 사이의 증인이십니다. 당신이 말한 그대로 우리가 할

것입니다." (삿 11:7-10 새번역)

이것이 길르앗의 장로들과 입다의 차이입니다. 사사기를 기록한 역사가는 이 구절을 통해서 길르앗의 장로들과 입다가 전쟁을 바라보는 시각에 큰 차이가 있음을 보여줍니다. 길르앗의 장로들은 입다가 '굉장한 용사'(삿 11:1)이기 때문에 암몬과의 전쟁에서 이스라엘 군대의 맨 앞에 설 수 있을 거라고 생각해서 그를 찾아갔습니다. 그들이 입다를 의지한 것입니다. 그러나 입다는 주님께서 전쟁에서 이기게 하시고, 그들을 자기 손에 넘겨주신다는 믿음을 가지고 있었습니다(삿 11:9). 입다의 태생과 출신이 문제가 아닙니다. 어떤 시각과 어떤 신앙을 가지고 있느냐가 중요합니다.

야일의 아들들이나 길르앗의 아들들처럼 아무리 적법하게 태어났을지라도 여호와 하나님이 전쟁의 주인이시고, 그분이 싸우신다는 믿음이 없으면 참 이스라엘 사람이라고 말할 수 없습니다. 오히려 그들은 자기들에게 있는 권력과 경제력을 지키기에 급급해서 사람을 의지하고 모략을 의지하는 이방인과 다를 바 없습니다. 그러나 아무것도 가진 것이 없기 때문에 오직 여호와 하나님만 의지할 수밖에 없는 입다와 그의 친구들은 달랐습니다. 주님께서 싸우십니다. 사사기를 기록한 역사가는 이것을 말하고 싶었던 것입니다.

역사를 아는 자가 여는 새 시대

입다(이프타흐 יִפְתָּח)는 "그가 열 것이다" 또는 "그가 자유케 할 것이다"라는 뜻입니다. 그 이름처럼 입다는 출생 신분과 관계없이 이스라엘 백성으로서의 역사적 정체성을 가지고 한 분 여호와 하나님을 섬기고 따른다면 누구라도 사사가 될 수 있는 새 시대를 열었습니다. 입다는 암몬 왕에게 먼저 사자를 보내서 전쟁의 명분이 무엇이냐고 물었습니다. 암몬 왕은 아르논강에서부터 얍복강과 요단강에 이르는 자기의 땅을 이스라엘 사람들이 점령하였으니 그 땅을 도로 내놓는 것이 순리라고 했습니다. 이에 입다가 이스라엘의 출애굽 역사에 대해서 일장 연설을 시작합니다. 요점은 암몬 사람들이 역사를 잘못 알고 있다는 것입니다.

가데스에서 시작된 출애굽의 여정에서 에돔과 모압의 영토를 지나가려고 했으나 에돔 왕이 이 부탁을 들어주지 않았고, 모압 왕도 이스라엘의 요청을 들어주지 않았음을 지적합니다. 그래서 에돔과 모압 땅을 돌아서 모압 땅 동쪽으로 가는 길을 선택했다고 말합니다. 모압 땅에는 들어가지 않았다는 것입니다. 길르앗 산지의 남쪽에 해당하는 아르논과 얍복 사이의 땅은 당시 아모리 사람들이 살고 있었는데, 그곳도 지나가게 해달라고 요청했으나 거절과 동시에 오히려 싸움을 걸어와서 아모리의 시혼과 그 군대를 무찌르고 그 영토를 차지했다는 사실을 나열합니다. 즉, 현재 르우벤 지파 사람들이 살고 있는 지역과 갓 지파의 일부가 살고 있는 길르앗 산지의 남쪽 지역은 당시 암몬 땅이 아니라 아모리 땅이었다는 것을 분명히 합니다. "암몬과는 전쟁을 한 적이 없다!"(신 2:19 참조) 그리고 그 지역에서 이미 300년 동안 르우벤과 갓 지파가 살고 있는데, 왜 갑자기 암몬의 왕이 그 땅의 소유권을 주장하느냐?"라는 것이 입다의 답변 요지입니다.

물론 이스라엘의 정복 전쟁에는 몇 가지 전통이 있었습니다. 그 전통에 따라서 그 땅의 주인을 표시하는 방식과 그 땅의 당시 소유주에 대해서 조금 다른 견해가 있는 것은 사실이지만, 적어도 사사기를 기록한 역사가가 기억하는 출애굽의 여정과 당시 요단 동편의 땅을 차지하고 있던 왕국의 경계는 입다가 말한 바와 같습니다. 입다는 그 역사를 정확히 알고 있었습니다.

그러면 암몬 왕이 내건 명분을 다른 이스라엘 사람들은 몰랐을까요? 그렇지 않았을 것입니다. 일반적으로 전쟁을 시작할 때에는 나름대로 그 전쟁의 정당성을 주장하는 이들의 명분이 있습니다. 그리고 암몬 왕의 명분 역시 암몬 사람들이 전쟁을 걸어올 때부터 이스라엘 사람들은 알고 있었을 것입니다. 그런데 아무도 암몬 사람들이 내건 전쟁의 명분이 가짜라는 것을 지적하지 못했습니다. 왜냐하면 그 사회에서 권력과 명예를 누리며 경제적 풍요를 즐기던 자칭 합법적인 이스라엘의 아들들이 정작 하나님의 역사를 알지 못했기 때문입니다. 그저 '어떻게 싸워 이길 수 있을까? 어떻게 무력으로 저들을 제압할까?'에만 모든 생각이 매몰되었습니다. 지금까지 자신들이 이스라엘 공동체 안에서 그런 방식으로 권력을 잡았기 때문입니다.

공동체의 법령과 율법이 정한 바에 문자적으로 묶여 살아가고, 그렇지 않은 사람들을 판단하고 비난하며 그들과 다른 자신들의 정통성을 자랑하는 사람에게는 하나님의 영이 임하지 않았습니다. 비록 그 출생은 비천할지라도 여호와 하나님의 신앙을 붙잡고 하나님의 역사를 기억하는 사람에게 하나님의 영이 임했습니다(삿 11:29). 하나님의 눈에는 이 사람이 나그네인가 아닌가, 그 태생이 합법적인가 그렇지 않은가는 전혀 중요하지 않았습니다. 여호와 하나님의 자녀들이라고 부를 수 있는 공동체를 이루는 조건은 '여호와 하나님께서 주인 되심을 인정하는 믿음과 주인 되신 하나님이 애굽에서 강제 노역으로 고통받던 히브리인들을 자유케 하셨다는 역사의식, 그리고 광야에서 그 공동체의 필요를 채우셨고, 전쟁에서 하나님이 싸우고 승리하신 그 역사를 기억하고 있는가, 그렇지 않은가'일 뿐입니다. 사사기를 기록한 역사가는 입다의 연설을 통해서 스스로 정통 이스라엘인이라는 정체성을 가진 사람들이 출애굽의 역사와 그 역사 속에서 주인 되신 하나님에 대한 역사의식이 없었다는 사실을 지적하고 싶었던 것입니다.

입다는 하나님의 역사를 알고 하나님이 역사를 이끌어 가시는 분임을 알고 있었습니다. 그 여호와 하나님이 전쟁에서 직접 싸우시는 분이며 이스라엘을 승리하게 하시는 분임을 알고 있던 입다는 한 지파의 머리(삿 10:18)에서 사사가 되었습니다(삿 11:29).

입다의 말실수?

일장 연설 후에 하나님의 영이 입다에게 임했습니다. 이제 입다가 사사가 된 것입니다. 주님의 영이 임하고 암몬과 전쟁을 하러 나갈 때 입다가 이런 서원을 합니다.

"하나님이 암몬 자손을 내 손에 넘겨주신다면, 내가 암몬 자손을 이기고 무사히 돌아올 때에, 누구든지 내 집 문에서 먼저 나를 맞으러 나오는 그 사람은 주님의 것이 될 것입니다. 내가 번제물로 그를 드리겠습니다." (삿 11:30,31 새번역)

하나님은 사람을 제물로 받으시는 분일까요? 레위기를 보면 제사법이 나오고 어떤 제물을 하나님께 드려야 하는지에 대한 세부 규정이 있습니다. 소, 양, 염소, 새, 곡식과 같은 제물은 나오지만 사람은 없습니다. 입다의 이야기 때문에 하나님께서 사람을 제물로 받으시는 분이라고 생각하면 오해입니다.

고대 사회에서는 사람을 제물로 드리는 의식이 있었습니다. 이집트를 비롯한 고대 서아시아 지역에서 동물로 대속하여 드리는 제사 이전에 사람을 제물로 삼아 제사를 드렸던 흔적들이 발견됩니다. 성경에서도 이스라엘과 모압의 전쟁에서 모압 왕이 궁지에 몰렸을 때, 성벽에서 자기를 대신하여 왕이 될 장자를 죽여서 번제로 드리는 이야기가 나옵니다(왕하 3:26,27). 그러나 이스라엘 공동체의 역사에서 사람을 제물로 드렸던 예가 있습니까?

이스라엘 사람들도 사람을 제물로 드리는 고대 근동 지역의 제사를 알고 있었습니다. 그리고 사람을 바치는 제사에 강력한 힘이 있다고 인식한 것이 분명합니다. 이스라엘 사람들 또한 고대 사회에 살던 사람들이니까요. 대표적인 예로 이삭을 제물로 드리려 했던 아브라함의 이야기를 들 수 있습니다(창 22장). 하나님께서 아브라함에게 아들 이삭을 모리아 땅으로 데려가 한 산에서 이삭을 번제물로 바치라고 하셨습니다. 아브라함은 하나님의 명령을 그대로 따랐습니다. 그리고 아들을 제사로 드리는 것에 어떤 의심도 없었습니다. 늦은 나이에 허락하신 아들을 죽여야 한다는 슬픔은 있었을지언정 아브라함의 마음에 '왜 사람을 번제로 드리라고 하시는 거지?' 이런 질문은 없었습니다. 메소포타미아 문명에 살면서 가나안의 문화에 익숙해진 아브라함에게 사람을 제사로 드리는 것이 놀랄 만한 일이기는 했어도 아무도 하지 않는 완전히 이상한 일은 아니었기 때문입니다.

그러나 결국 하나님께서는 아브라함의 믿음만 확인하시고 이삭을 죽이지 말라고 하십니다. 그리고 그 산의 수풀 속에 있던 숫양 한 마리를 보게 하시고, 이삭을 대신해서 그 숫양을 제물로 드리게 하셨습니다. 창세기의 이 사건을 연구하는 학자들은 이 이야기가 이집트 및 고대 서아시아 지역의 제의와 여호와 하나님의 제의의 가장 큰 차이를 보여준다고 지적합니다. 이집트와 고대 서아시아 지역에서는 사람을 제물로 드렸습니다. 그러나 지리적으로는 그 안에 속해 있었을지라도 여호와 하나님의 신앙은 다르다는 것입니다. 이것이 이스라엘 제의의 정체성입니다. 아브라함도 그 문명과 문화 속에서 살았기 때문에 사람을 바치는 제사에 대해서 알고 있었지만, 아브라함을 부르신 여호와 하나님께서는 "나는 그들과 다르다. 나는 우상들이 요구하는 사람을 바쳐 죽이는 제사를 원하지 않는다"라는 것을 보여주셨습니다. 이것이 바로 아브라함이 이삭을 제물로 바치는 이야기의 중심 메시지 중 하나입니다.

하나님의 법은 사람을 제물로 받지 않으십니다. 성경에 처음 태어난 것은 다 하나님의 것이라고 합니다. 동물이든 사람이든 처음 태어난 것은 모두가 하나님의 것입니다. '하나님의 것'이라는 말은 히브리어로 '라아도나이'(ליהוה)라고 합니다. 우리말 성경에서는 "하나님께 돌리다"라고 번역했습니다. 동물이든 사람이든 처음 태어난 것은 모두 하나님께로 돌려야 합니다. 동물은 하나님께 제사로 돌려드립니다. 그러나 사람은 그럴 수 없겠지요. 그래서 대속(代贖)할 수 있도록 해주셨습니다(출 12:12-16). 출애굽기에서는 맏아들을 어떻게 대속하는지에 대해서 구체적으로 말하고 있지 않지만, 문맥상 어린 양과 같은 동물이나 돈으로 하는 속전(레 27:1-25)

을 했을 것입니다.

입다가 서원하는 부분을 기록한 히브리어 성경을 직역하면 이렇게 번역할 수도 있습니다.

אִם־נָת֣וֹן תִּתֵּ֣ן אֶת־בְּנֵ֧י עַמּ֛וֹן בְּיָדִֽי׃
וְהָיָ֣ה הַיּוֹצֵ֗א אֲשֶׁ֨ר יֵצֵ֜א מִדַּלְתֵ֤י בֵיתִי֙ לִקְרָאתִ֔י בְּשׁוּבִ֥י בְשָׁל֖וֹם מִבְּנֵ֣י עַמּ֑וֹן וְהָיָה֙ לַֽיהוָ֔ה וְהַעֲלִיתִ֖הוּ עוֹלָֽה׃ פ

"만약 암몬 자손들을 내 손에 주신다면 내가 암몬 자손들로부터 평안히 돌아올 때에 내 집의 문에서 나와서 나와 만나는 그를(그것을) 하나님의 것이 되게 하거나 번제로 드리겠습니다."

히브리어 접속사 '베'(וְ)는 "그리고"라고 번역하는 것이 일반적이지만 그만큼 자주 "그러나", "또는"으로 번역합니다. 입다의 서원은 만약 입다가 전쟁에서 이기고 평안히 돌아올 때, 자기 집 문에서 나와 그와 만나는 것이 동물이라면 그것을 번제로 드리겠고, 사람이라면 그를 하나님께 속한 사람, 하나님의 것이 되게 하겠다는 뜻입니다. 어떤 방식으로 사람을 하나님께 속하게 하겠다는 것인지는 이 서원에서 구체적으로 밝히지 않았지만, 어떤 방식으로든 그 사람을 하나님께 속한 자, 하나님의 것으로 하겠다는 것이 입다의 서원이었습니다. 하나님의 영이 임한 입다가 하나님의 전쟁을 나가면서 하나님이 원하시지 않는 이방의 신들에게나 하는 사람을 태워서 드리는 제사를 하겠다고 서원한다는 것이 말이 되겠습니까?

내 처녀 됨을 애곡하겠나이다

입다가 암몬 사람들을 크게 무찌르고 위풍당당하게 돌아왔습니다. 입다가 전장에서 서원한 약속을 가족들은 알 리 없습니다. 입다가 돌아온다는 소식을 듣고 무남독녀 외동딸이 기뻐하며 집에서 나왔습니다. 소고를 잡고 춤을 추면서 아버지를 맞았습니다. 승리의 기쁨도 잠시 입다는 사랑하는 딸을 보는 순간 하나님과의 약속이 생각났습니다. 너무나 슬펐습니다. 그리고 딸에게 하나님과의 약속을 이야기했습니다. 그런데 오히려 딸이 더 담담하게 대답합니다.

"아버지, 아버지께서 입으로 주님께 서원하셨으니, 서원하신 말씀대로 저에게 하십시오. 이미 주님께서는 아버지의 원수인 암몬 자손에게 복수하여주셨습니다." (삿 11:36 새번역)

그런데 그다음 말이 성경을 읽는 독자들을 헷갈리게 만듭니다.

"한 가지만 저에게 허락해주시기 바랍니다. 두 달만 저에게 말미를 주십시오. 처녀로 죽는 이 몸, 친구들과 함께 산으로 가서 실컷 울도록 해주시기 바랍니다." (삿 11:37 새번역)

그러고는 이 장면을 38절에서 다시 설명해줍니다.

"딸은 친구들과 더불어 산으로 올라가서, 처녀로 죽는 것을 슬퍼하며 실컷 울었다." (삿 11:38 새번역)

이 구절을 보면 입다의 딸이 정말 죽은 것 같습니다. 번제의 제물로 말이지요. 그런데 히브리어 성경에는 '죽음'이나 '죽는다'라는 말이 결코 나오지 않습니다. 히브리어 성경을 직역하면 이렇게 번역할 수 있습니다.

"(입다의 딸) 그녀의 아버지에게 말했습니다. "이 일이 내게 있게 해주세요. 두 달만 나를 내버려두세요. 산에 갔다가 내려오겠습니다. 나의 친구들과 나의 처녀 됨을 통곡하겠습니다." 그가 말하였다. "가라." 그가 그녀를 두 달 동안 보내주었습니다. 그녀와 그녀의 친구들은 산으로 가서 그녀(입다의 딸)의 처녀 됨을 통곡했습니다."

문장이 아주 깔끔하지는 않지만 히브리어 문장을 다듬지 않고 한글로 그대로 옮긴 것입니다. 이렇게 거칠게 옮긴 이유는 히브리어 문장에 죽음이나 죽음을 암시하는 어떤 말도 없다는 것을 보여주기 위해서입니다. 입다가 번제로 그 딸을 죽이지 않았다는 말입니다.

입다의 딸이 슬퍼한 이유는 그녀가 남자와 결혼하지 못하고 평생을 처녀로 살아야 할 처지가 되었기 때문입니다. 고대 이스라엘 여인들에게 가장 큰 불행은 결혼하지 못하는 것과 자녀를 갖지 못하는 것이었습니다. 또 결혼을 앞두고 여인이 지켜야 할 가장 소중한 일은 자기의 처녀 됨입니다. 입다의 딸은 그것을 잘 지켜왔습니다. 그런데 이제 아버지의 서원에 따라서 결혼하지 못하게 되었습니다. 그리고 자신이 그 나이가 되도록 지켜온 순결을 증명할 방법도 없어졌습니다. 여러모로 입다의 딸은 일반적인 이스라엘의 여자로서 누려야 할 삶도 박탈당하고 자기의 순결함과 신실함을 보여주는 처녀성도 증명할 수 없는 처지가 되어버린 것입니다. 그것이 슬펐던 것입니다.

입다의 딸 이야기로 유추해보건대 하나님의 것, 하나님께 속한 사람이 되는 방법으로 입다는 어린 양과 같이 대신할 동물을 번제로 드린다거나 30세겔의 돈으로 속전하는 방법이 아니라 딸을 평생 독신으로 살게 했다는 것을 알 수 있습니다. 번제로 드린 것이 아닙니다. 이 이야기에 대해서 중세 랍비들은 입다의 딸이 평생 결혼하지 않고 하나님의 신부로 성막에서 일하는 여자로 살게 되었다고 해석합니다. 그러므로 39, 40절에서 말하는 이스라엘의 딸들이 해마다 가서 길르앗 사람 입다의 딸을 위하여 나흘씩 애곡하는 이스라엘의 관습은 결혼하지 않고 평생을 성막에서 일하는 여인들에 대한 존경 어린 애곡의 전통이라고 설명합니다. 이런 종교 문화적 측면을 이해한다면 우리말 성경에서 "처녀로 죽는 것을 슬퍼하며 실컷 울었다"라는 번역이 이해가 됩니다. 그러나 무엇보다 중요한 것은 입다가 딸을 번제로 드려서 죽이지 않았다는 것과 하나님은 사람을 죽여서 드리는 제사를 받으시는 분이 아니라는 것입니다. 이것을 잊지 말아야 합니다.

욕심이 빚어낸 내전

에브라임 사람들이 입다를 찾아갔습니다. 전쟁은 다 끝났는데 말입니다. 전쟁을 하는데 자기들을 부르지 않았다고 따지러 온 것입니다. 하지만 암몬이 쳐들어왔을 때 이스라엘 자손들 모두가 미스바에 모여 있었습니다(삿 10:17). 그런데 전쟁을 할 때 에브라임 사람들이 없었다면 자기들의 계산에 따라서 참전하지 않은 것이지 입다가 부르지 않은 것이 아닙니다. 성경에는 왜 에브라임 사람들이 전쟁에 참전하지 않았고, 또 왜 뒤늦게 나타났는지 설명하지는 않습니다. 굳이 추측해보자면 질 것 같은 전쟁에 참전하는 것이 두려웠는데 막상 입다가 이기고 나니까 전쟁에서 얻은 전리품이 탐난 것은 아니었을까요? 뭐 어디까지나 추측이기는 합니다. 그보다 에브라임 지파가 므낫세 지파와 함께 요셉의 아들로서 이스라엘 공동체 안에서 주도적인 역할을 해왔는데, 길르앗의 갓 지파가 주도권을 잡은 것이 못

마땅했는지도 모릅니다. 사사기 12장에 이런 지파 간의 주도권 싸움이 분명하게 드러나고 있습니다.

"(에브라임 사람들은 평소에 늘 길르앗 사람들을 보고 "너희 길르앗 사람은 본래 에브라임에서 도망친 자들이요, 에브라임과 므낫세에 속한 자들이다!" 하고 말하였다.)" (삿 12:4 새번역)

그동안의 전쟁들은 이스라엘과 외부의 적과의 전쟁이었습니다. 그런데 이스라엘 공동체 안에서 연대의식이 점점 허술해지더니 이제는 같은 공동체가 분열하고 주도권 문제로 서로 다투는 형국이 되었습니다. 입다의 구원 이야기 가운데 삽입된 이 이야기에 대해서 아는 사람들이 기억하는 인상적인 말은 '쉽볼렛'과 '십볼렛'일 것입니다(삿 12:6 참조). 그러나 그런 자잘한 에피소드 말고 사사기를 기록한 역사가가 이 전쟁 이야기를 소재로 하고 싶었던 말이 있었습니다. 그것은 이스라엘의 내전, 즉 공동체의 분열이었습니다.

암몬과의 전쟁에서 승리했고 그 전쟁에서 많은 전리품도 얻었습니다. 성공적인 전쟁이었습니다. 그러나 딸 때문에 괴로운 입다의 마음에 에브라임이 불을 붙였습니다. 사사기에서 처음으로 같은 이스라엘 백성 사이에서 전면전이 벌어집니다. 입다와 길르앗 사람들은 에브라임 사람들을 무찔렀습니다. 그리고 도망가는 에브라임의 잔당들을 잡기 위해서 요단강 나루터를 점령합니다. 그러고는 에브라임 사람들이 '쉰'(ש) 발음을 하지 못하고 '신'(ס)으로 발음하는 지역색을 이용해서 나루터에서 4만 2천 명의 에브라임 사람들을 죽입니다. 입다가 암몬 사람들을 얼마나 죽였는지 정확한 수는 모르겠지만, 사사기의 대략적인 기록으로 봐서는 암몬 사람들을 죽인

것만큼이나 많은 수의 형제들을 죽인 셈입니다. 이런 면에서 입다의 이야기
는 이집트에서 고통받던 이들을 한 공동체로 만드시고 자유케 하신 여호
와 하나님을 잊고 공동체가 서로 주도권을 차지하려고 분열하고 싸우던
시대를 바라보는 사사기를 기록한 역사가의 고발이기도 합니다.

10

입산, 엘론, 압돈

삿 12:8-15

세 명의 사사 입산과 엘론과 압돈

사사기는 이야기의 흐름상 기드온 시대 이전과 이후로 나눠볼 수 있습니다. 기드온 이전의 사사는 이스라엘의 최고 의사결정권자로서 본받을 만한 구원자들이었습니다. 그러나 기드온 시대 이후로는 사사들마저도 탐욕과 부패에 찌들었습니다. 그들이 가진 이스라엘의 의사결정권이 여호와 하나님으로부터 나온 것을 잊고 자신을 드러내고 부를 축적하며 가진 권력을 내려놓지 않으려 했기 때문입니다. 그뿐만이 아닙니다. 사사는 하나님의 영이 임한 사람이라면 누구라도 될 수 있었습니다. 이스라엘의 최고 의사결정권자는 하나님이 선택하십니다.

그러나 기드온 이후로는 이웃 나라의 왕들처럼 그 권력을 자녀들에게 물려주려고 했고, 자녀가 그만한 능력이 되지 않으면 사사일 때 축적한 재산이라도 물려주려고 했습니다. 결국 사사들은 스스로 바알이 되어가고 있었습니다. 마치 영화 〈반지의 제왕〉 시리즈에서 절대 반지를 껴본 사람들이 그 반지의 권력에서 헤어나지 못하듯이 사사들도 한 번 맛본 권력과 명예를 내려놓지 못했습니다. 그들도 한때는 하나님의 영이 임하고, 이스라엘 사람들을 하나님의 편으로 이끌던 사람들입니다. 하지만 그들은 단지 하나님의 종이었을 뿐입니다. 이스라엘의 왕은 오직 여호와 하나님이십니다. 그런데 사사들 스스로 왕이 되려고 할 때 왕이신 하나님이 부담스러울 수밖에 없습니다.

1. 입산의 이야기

유다 지파 베들레헴 사람 입산에게서도 그런 모습이 살짝 엿보입니다.

"그가 아들 삼십 명과 딸 삼십 명을 두었더니 그가 딸들을 밖으로 시집보냈고 아들들을 위하여는 밖에서 여자 삼십 명을 데려왔더라 그가 이스라엘의 사사가 된 지 칠 년이라"(삿 12:9).

성경에서는 입산이 30명의 딸들을 '밖으로' 시집보냈고, 30명의 며느리들을 '밖에서' 얻었다고 합니다. 새번역성경은 해석을 더해 "다른 집안에서"라고 번역했는데, 원래 히브리어 원문에는 그냥 '밖으로', '밖에서'라고 되어 있습니다. 그래서 이 본문을 연구하는 학자들은 가문 밖 또는 지파 밖으로 해석하기도 하고, 이스라엘 공동체 밖으로 볼 수 있다고도 말합니다.

사사기를 기록한 역사가가 기드온 이후 사사들의 집안에 대해서 평가하면서 그들이 지나치게 많은 아내와 재산을 소유하게 된 점을 꼬집는다는 맥락에서 '밖으로'나 '밖에서'를 '이스라엘 공동체 밖'이라고 해석한다면 사사 입산도 문제적 사사 중 하나입니다. 앞에서도 말했지만, 기드온 이

후 사사들은 자주 국제 관계나 경쟁 민족과의 관계에서 안전을 보장받는 수단으로 국제 정치를 이용하기 시작했습니다. 이렇게 국제 관계의 외연을 확장하는 것을 좋게 평가해주자면 이스라엘의 평화를 위한 일이라고 말할 수도 있겠지만, 사사기를 기록한 역사가는 평화를 주시는 분이 여호와 하나님이 아니라 국경을 맞대고 있는 이웃 나라의 왕이라고 생각하는 사사들의 불신앙을 매우 분명하게 지적합니다. 이런 사사들의 마음 한구석에는 자신의 시대에 안정을 추구하면서 통치 기간을 늘리기 위한 수단으로 국제 정치를 이용하려는 마음도 있었을 것입니다. 그러나 이것은 결국 정치, 문화, 무엇보다 한 분 하나님을 향한 신앙마저도 흔드는 중대한 잘못이었습니다.

2. 엘론과 압돈의 이야기

10년 동안 이스라엘을 다스린 스불론 사람 엘론에 대해서는 그의 죽음에 대해서만 잠시 전하고 급히 넘어갑니다(삿 12:11,12). 이어서 므낫세 땅의 비라돈 사람 힐렐의 아들 압돈의 이야기가 나옵니다. 압돈에 대한 소개는 마치 길르앗 사람 사사 야일처럼 아들 40명과 손자 30명이 모두 나귀를 타고 다닌다는 기록으로 자녀들에게 부를 상속하는 사사들의 모습을 보여줍니다.

3. 세 사사의 공통점

이 세 사사들의 공통점이라고 한다면, 사사기를 기록한 역사가가 이 셋에 대해서 간략하게 소개만 할 뿐 자세한 삶을 전해주지 않는다는 것입니다. 그리고 그들에 대한 간략한 소개마저도 긍정적으로 생각할 만한 어떤 단서도 주지 않은 채 오히려 마치 사사라는 직업에 종사했던 사람처럼 이들을 묘사했다는 것입니다. 그도 그럴 것이 이 세 명의 이야기에 그 백성들을 구원하였다는 말이 나오지 않습니다. 어떤 학자들은 '구원하였다'라는 말이 나오지 않는 것을 근거로 그들의 시대가 평화의 시대였다는 증거라고 말하기도 합니다. 그러나 지금까지 사사기를 기록한 역사가의 이야기 줄기를 따른다면 이 세 사사들은 하나님의 영이 임해서 사사가 된 것이 아니라 사람들의 선택으로 된 것이기에 하나님께서 그들을 통해서 아무것도 도모하지 않으셨다는 말로 이해하는 것이 더 어울립니다.

사사기를 기록한 역사가는 이 세 사사들을 소개하면서 사사들이 점점 욕심으로 물들어가는 것을 고발하려고 했는지도 모릅니다. "빠르다"라는 의미를 가진 사사 입산(입짠 אִבְצָן)은 여호와 하나님을 떠나기에 바빴으며, "상수리나무"라는 이름을 가진 사사 엘론(엘론 אֵילוֹן)은 어떤 삶을 살았는지 모르겠지만, "종"이라는 이름을 가진 사사 압돈(압돈 עַבְדּוֹן)은 종이 아니라 이스라엘의 주인 행세를 하고 다녔습니다. 사사기는 사사들의 이야기를 거듭할수록 점점 내리막을 향해 달려가는 듯합니다. 이 세 명의 사사들 시대 이후 삼손의 시대는 그야말로 사사 시대가 어디까지 추락할 수 있는가를 가늠해보려는 듯 내리막의 막장을 보여줍니다.

두로

가이사랴 빌립보

라이스

게데스(가데스)(?)

아셀   납달리   하솔

압돈

므낫세

막고   르훔(?)

미살(?)   가버나움

나할랄(?)   스불론   가르단

헬갓(?)   가르다   게데스(?)   골란   브에스드라

욕느암   딤나(?)   엔가님

주요도시   다브랏

도피성   기손(?)   가다라   돕(?)

잇사갈   길르앗 라못

도르   므깃도   야르뭇   벳산

다아낙   므낫세   갓

사마리아   디르사   게라사

비라돈   세겜   마하나임   브누엘

김사임   숙곳

가드림몬   아벡   에브라임   실로   암몬

욥바   아셀

단   벧엘   아이   벤호론   여리고   기브아   드바앗

얍브네   엘드게(?)   깁돈   게셀   기브온   게바   헤스본

아얄론   알몬   아나돗   벤야민   벧세메쉬   예루살렘   베셀

아스돗   가드   벳세메쉬   베들레헴   마다바

아스겔론   홀론(?)   르우벤

마레사   라기스   마케루스   야하스

유다   헤브론 (기럇 아르바)   그데못

가사   드빌   윳다   디본

그랄   시글락(?)   에스드모아   아인(?)

앗딜

브엘세바   아라드

시므온

○ 세 사사들이 활동했던 지역. 스불론 지파의 아얄론은 어디인지 정확히 알 수 없다.

삼손

삿 13:1–16:31

좋은 땅을 분배받았지만 제대로 살지 못한 단 지파

단 지파는 지중해 해변의 비옥한 땅을 유산으로 받았습니다. 그 땅에서 오래된 항구 중 하나인 욥바 항구가 있는 이 지역은 농사를 짓기에도 참 좋은 곳입니다. 지중해의 온화한 날씨는 밀 농사를 짓기에 최적의 장소였고, 지중해성 기후는 과실 농사를 짓기에도 딱 좋았습니다. 단 지파의 땅을 머릿속에 한번 그려본다면 우리나라의 곡창 지대인 호남평야 정도를 떠올리면 되겠네요. 이 지역은 욥바 항구를 기반으로 해상 무역을 하기에도 좋았습니다. 욥바는 솔로몬이 성전을 건축할 때 레바논에서 보낸 백향목을 받은 항구이자 선지자 요나가 다시스로 도망가려고 배를 탔던 항구로 더 잘 알려져 있습니다.

이곳 항구의 역사는 이미 기원전 15세기에 이집트의 파라오 투트모세 3세(Thutmose III)가 이 항구를 정복했다고 기록된 것으로 보아 그 이전 시대부터 쭉 항구로 사용되었을 것입니다. 그래서 해상 무역으로는 제격입니다. 또한 단 지파의 땅은 해변을 따라 남북으로 이어지는 해변 길(Via Maris)이 지나는 지역이기 때문에 육상 교통의 요지이기도 했습니다. 그러니 바다와 연계해서 육상 무역을 원활하게 육성할 수 있는 상업의 중심지이기도 했습니다.

좋은 땅이라는 것은 그만큼 차지하고 싶은 사람들도 많다는 말일 것입니다. 그래서일까요? 단 지파의 운명이 그리 순탄치만은 않았습니다. 단 지파가 받은 땅은 대부분 블레셋의 영향력이 직접적으로 미치는 곳이었습니다. 성서 지도를 보면 블레셋의 다섯 도시와 그 주변 지역만이 블레셋의 영향력 아래 있었다고 혼동하기 쉽습니다. 그렇게 보더라도 단 지파 땅은 블레셋의 다섯 도시들과 이웃하고 있었으며, 지중해 해변을 따라서 북쪽으로는 그리스 이민자들의 도시가 많았다는 것이 고고학 발굴을 통해서 알려진 사실입니다. 이 그리스 이민자들을 흔히 해양 민족이라고 부릅니다. 블레셋은 미케네 문명이 지중해 동편을 따라 이주하면서 가나안 땅에 정착한 해양 민족들 중에 하나입니다. 이런 면에서 볼 때 지중해 해변을 따라서 농사지을 만한 평지들은 거의 다 이 해양 민족의 영향력 아래 있었다고 봐도 무방합니다. 결국 단 지파는 분배받은 영토를 온전히 누리지 못하고 산간 지역과 붙어 있는 구릉 지대를 따라서 모여 살 수밖에 없었습니다. 그 도시의 이름이 소라입니다.

나실인 삼손

임신하지 못했던 마노아의 아내가 여호와 하나님의 사람으로부터 임

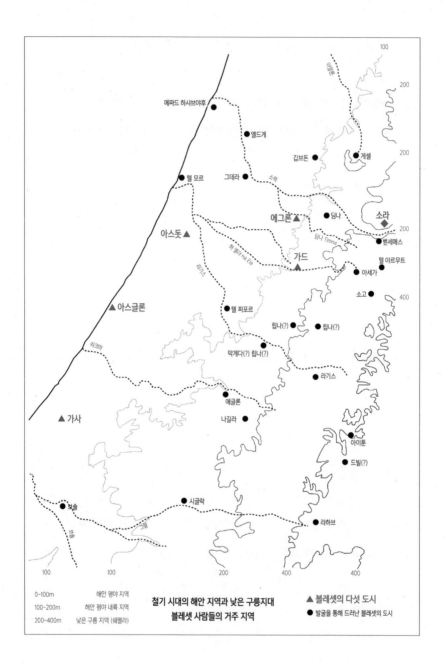

신할 것이라는 약속을 받았습니다. 그러나 조건이 하나 있었습니다. 그 아이가 태어날 때부터 나실인이 되는 것이었습니다. 평생을 말입니다. 여호와의 사자는 그가 나실인으로서 의무를 다할 때 블레셋 사람의 손에서 이스라엘을 구원해낼 것이라는 약속을 주었습니다(삿 13:5).

나실인이 지켜야 할 의무에 대해서는 민수기 6장에 자세히 나와 있습니다.

첫째, 포도주와 독한 술을 마시지 말아야 합니다. 포도즙으로 포도주를 만드는 과정에서 지나치게 온도가 높으면 포도주가 되지 못하고 식초가 되어버립니다. 그런데 술을 만드는 과정에서 식초가 되어버린 음료조차 마시지 말아야 합니다. 그뿐만이 아닙니다. 포도즙도 마시지 말아야 합니다. 포도즙과 포도주의 경계가 불분명할 수 있으니 아예 포도즙도 마시지 말라는 것입니다. 그리고 이건 좀 지나친 것 아닌가 싶은데 건포도든 생포도든 포도 자체를 먹지 말라고 합니다. 사전에 예방하는 차원으로 씨나 껍질까지 먹지 말라고 당부합니다(민 6:3,4).

둘째, 머리를 깎아서는 안 됩니다(민 6:5). 왜 머리를 깎지 말라는 것인지는 구체적으로 설명하고 있지 않지만, 중세 유대교에서는 자기 자신에게 관심을 두지 않고 오로지 하나님만을 생각한다는 의미로 이해하기도 했습니다.

셋째, 사람의 시체 또는 동물의 사체 가까이 가서도 안 됩니다(민 6:6). 죽은 동물은 물론이고 부모 형제가 죽었을 때에도 그들의 주검에 가까이 가면 안 됩니다. 그만큼 정결하게 살아야 하는 것입니다.

나실인은 "따로 구별된 사람"이라는 의미입니다. 일반적으로 나실인은 특정한 기간을 정해놓고 그 기간 동안 나실인으로서 정결한 삶을 살아갑니다. 비록 평범한 이스라엘 사람이지만 제사장처럼 엄격하게 정결 예법을 지켜나가는 것입니다. 왜 나실인으로 서원하는가에 대해서는 여러 가지 이유가 있을 것입니다. 성경에서 구체적인 예를 들지는 않지만, 마치 간절한 기도제목이 있어서 며칠 동안 작정하는 금식기도를 떠올리면 이해가 쉽습니다. 하나님께 간절한 마음으로 금식기도를 하는 기간에 유흥을 즐기지는 않습니다. 이와 같이 구약 시대에 특정 기간 동안 간절한 기도제목을 가지고 스스로를 정결하게 지켜나가는 사람들을 가리켜 나실인이라고 불렀다고 생각하면 쉽습니다. 그러니 누구든지 나실인이 될 수 있습니다. 성경에 유일하게 삼손만이 하나님의 명령으로 태어나자마자 곧바로 나실인이 된 예라고 할 수 있습니다.

나는 기묘자라

임신하리라는 말씀을 들은 마노아의 아내가 남편에게 곧장 가서 하나님의 사람이 해준 약속을 이야기했습니다. 워낙에 갑작스러운 일이었고, 또 놀랍고 기쁜 소식이어서 그 사람의 이름이나 출신도 묻지 못했습니다. 마노아도 기뻤지만 자기의 눈과 귀로 다시 한번 확인해보고 싶었습니다. 그래서 마노아가 주님께 기도했습니다.

"주님, 우리에게 보내셨던 하나님의 사람을 우리에게 다시 오게 하셔서, 태어날 아이에게 어떻게 하여야 할지를 우리에게 가르치게 하여주십시오." (삿 13:8 새번역)

주님께서 마노아의 기도를 들어주셔서 여호와의 사자가 다시 찾아왔습니다. 하나님의 사람이 왔다는 아내의 말에 마노아는 기뻤습니다. 여호와의 사자는 지난번에 아내에게 말한 것과 같은 이야기를 마노아에게 다시 해주었습니다. 그러자 마노아가 여호와의 사자에게 새끼 염소 한 마리를 잡아 대접할 테니 잠시 기다려달라고 했습니다. 그러나 그 하나님의 사람은 마노아에게 기다리라면 기다릴 수는 있으나 음식은 먹지 않겠다고 하면서 마노아가 번제를 준비한다면 그것은 마땅히 주님께 드려야 할 것이라고 말했습니다.

구약성경에서 '하나님의 사람', '여호와의 사자', '여호와의 천사' 모두가 같은 말이고, 이들은 하나님과 같은 권위를 가지고 있다고 기드온의 이야기에서 설명했습니다. 이 하나님의 사람은 하나님의 권위를 가지고 있지만 실제적으로 하나님은 아닙니다. 하나님의 사람은 정확하게 자기의 위치를 알았습니다. 마노아와 그 아내의 대접은 자기가 받아야 할 것이 아니라 온전히 하나님께 드려야 하는 것임을 알았던 것입니다. 번제는 하나님이 받으셔야 할 것이고 자신은 이 메시지를 전하는 것에 대한 어떠한 대가도 받지 않겠다고 거절하는 모습은 동시대에 스스로 왕이 되려는 사사들의 모습과 너무나 비교가 됩니다. 사사기를 기록한 역사가는 이 여호와의 사자의 등장으로 진정한 하나님의 사람과 스스로 하나님의 자리에 오르려는 사람들(사사들)을 비교한 것일지도 모릅니다.

하나님의 사람이 꾸짖은 세 가지 이유

이때 마노아가 여호와의 사자에게 이름만이라도 알려달라고 말합니다. 정말 아이가 태어난다면 그에게 그 영광을 돌리고 싶다면서 말입니다.

하나님의 사람은 그런 마노아를 꾸짖습니다. 하나님의 사람의 꾸짖음은
세 가지로 이해할 수 있습니다.

1. 다른 이에게 영광을 돌리려 했기 때문에

첫째, 영광을 받으실 분은 여호와 하나님이신데, 이 소식을 가져온 그
의 사자에게 영광을 돌리겠다는 것에 대한 꾸짖음입니다. 사사들이 그랬
습니다. 사사들은 하나님의 영이 임하여 하나님을 대신해 이 땅에서 이스
라엘을 구원한 구원자이자 이스라엘 의사결정의 최고 책임자입니다. 비록
그들에게 하나님의 영이 임해서 사사로 부름받기는 했지만 그들이 하나님
은 아닙니다. 전쟁에서 이기게 하신 분도 하나님이시고, 경배를 받아야 하
는 분도 하나님이십니다. 그러나 기드온 이후 사사들은 스스로 권력의 자
리에 올라섰고 하나님의 자리까지 넘보았습니다. 마치 이웃 나라의 왕들
처럼 자기들이 이스라엘의 주인이 되고자 했습니다. 사사기를 기록한 역
사가는 마노아와 그 아내를 찾아온 하나님의 사람의 이야기를 통해서 사
사 시대에 스스로 경배받는 자리에 올라서려던 사사들을 에둘러 고발하
고 있는 것입니다.

2. 하나님의 사자는 하나님이 아니기 때문에

둘째, 하나님의 사자는 하나님의 권위를 가지고 있습니다. 그래서 그
를 만나는 사람에게는 하나님과 같은 존재입니다. 그런데 고대 사회에서
신들의 이름을 알고 그 이름을 소유한다는 것은 오늘날 교인들이 하나님
을 '여호와'라고 부르는 것과 완전히 다른 의미를 가지고 있습니다. 고대

사회에서는 신들의 이름을 알면 그 신을 소유한다고 생각했습니다. 그리고 그 신을 언제라도 필요에 따라서 불러내기도 하고, 자기의 필요를 채워주는 존재로 이용하는 것입니다. 사사기를 기록한 역사가는 이처럼 하나님을 자기의 이익을 위해서 이용하려던 사사 시대 사람들의 단면을 이 이야기에 투영하려고 했던 것인지도 모릅니다.

셋째, 신들이 이름을 가진 사회는 다신론의 사회입니다. 예를 들어서 밤하늘에 별이 한 개밖에 없다면 굳이 그 별에 이름을 붙일 필요가 없습니다. 하늘에 빛나는 별을 보라고 하면 누구나 바로 그 별을 봅니다. 그렇지만 하늘에 별이 셀 수 없이 많기 때문에 내가 보고 있는 그 별을 상대방에게 보여주려면 그 별에 이름을 붙여야 하는 것입니다. "새벽하늘 반짝반짝 빛나는 저 금성을 봐봐"라고 하면서 말이지요. 그러니 신에게 이름을 붙인다는 것은 이미 다른 어떤 신이 있고, 지금 만나는 신을 구별해서 인식하기 위해 이름을 붙이는 것입니다. 그러나 이스라엘 사람들에게는 신이 한 분밖에 없습니다. 그러므로 사사기를 기록한 역사가는 하나님의 이름을 알고자 하는 마노아의 모습을 보여주면서 이 시대에 한 분 하나님에 대한 온전한 신앙이 없다는 것을 보여주려 했을 수도 있습니다.

기묘자라는 이름의 세 가지 해석

하나님의 권위를 가지고 마노아와 그 아내를 찾아온 하나님의 사람이 대답합니다. 우리말 개역개정성경에서는 "내 이름은 기묘자"(삿 13:18)라고 번역을 해놓아서 하나님의 이름이 마치 기묘자인 것처럼 혼동할 여지가 있습니다. 그러나 기묘자는 하나님의 이름이 아니라 그저 '놀랍다'는 형용사일 뿐입니다. 히브리어 원문을 직역하면 우리말로 번역한 것과는 미묘한 차이가 있습니다. 대략 세 가지 해석이 가능합니다.

"어찌하여 내 이름을 묻느냐 내 이름은 기묘자라"(삿 13:18).

לָמָּה זֶּה תִּשְׁאַל לִשְׁמִי וְהוּא־פֶלִאי׃ ס

첫째, 잉태의 소식을 전한 하나님의 사람이 아니라 임신하지 못하는 여자에게 아기를 허락하시는 오직 여호와 하나님만이 존경을 받으셔야 마땅합니다. 하나님의 사람의 이름을 묻고 그에게 영광을 돌리겠다는 부부를 향해서 한 말을 이렇게 해석할 수 있습니다. "(왜 하나님의 심부름꾼인) 내 이름을 왜 묻느냐? (내가 하나님이라도 된다더냐? 나에게 영광을 돌리려고 하다니!) 정말 놀랍다!" 정말 영광을 받아야 할 분은 하나님이시라는 것입니다. 아직도 하나님이 원하시는 온전한 신앙을 갖고 있지 않은 마노아와 그 아내에 대한 꾸짖음인 것입니다.

둘째, 아직도 셀 수 없이 많은 신들이 있는 가나안과 주변 나라들의 사람들처럼 세상에는 많은 신들이 있고 그중에서 자기들에게 아기를 잉태하게 해주는 신인 여호와 하나님께 감사하려는 마음으로 하나님의 사람이 전한 여호와 하나님의 이름을 물어본 것이라면 이렇게도 해석할 수 있습니다. "내 이름(하나님의 이름)을 왜 묻느냐? (아직도 그들을 신이라고 생각하느냐? 그들처럼 내 이름을 소유하면 내게서 더 많은 것들을 얻고 나를 이용할 수 있다고 생각하느냐?) 그것이 놀랍구나!"

셋째, 하나님의 사자가 하나님의 권위를 대신하는 사람이고 하나님의 권위를 존경하는 마음에서 하나님의 이름을 묻는 것이라면 이렇게 해석이 가능합니다. "내 이름(하나님의 이름)을 왜 묻느냐? 그 이름(내 이름)은 (네가 소유할 수 없다) 놀라울 뿐이다."

삼손의 첫 번째 여자 : 그녀가 내 눈에 옳다

삼손 하면 제일 먼저 떠올리는 이름이 들릴라일 것입니다. 삼손과 들릴라의 이야기는 워낙 유명합니다. 하지만 삼손에게 여인이 한 명만 있었던 것은 아닙니다. 삼손에게는 들릴라 이전에 이름을 알지 못하는 사랑하는 블레셋 여인이 있었고, 사사가 된 후에도 기생을 쫓아다녔습니다. 먼저 블레셋 땅 딤나에 살던 여인과 얽힌 이야기로 시작해보겠습니다.

삼손이 블레셋 사람들이 사는 마을인 딤나에 갔습니다. 사사 시대는 아직 끝나지 않은 가나안 정복 전쟁의 역사라고 이 책의 서두에서 말했습니다. 삼손의 시대에는 블레셋 사람들과 서로 오가면서 공생하는 것이 특별하지 않은 일상이었나봅니다. 단 지파가 해야 할 일은 블레셋과 전쟁을 해서 블레셋 땅, 그러니까 하나님으로부터 단 지파가 거주할 땅이라고 유산으로 받은 그 땅을 차지하는 것이었습니다. 그것이 이스라엘 공동체의 소명이고, 단 지파가 마땅히 해야 할 바입니다. 그런데 단 지파의 삼손은 그곳에서 한 여인과 사랑에 빠져서 그 블레셋 여자와 결혼까지 하겠다고 합니다!(삿 14:2)

사실 이때는 이스라엘 전체는 아닐지라도 블레셋과 경계를 맞대고 있는 단 지파와 유다 지파가 블레셋 사람들의 지배를 받던 시대였습니다(삿 15:11). 그러니 단 지파 사람들이 감히 블레셋에 반대하거나 항거하지는 못했을 것입니다. 그러나 백보 양보해서 블레셋에게 정치적으로 압제당하고 있는 시대라서 어쩔 수 없이 이스라엘 공동체가 블레셋과 교류할 수 있다 치더라도 나실인이라면 기본적으로 하나님과 한 약속은 지켜야 할 의무가 있었습니다. 하나님 앞에서 마치 제사장처럼 정결하게 살겠다고 서원한 이가 블레셋 여자와 결혼을 한다니요!

사사기를 기록한 역사가는 삼손이 블레셋의 딤나로 가는 장면을 묘사하면서 "삼손이 딤나에 내려가서"(삿 14:1)라고 말합니다. 유대교 랍비들은 성경에서 올라가고 내려가는 장면을 연구하면서 성경에서 어디로 내려간다는 표현이 나오면 불길한 사건의 징조로, 어디로 올라간다는 표현이 나오면 좋은 일이 있을 거라는 징조로 해석하려는 경향이 있습니다. 아니나 다를까 삼손이 딤나로 내려가는 이야기는 나실인으로 서원하여 태어났으나 전혀 나실인답게 살지 않은 삼손이 인생의 밑바닥을 찍는 이야기의 서두로 제격입니다.

삼손은 딤나에서 블레셋 사람의 딸들 중에서 한 여자를 아내로 맞이하겠다고 부모님에게 통보했습니다. 이름을 알 수 없는 그 여인이 이스라엘 공동체의 일원이 아니라 블레셋의 여인이었기 때문에 삼손의 부모는 삼손의 말에 동의할 수 없었습니다. 하나님의 사람 앞에서 주님의 천사가 말한 대로 평생을 나실인으로 살게 하겠다고 약속한 마노아와 그 아내가 어떻게 정결하지 않은 이 결혼을 허락할 수 있을까요? 그러나 삼손이 그의 아버지에게 하는 말이 가관입니다. 개역개정성경은 "내가 그 여자를 좋아하

오니"(삿 14:3)라고 옮겼지만, 히브리어 원문을 직역하면 이렇습니다. "그녀가 내 눈에 옳습니다. 그녀가 내 눈에 좋아 보입니다"(히 야쉬라 베에이나이 הָיא יָשְׁרָה בְעֵינָי:).

사사기를 기록한 역사가가 그 많은 표현들 가운데서 이 표현을 사용한 것은 매우 의도적입니다. 그녀가 옳고 좋아 보인다고 합니다. 그녀의 삶의 방식이 옳고 좋으며, 그녀가 섬기는 신이 옳고 좋고, 또 그녀와 어울리는 블레셋 사람들이 옳고 좋다고 합니다. 사랑에 빠지면 상대가 다 좋아 보일 수 있습니다. 그러나 그 상대가 블레셋 사람이고 그 블레셋의 삶의 방식이 이스라엘 하나님이 제정한 율법에서 벗어난 것이라면 위험합니다. 이것은 말하나 마나한 이야기입니다. 삼손의 자기 정체성은 하나님의 백성이고 이스라엘 공동체에서 단 지파의 일원이지만, 지금은 이 블레셋 여자가 맞답니다. 옳답니다. 좋아 보인답니다. 그 여자의 삶의 방식과 그 여자가 섬기는 신과 문화, 그 모든 것들이 말입니다. 그런데 그렇게 옳다, 좋다를 판단하는 기준이 '삼손의 눈'입니다.

사사기를 기록한 역사가의 절대적인 판단 기준은 '하나님의 눈'(베에네이 아도나이 בְעֵינֵי יְהוָה)입니다. 이스라엘 사람들이 악을 행하였는가 그렇지 않은가의 기준도 하나님의 눈이었습니다(삿 2:11; 3:7,12; 4:1; 6:1; 10:6; 13:1). 모든 선택의 기준은 '하나님의 눈에 보시기에 옳은가 그렇지 않은가?'여야 했습니다. 다른 사람들은 다 자기의 길을 걷고, 자기의 눈에 보기에 좋은 대로 따라갈지라도 하나님에게 민감하고 그 율례를 지키는 것에 예민해야 하는 나실인 삼손은 그러면 안 되었습니다. 그런데도 신앙적으로 누구보다 철저해야 할 나실인 삼손마저 자기의 눈에 좋아 보이는 대로 살아가고 있는 것입니다. 사사기를 최종적으로 하나의 책으로 묶은 이는 이 가운데도 일하셨던 하나님을 기억하면서 이것 역시 여호와 하나님께로부터 나온 것이라고 고백하기는 하지만, 사사기를 기록한 역사가는 삼손의 이야기에서 나실인이지만 나실인답지 않은 삼손을 비판합니다. 이 신랄한 비판은 이제 시작일 뿐입니다.

삼손이 사자를 죽이다

자녀를 이기는 부모가 없다더니 마노아와 그의 아내는 가서 한 번이라도 아들이 좋아하는 그 여자가 어떤 사람인지 보려고 했던 모양입니다. 삼손과 그 부모가 함께 딤나를 내려가다가 어느 포도원에 도착했는데, 어린 사자가 덤벼들었습니다. 이때 부모님은 어느 그늘 아래서 쉬고 있었거나 잠시 낮잠을 청했는지도 모릅니다. 혹은 딤나 근처 포도원까지는 마노아와 그의 아내가 함께 따라갔으나 아니다 싶어서 그 둘은 그냥 돌아왔는지는 모르겠지만, 삼손 혼자서 그 사자와 싸웠습니다. 그러고는 그 사자를 염소 새끼를 찢는 것같이 찢어 죽였습니다. 그러나 마노아와 그 아내는 이 사실을 까맣게 몰랐습니다.

어릴 적 주일학교 선생님이 재미있게 들려주시던 이 이야기는 삼손이 그만큼 힘이 세고 용맹한 용사라는 것을 증명해주는 아주 유명한 이야기입니다. 그러나 사사기를 기록한 역사가는 삼손이 힘이 세다는 것을 말해주려고 이 이야기를 기록한 것이 아닙니다. 도리어 삼손이 나실인의 규례를 손쉽게 어기는 사람이라는 것을 증명해주는 이야기입니다. 뒤이어 나오는 이야기 역시 일관되게 삼손이 나실인의 의무를 저버린 예들입니다.

어린 사자를 죽였으니까 삼손은 나실인의 규례를 어긴 것입니다. 또 민수기 6장 6절에서는 죽은 사람의 시체뿐 아니라 생명이 있다가 죽은 동물의 사체까지 포함해서 모든 시체 또는 사체를 만지지 말라고 했습니다. 그런데 삼손은 어린 사자를 찢어 죽였으니 자연스럽게 동물의 주검과 접촉한 사람이 되고, 그 과정에서 사자의 피도 만질 수밖에 없었습니다. 부정하기 때문에 나실인이라면 하지 말아야 하는 것들입니다. 이처럼 삼손은 나실인의 규례를 깨뜨렸습니다. 나실인은 레위인이나 제사장은 아니지만, 그에 해당하는 엄격한 정결이 요구되었습니다. 블레셋 땅의 여인을 만나서 사랑한 것도 나실인의 삶과는 전혀 어울리지 않은 것인데, 율법에서 금하는 금령을 어긴 셈이 되어버렸습니다. 그래서 부모님께 사자를 죽인 사실을 말하지 못한 것입니다(삿 14:6).

얼마 후, 결혼 계획을 마무리 짓고 딤나의 블레셋 여자를 신부로 데려가려고 삼손이 다시 한번 부모님과 함께 딤나로 내려가게 되었습니다. 그런데 지난번에 죽였던 사자의 주검에 벌떼가 있고, 그곳에 벌집을 지어놓았는지 꿀도 있는 것입니다. 삼손이 그 꿀을 떠서 부모님께 드렸습니다. 참 예의바른 것 같습니다. 그러나 사사기를 기록한 역사가는 삼손이 예의바르다고 말하지 않습니다. 이미 사자를 죽일 때 나실인으로서 지켜야 할 의무를 저버린 삼손이 다시 그 사자의 사체를 만진 것입니다. 동물의 사체를 만진 수준이 아니라 그 사체에 집을 짓고 사는 벌들의 벌집에서 꿀까지 떠서 자기도 먹고 심지어 부모에게도 주었습니다. 부정한 것과 접촉하는 모든 것은 부정하다는 것이 율법의 가르침입니다. 사자의 주검에서 떠낸 꿀이니 이 꿀이 부정하다는 것은 너무나 자명합니다. 삼손은 나실인의 규례를 어긴 것은 고사하고 자신의 부모까지 부정해지는 것에 대해서 아무런 감각이 없었습니다(삿 14:8,9). 그나마 그런 행동을 부모가 옳게 여기지 않을 것 같다는 것은 인지했나봅니다. 꿀을 드리면서도 죽은 사자의 몸에서 떠왔다고는 말하지 않은 것을 보면 말입니다. 참으로 답답한 나실인입니다.

이상한 결혼식 : 잔칫집에서 벌어진 일

결혼 잔치라고 하지만 그렇게 보기 좋은 결혼은 아닙니다. 이스라엘 남자, 그것도 이스라엘의 나실인과 블레셋 여자와의 결혼이라는 이상한 결혼식인 데다가 이 결혼식을 성사시키기까지 주도적인 역할을 한 사람이 삼손이라는 것도 이상합니다. 이스라엘 사람들의 결혼 풍속에 의하면, 결혼을 위한 배우자 선정부터 결혼식의 모든 준비는 아버지와 어머니를 통해서 진행됩니다. 그러나 사사기 14장을 보면 삼손의 부모님이 이 결혼을 위해서 특별히 한 일이 없습니다. 사사기를 기록한 역사가는 의도적으로 이것을 부각시켰습니다. 나실인 삼손과 블레셋 여인이 만난 것부터 결혼식에 이르기까지 모든 과정이 이스라엘의 전통과 맞지 않고, 하나님의 규례와 법도를 벗어나도 한참 벗어나 있음을 지적하는 것입니다.

"그의 아버지는 사돈 될 사람의 집으로 갔다. 삼손은, 신랑들이 장가갈 때 하는 풍습을 따라서, 거기에서 잔치를 베풀었다. 블레셋 사람들이 그를 보자, 젊은이 서른 명을 데려다가 그와 한자리에 앉게 하였다. (삿 14:10,11 새번역)

여기서 말하는 풍습도 이스라엘의 것이 아닙니다. 이스라엘의 풍습에는 결혼식 잔치 기간 동안 신랑에게 남자 30명을 친구 삼아 그 옆에 두는 전통이 없습니다. 이것은 아마도 블레셋의 풍습일 것입니다. 삼손은 마치 블레셋 사람처럼 행동하며 블레셋의 전통과 문화를 따르고 있습니다. 삼손의 눈에는 블레셋의 것이 좋아 보이고 옳아 보였을 것입니다. 그래서 결혼식도 이스라엘의 풍속이 아니라 블레셋의 풍습을 따랐을 것입니다. 그것이 좋아 보이고 옳아 보였기 때문입니다. 하나님의 율법을 기준으로 살아야 하는 나실인의 삶과 어쩌면 이렇게 정반대의 길을 걸어가고 있는지 놀라울 따름입니다.

사사기를 연구하는 사람들도 이 결혼식이 블레셋 사람들의 입장에서도 그리 편한 결혼식은 아니었을 거라고 분명히 지적합니다. 블레셋의 풍습에서 신랑이 오면 그들에게 그 가문 사람 30명을 친구로 만들게 해서 잔치 기간 내내 신랑과 함께 있게 하는 풍습은 그 사람이 어떤 사람인지, 그 성격과 그 본심을 알아보게 하기 위해서입니다. 잔치 기간 내내 포도주를 마시며 취한 채 가슴속에 담아놓은 이야기라든가, 자기의 성장 배경이나 이 결혼식을 대하는 신랑의 마음이 슬며시 드러나게 마련이기 때문입니다. 그런데 이 신랑은 같은 블레셋 사람도 아니고, 이웃이기는 하나 언제 적(敵)으로 돌변할지 알 수 없는 이스라엘 사람입니다. 블레셋 사람들 입장에서도 이 결혼식 뒤에 어떤 의도가 있는 것은 아닌지 의심할 수밖에 없습니다. 그래서 블레셋의 풍습에 따라 삼손의 주변에 30명의 남자들을 두고 삼손이 가진 다른 뜻은 없는지 확인도 할 겸 또 갑작스런 일이 발생할 경우에 삼손을 제지하거나 싸울 수도 있는 일종의 안전장치로 이 사람들을 배치한 것일 수 있다는 것입니다. 이 또한 매우 합리적인 설명입니다.

이 블레셋 사람들이 그리스에서 이주해온 사람들이라는 것에 모든 학자들이 동의하지는 않지만, 그리스적인 결혼 풍습 두 개가 사사기 14장에 나타나는 것으로 봅니다. 첫 번째는 앞서 설명한 것처럼 결혼식 때 공동체와 새롭게 관계를 맺는 새로운 구성원인 신랑이 어떤 사람인지 알아보기 위해서 그에게 30명의 친구를 붙여주는 것이고, 또 다른 풍속은 신랑 주변에서 잔치 기간 내내 신부에게 접근하는 것을 막으면서 수수께끼나 노래를 서로 주고받는 풍습입니다. 그렇다면 삼손의 수수께끼는 갑작스런 것이 아니라 이런 그리스의 문화적 배경에서 자연스럽게 나온 것이라고 할 수 있습니다. 그러나 사사기를 기록한 역사가가 하나님의 전통의 수호자인 나실인이 그리스 문화를 따르는 것을 탐탁하게 여길 리가 없습니다. 결국 이 결혼식은 파탄으로 이어집니다. 애초부터 하면 안 되는 결혼이었습니다.

블레셋과의 싸움 : 안전을 위해서 형제를 버리다

삼손이 그 자리에 모인 사람들에게 수수께끼를 냈습니다. 삼손은 수수께끼의 답을 아내가 될 블레셋 여자에게만 알려주었는데, 그 여인이 그 답을 딤나 사람들에게 알려주는 바람에 단단히 화가 났습니다. 약속은 약속이기 때문에 이행해야 했습니다. 그러나 이 모든 것이 블레셋 안에서 벌어진 일이니 블레셋 안에서 약속을 지키겠다는 마음이 들었는지 블레셋의 도시 아스글론으로 가서 그곳 사람 30명을 죽이고 수수께끼의 답을 맞춘 사람들에게는 베옷 30벌과 겉옷 30벌을 주고는 분에 겨워 홀로 소라의 집으로 돌아왔습니다(삿 14:19, 20).

얼마 후, 밀을 거둘 때 삼손이 염소 새끼를 데리고 딤나에 있는 아내를

○ 삼손의 주요 활동지역

찾아갔습니다. 그렇게 성질을 부리고 결혼식 마지막 날을 망친 후 혈기를 부리며 혼자 집으로 돌아간 것이 미안할 만도 합니다. 그런데 장인의 집에 가보니 아내는 이미 다른 남자의 아내가 되어 있었습니다. 화가 난 삼손은 여우 300마리를 붙들어 여우의 꼬리와 꼬리를 서로 매고 그 사이에 홰를 매달아서 블레셋 사람의 곡식밭으로 여우를 내몰았습니다. 이미 베어 놓은 곡식더미와 아직 베지 않은 곡식과 포도원과 올리브 농원까지 다 태워버렸습니다. 블레셋 사람들은 1년 농사를 망친 대가로 삼손의 장인과 삼손과 결혼식을 올렸던 그 여인을 죽이고 나서 유다 사람들과 전쟁을 치르려고 준비합니다.

이 싸움에서 제일 억울한 사람들은 유다 지파 사람들일 것입니다. 단 지파와 블레셋 사람들이 다스리는 영토와 맞대어 살고 있는 유다 사람들은 블레셋 사람들과 싸울 마음이 전혀 없었습니다. 여호수아의 정복 전쟁의 전통은 이미 사라졌습니다. 비록 손바닥만 하더라도 내 땅이 생겼으니 그곳에서 만족하며 대대로 살아가는 것이 그들의 목표였습니다. 그런데 블레셋 사람들이 삼손과 싸우려고 삼손이 숨어 들어온 유다 땅까지 올라왔다는 소식을 듣고는 삼손의 불똥이 유다 지파에게 튈까 걱정했습니다. 그리고는 유다 땅 에담 바위틈에 숨어 있는 삼손을 잡아다가 결박해서 블레셋 사람들에게 자발적으로 넘겨줍니다(삿 15:9-13). 이것은 정말 충격입니다!

사사기를 기록한 역사가는 그동안 지파들 사이에 연대의식이 점점 사라져가고 있음을 전쟁 이야기에서 슬며시 보여주었습니다. 그리고 에둘러 이야기하기도 했습니다. 그런데 이제는 이스라엘 열두 지파들 사이의 공동체 의식이 점점 희미해져간다는 수준이 아니라 전쟁을 피하기 위해서는 형제도 적들에게 내어주는 모습까지 보여줍니다. 사사기를 기록한 역사가는 사사 시대의 역사를 브레이크 없이 계속해서 바닥으로 끌어내리고 있는 것입니다.

삼손, 사사가 되다

유다 지파 사람들은 레히에 진을 친 블레셋 사람들에게 삼손을 넘겨주었습니다. 블레셋 사람들이 삼손을 죽이려고 달려들 때 하나님의 영이 삼손에게 임했습니다. 나실인이었던 삼손이 사사가 되는 순간입니다. 정말 많이 부족하지만 하나님께서는 삼손을 들어서 블레셋과 싸우게 하시고, 단 지파가 이 전쟁으로 그동안 잊고 지낸 가나안 정복의 소명을 다시금 깨닫기를 원하셨는지도 모릅니다. 삼손을 묶고 있던 새 밧줄은 맥없이 끊어졌습니다. 마침 그곳에 나귀의 새 턱뼈가 있었습니다. 삼손은 그것을 집어들고서 블레셋 사람 천 명을 죽입니다. 삼손은 대단한 영웅이었습니다. 이 위대한 전쟁의 승리를 이끈 것은 하나님이셨지만, 삼손은 그 승리를 여지없이 자신의 능력으로 이뤄낸 것처럼 포장하고 제멋대로 전쟁을 했다는 것을 사사기를 기록한 역사가는 매우 집약적으로 지적하고 있습니다.

개역개정성경에서는 삼손이 블레셋 사람들을 죽일 때 "나귀의 새 턱뼈"를 가지고 싸웠다고 묘사하고 있습니다. 새번역성경에서는 "싱싱한 당나귀 턱뼈"라고 옮겼습니다. 히브리어를 직역하면 "싱싱한 나귀의 턱뼈"(레히 하모르 테리야 לְחִי־חֲמוֹר טְרִיָּה)라고 번역하는 것이 옳습니다. 나귀가 죽은 지 얼마 되지 않았나봅니다. 죽은 지 얼마 되지 않은 나귀의 사체에서 턱뼈를 뽑아서 싸우는 삼손이 천 명을 죽이든, 만 명을 죽이든 나실인의 규례를 깨고 죽은 동물의 사체를 만진 셈입니다. 싱싱한 턱뼈이니 피를 만질 수밖에 없었을 텐데, 제사장과 같이 엄격하게 정결법을 지켜야 하는 나실인이 피를 만져 더 부정하게 되었습니다. 사사기를 기록한 역사가는 삼손의 위대한 승리가 아니라 승리를 위해서 지켜야 할 하나님의 법을 따르지 않고, 오로지 승리라는 결과물만을 쫓아가는 삼손의 모습과 그 시대의 세태를 이 이야기 속에 담아냅니다.

그뿐만이 아닙니다. 삼손은 그 승리가 자신의 승리인 양 스스로 취했습니다.

"나귀의 턱뼈로 한 더미, 두 더미를 쌓았음이여 나귀의 턱뼈로 내가 천 명을 죽였도다 하니라"(삿 15:16).

전쟁에서 승리한 후에 부른 드보라의 노래(삿 5장), 홍해를 건너고 난 후에 이집트 군인들을 바다에 묻고 노래한 미리암의 노래(출 15장) 모두 전쟁에서 이기게 하신 하나님을 찬양했습니다. 그런데 삼손은 1대 1,000의 전쟁에서 자기가 이겼노라고, 내가 죽였노라고 노래하면서 여호와 하나님에 대해서는 언급조차 하지 않았습니다! 하나님의 영이 이끄시는 하나님의 전쟁이었는데 정작 삼손은 전쟁 중에 단 한 번도 하나님을 부르지도, 찾지도, 의지하지도 않았습니다. 그저 피가 뚝뚝 떨어지는 죽은 나귀의 사체에서 뜯어 잡은 싱싱한 턱뼈를 들고서 자기의 용맹스러움과 힘을 과시할 뿐이었습니다.

삼손이 정작 하나님을 찾을 때는 언제였는지 아십니까? 전쟁이 다 끝나고 나서 격렬하게 싸우느라 너무 목이 말라 물 좀 달라고 여호와 하나님께 부르짖었다고 합니다(삿 15:18). 사사기를 기록한 역사가는 하나님의 영이 임한 사사마저도 자기의 업적과 승리가 마치 자신의 뛰어난 능력 때문인 것처럼 승리에 취해서 자기를 높이는 삼손의 모습을 고발합니다. 이제 이스라엘 공동체의 지도자들이라는 사람들이 하나님을 찾는 이유는 오직 한 가지, '내 목이 마르다'는 자기 욕구를 채우기 원할 때뿐이라는 것을 고발하고 있습니다(삿 15:18,19).

삼손의 두 번째 여자 : 삼손의 여성 편력

삼손이 사사로 이스라엘의 최고 의사결정권을 가진 자리에 앉아 있던 20년이라는 세월이 오히려 이스라엘에게는 재앙이었을지도 모르겠습니다(삿 15:20 참조). 그리고 사실 재앙이었습니다. 들릴라를 만나기 전에 사사가 된 삼손이 블레셋의 가사로 가서 그곳의 기생과 하룻밤을 보내는 이야기가 짤막하게 나옵니다. 이 이야기 역시 삼손이 가사 성읍의 문짝들과 두 문설주와 문빗장을 빼서 어깨에 메고 헤브론 앞산 꼭대기로 올라간 것으로 삼손이 대단한 힘을 가진 사람임을 말해주는 구절로 이해할 수 있습니다. 또 삼손이 블레셋의 저 깊숙한 가사 지역까지 알려졌고, 그들과 싸워서 이겼다는 이야기로 받아들일 수 있습니다.

맞습니다. 삼손은 그렇게 힘이 센 사람이고, 그 힘으로 블레셋 사람들을 곤경에 빠뜨린 사람이기도 합니다. 그 힘이 두려워서 블레셋 사람들이 이스라엘 사람들을 괴롭히던 것을 잠시 멈췄을 수도 있습니다. '삼손이 이룬 업적'이라는 측면으로 삼손의 이야기를 바라보면 이 이야기조차 영웅담입니다. 그러나 사사기를 기록한 역사가의 평가는 다릅니다. 가사로 내려가 기생과 하룻밤을 보내는 삼손의 이야기를 중심으로 앞뒤 이야기 모두 삼손과 관계된 여자들의 이야기인 것을 볼 때 개인의 욕망을 좇는 삼손의 모습을 보여주려고 이 짤막한 이야기를 비교적 긴 삼손의 여자들 이야기 사이에 집어넣은 것입니다. 이스라엘 공동체의 사사라는 책임 의식보다는 그저 본능적인 욕망에 충실했던 사람이 삼손이라는 것입니다. 자기의 눈에 좋아 보이는 대로 말입니다.

삼손의 세 번째 여자 : 들릴라

삼손은 소렉 골짜기에 사는 들릴라라는 여인을 사랑했습니다. 소렉 골짜기는 삼손의 집이 있는 소라와 벧세메스 사이에 있는 골짜기입니다. 들릴라가 어디 사람인지는 알 수 없습니다. 성경은 들릴라가 소렉 골짜기에 살았다고 할 뿐 그 가족에 대해서는 밝히지 않습니다. 삼손이 살던 소라도 소렉 골짜기에 있는 마을입니다. 소렉 골짜기는 동쪽으로는 예루살렘 못미처 유다 산지로 올라가고, 서쪽으로는 블레셋 평야로 내려가기 때문에 소렉 골짜기에 산다는 사실이 들릴라가 블레셋 사람이었다는 증거가 되지는 못합니다.

대부분 들릴라의 이야기가 삼손의 첫 번째 여자 이야기와 흐름이 비슷하기 때문에 들릴라를 블레셋 여자였을 거라고 추측합니다. 또 블레셋 사람들의 우두머리들이 올라와서 삼손을 어떻게 잡을 수 있을지 알아내달라고 스파이 활동을 종용하는 것으로 보아서 들릴라가 블레셋 여자였으리라 생각하는 것뿐입니다. 그러나 들릴라(델릴라 דְּלִילָה)라는 이름은 전형적인 셈족의 이름입니다. 블레셋 사람들의 이름이 아닙니다. 그러니 그녀가 혹

소라

○ 벧세메스에서 바라본 소렉 골짜기와 소라

이스라엘 공동체 중에 하나는 아니었을까요? 그러나 확실한 것은 하나 있습니다. 들릴라가 돈에 약한 사람이라는 것입니다.

"블레셋 사람의 통치자들이 그 여자를 찾아와서 말하였다. "당신은 그를 꾀어 그의 엄청난 힘이 어디에서 나오는지, 그리고 우리가 어떻게 하면 그를 잡아 묶어서 꼼짝 못하게 할 수 있는지 알아내시오. 그러면 우리가 각각 당신에게 은 천백 세겔씩 주겠소." (삿 16:5 새번역)

몇 명이나 들릴라를 찾아왔는지는 모르겠지만 블레셋 사람들이 그냥 은 1,100세겔이 아니라 각각 그만큼씩 주겠다고 했으니 대략 블레셋을 대표하는 다섯 도시에서 한 명씩 왔다고 가정해보면 적어도 5,500세겔은 되지 않았을까 짐작해봅니다.

잘 알다시피 삼손은 세 번이나 들릴라를 속입니다. 처음에는 마르지 않은 새 줄 일곱 가닥으로 묶으면 자기의 힘이 약해질 것이라고 대답합니다. 물론 거짓말이었습니다. 두 번째는 한 번도 쓰지 않은 새 밧줄로 결박하면 힘이 약해질 것이라고 대답했습니다. 이것도 거짓말이었습니다. 세 번째는 들릴라가 하도 졸라대는 바람에 사실을 말합니다. 머리카락이 잘리면 힘이 떠나간다고 말입니다. 그런데 사실 이것도 진실이 아닙니다. 삼손의 힘은 하나님으로부터 나오는 것이지 그의 머리카락에서 나오는 것이 아니었기 때문입니다.

삼손이 태어날 때부터 나실인이고, 나실인의 의무가 머리카락을 깎지 않는 것이었으니 그 머리카락에서 힘이 나온다고 한다면 삼손의 힘의 원천인 '나실인이 지켜야 할 의무'가 어디 그것뿐이었습니까. 그런데도 삼손은 지금까지 나실인이 지켜야 할 의무를 모두 어기면서 살았습니다. 나실인의 의무를 진지하게 지킬 마음이 있었는지 정말 의심스러운 사람입니다. 다른 것은 다 지키지 않아도 되는데 머리카락 하나만 지켜내면 힘이 나온다면 그것은 말이 안 됩니다. 오히려 "나의 머리는 면도칼을 대어본 적이 없는데, 이것은 내가 모태에서부터 하나님께 바쳐진 나실 사람이기 때문이오. 내 머리털을 깎으면, 나는 힘을 잃고 약해져서, 여느 사람처럼 될 것이오"(삿 16:17 새번역)라는 말은 삼손이 원래 이런 사람이라는 것을 보여주는 반증적인 말입니다. 마음만 먹으면 나실인으로서 지켜야 할 의무들을 남들이 보지 않는 곳에서 어길 수 있지만 머리카락만은 그렇게 하지 못합니다. 삼손은 그렇게 드러나는 자신의 모습과 그로 인해 얻게 되는 사람들의 평판에 마음을 두었던 사람이었음을 사사기를 기록한 역사가가 지적하는 것입니다. 삼손의 힘이 사라진 것은 머리카락 때문이 아니라 여호와 하나님께서 삼손을 떠나셨기 때문입니다(삿 16:20).

시각을 바꾸면 알게 되는 것들

블레셋 사람들이 여호와 하나님이 떠난 삼손을 붙잡아 그에게 내린 형벌이 매우 상징적입니다. 삼손의 눈을 빼버린 것입니다. 아주 끔찍합니다. 그러나 사사기를 기록한 역사가는 이 삼손의 형벌이 '하나님의 눈'으로 세상을 바라보지 않고 '자기의 눈'으로 판단하며 여자들을 선택하고, 블레셋의 것을 좋고 옳게 보았던 삼손이 받아 마땅한 형벌이라고 여깁니다. 사사기를 기록한 역사가가 사사 시대의 역사들을 정리하면서 알게 된 가장큰 문제는 사사 시대 사람들이 하나님의 눈으로 보시기에는 옳지 않은 것임에도 불구하고 자기의 눈과 소견대로 살아갔던 것입니다. 그리고 사사기를 기록한 역사가가 살던 시대도 여전히 그랬을지 모릅니다. 결국 이런 삼손과 이스라엘 공동체를 회복시킬 수 있는 방법은 하나뿐이었습니다. 그의 눈을 빼버리는 것입니다. "태양"(쉐메쉬 שֶׁמֶשׁ)이라는 거창한 이름을 가지고 스스로 태양이 되어서 자기가 세상을 밝히고 빛이 되어 그 빛으로 세상을 보려는 삼손에게 내린 하나님의 극단적인 처방은 어둠이었습니다.

삼손의 머리카락은 시간이 지나면서 다시 자랐습니다(삿 16:22). 그러나 삼손은 힘이 다시 세지지 않았습니다. 힘은 애초부터 머리카락에서 나온 것이 아니기 때문입니다. 그리고 삼손이 잡힌 이후로 머리카락이 조금더 자란들 지금까지 몇 십 년 동안 한 번도 자르지 않은 그 머리카락의 길이만 해지겠습니까.

삼손은 자기 눈이 뽑히자 알게 되었습니다. 자기의 힘이 머리카락에서 나온 것이 아니라 하나님으로부터 나온 것이라는 사실을 말입니다. 블레셋 사람들이 다곤 신을 위해서 큰 제사를 드리는 날에 삼손은 사람들이 모인 그 건물을 버티는 기둥 앞에서 여호와 하나님께 부르짖습니다. 그런데 그거 아십니까? 삼손의 일대기를 기록하면서 삼손이 여호와 하나님께 부르짖어 간구한 때가 딱 한 번 바로 지금입니다. 자기 눈이 뽑혀 나가고 나서 말입니다.

"그때에 삼손이 주님께 부르짖으며 간구하였다. '주 하나님, 나를 기억하여주시기를 간절히 바랍니다. 하나님, 이번 한 번만 힘을 주시기를 간절히 바랍니다. 나의 두 눈을 뽑은 블레셋 사람들에게 단번에 원수를 갚게 하여주십시오.'"(삿 16:28 새번역)

기둥은 넘어갔고 건물은 무너졌습니다. 그 안에 있던 3천 명 가량의 블레셋 사람들이 모두 죽었습니다. 죽을 때가 되어서야, 자기 눈이 뽑히고 나서야 하나님의 눈으로 바라볼 수 있었던 나실인이자 사사인 삼손의 마지막은 해피엔딩 같지만 전혀 행복한 결말이 아닙니다. 전쟁터 같은 그곳에서 사사들 중에서 유일하게 적들과 함께 죽은 마지막 사사가 삼손이기 때문입니다. 그리고 단 지파는 그나마 살고 있던 그 좁은 땅에서 떠나야 했습니다. 결국 '자기의 눈'을 따라서 자기의 소견대로 살았던 삼손과 이스라엘 공동체 중의 단 지파는 유일하게 땅을 잃어버린 지파가 되었습니다. 소명을 잃어버린 사람은 받은 모든 은혜를 함께 잃어버린다는 것을 사사기를 기록한 역사가는 이렇듯 이야기합니다.

PART 4

멈춰 세우지 못한
레위인 제사장들의 타락

12

미가의 집에서 일어난 일들

삿 17:1–18:31

사사기를 감싸는 보따리의 뒷부분

처음에 말한 것처럼 사사기라는 보따리의 내용물이 사사들의 이야기라면, 사사기 17장부터는 지금까지 이야기했던 사사들의 시대를 본격적으로 묶어냅니다. 사사기 3장부터 16장까지 사사들의 이야기는 이스라엘 공동체의 의사결정권을 가진 지도자들이 계속 내리막길을 내려오면서 점점 가속도가 붙어서 바닥으로 내려가는 형세였습니다. 자신들이 그 자리에 오른 것은 모두 다 주님의 은혜였습니다. 하나님의 영이 그들에게 임하지 않았다면 성경의 그 모든 사사들은 이스라엘 공동체의 이름 없는 개인이었을 것입니다. 여호와 하나님께서 그를 선택하고 부르심으로 모든 것을 바꿔 놓으셨습니다. 사사의 삶이 변했고, 그 사사를 통해서 이스라엘 공동체의 삶이 바뀌었습니다. 처음 사사들은 그랬습니다.

그러나 사사 기드온 이후 사사들의 양상이 달라졌습니다. 왕이신 하나님의 종이었던 사사가 왕이 되려고 욕심을 내기 시작한 것입니다. 사사가 이스라엘 공동체의 의사결정권을 가진 최고의 자리에 올라 권력을 맛보자 더 큰 권력을 추구하게 되었습니다. 지나치게 많은 재산을 축적하고, 그 위치를 이용해서 이스라엘 공동체에서 부(富)를 축적하기 시작했습니다. 자녀를 통해 그 권력과 부를 대물림하려 했습니다. 하나님이 주신 땅을 독점하고 심지어 종교 지도자의 자리까지 오르려고 욕심을 내기도 했습니다. 가장 인간적인 탐욕으로 왕이 되려고 하면서 스스로 하나님이 되고자 했습니다. 비록 하나님의 영이 임했으나 지도자의 자리에서 맛본 권력이 마음속에 있던 탐욕을 부추겼습니다. 결국에는 자기 힘으로 왕이 되려던 사사들 그리고 하나님의 자리에 올라서려던 사사들의 역사를 고발하는 이야기가 사사기 3장부터 16장까지 사사들의 이야기입니다.

여호수아와 함께 가나안에 정착한 이후, 이스라엘 공동체의 정치, 군사, 경제 지도자뿐 아니라 공동체의 신앙을 이끌어 가는 종교 지도자들의 삶도 함께 무너져가기 시작했습니다. 사사기를 기록한 역사가의 눈에 종교 지도자들의 타락은 사사들의 타락보다 더 심각한 문제였습니다. 이 같은 종교 지도자들의 타락은 요즈음 시쳇말로 이스라엘 공동체 타락의 끝판 왕이었습니다. 이런 종교 지도자들의 행태는 결국 이스라엘 공동체의 신앙의 양상마저도 바꾸었습니다. 자기들의 부를 축적하고 영향력을 확대하기 위해서 하나님을 이용했던 종교 지도자들처럼 이스라엘 사람들도 자기 욕심을 채우기 위해서 하나님을 이용할 수 있다고 생각하기에 이른 것입니다.

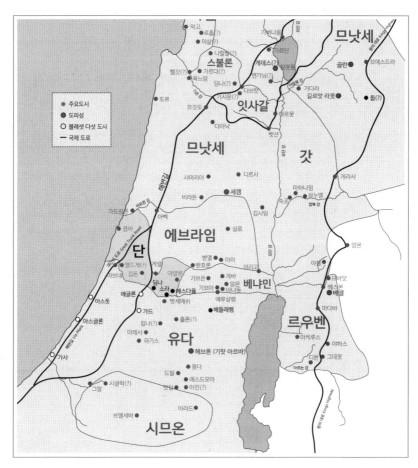

○ 삼손이 활동한 지역들과 단 지파

하나님을 마음대로 움직일 수 있다고 생각했던 시대

에브라임 산간 지방에 미가라는 사람이 살고 있었습니다. 미가의 집은
매우 부유했나봅니다. 그런데 이 집에 은 천백 냥을 잃어버리는 사건이 생

겼습니다. 미가의 아버지 이야기가 나오지 않는 것으로 보아 아마 미가는 홀어머니를 모시고 살았던 것 같습니다. 범인을 잡을 길 없는 미가의 어머니는 여호와 하나님을 향해 그 도둑을 저주했습니다. 이 저주를 미가가 들었습니다. 저주의 내용은 알 수 없지만 그 저주가 꽤나 무서웠나봅니다. 그 저주의 말을 들은 미가는 정말 그 일이 자기에게 벌어질까봐 깜짝 놀랐습니다. 그러고는 어머니에게 말했습니다.

"누군가가 은돈 천백 냥을 훔쳐갔을 때에, 어머니는 그 훔친 사람을 저주하셨습니다. 나도 이 귀로 직접 들었습니다. 보십시오, 그 은돈이 여기 있습니다. 바로 내가 그것을 가져갔습니다." (삿 17:2 새번역)

어머니의 마음이 그렇습니다. 돈을 잃어버려서 분에 못 이길 때는 심한 저주를 퍼붓다가도 정작 그 저주가 내 아들에게 미친다고 하면 복으로 바꾸기를 바라는 것이 어머니의 마음입니다. 그래서 재빨리 저주의 말을 거둬들입니다.

"애야, 주님께서 너에게 복 주시기를 바란다." (삿 17:2 새번역)

그러나 이 대화를 단지 자식을 사랑하는 어머니의 마음으로만 보기에는 사사기를 기록한 역사가가 굳이 왜 이 이야기로 종교의 타락을 보여주는지를 설명할 수 없습니다. 그런데 이 대화와 앞으로 이어지는 이야기를 잘 보면 역사가의 의도를 살짝 엿볼 수 있습니다. 어머니와 아들의 대화에서 여호와 하나님의 이름이 나오기는 하지만 정작 하나님의 역할은 없습니다. 여호와 하나님은 그저 그들이 부르는 신들 중에 하나이거나 문화일 뿐입니다. 사사기를 기록한 역사가가 고발하는 또 다른 사회 현상이 있습니다. 이 시대 이스라엘 사람들은 하나님을 자기 의지대로 움직이려 했고,

또 그럴 수 있다고 생각했습니다. 하나님을 내 마음의 욕구대로 이렇게도 저렇게도 이용할 수 있다고 여긴 것입니다. 그래서 누군가 나에게 경제적 손실을 입히면 하나님의 이름을 들먹이면서 저주를 퍼부었고, 또 그가 나와 가까운 사람이라면 언제든지 내가 쏟아놓았던 저주를 하나님께서 복으로 바꿔달라고 요청할 수도 있었습니다. 심지어 이스라엘 공동체의 지도자들인 사사들도 그랬는데, 그 백성들이야 두말할 필요도 없을 것입니다.

미가가 훔쳐갔던 어머니의 돈 은 천백을 다시 돌려주었더니 미가의 어머니가 일종의 액땜을 합니다. 아들인 미가가 저주를 받지 않도록 하나님의 마음을 누그러뜨릴 요량으로 그 돈을 여호와 하나님께 드리겠다는 것입니다. 돈을 받고 마음을 푸시라는 이야기입니다. 미가의 집에서 벌어지는 일들을 보고 있자니 마음이 불편합니다. 여호와 하나님이 뇌물을 받으시는 분이라는 말입니까? 이것은 사사기를 기록한 역사가가 본 사사 시대 사람들이 여호와 하나님을 대하는 방식입니다(잠 17:8 참조).

거기에다가 한술 더 떠서 그 은돈으로 신상을 만들겠다고 합니다. 그렇게 만든 신상을 히브리어로 '페셀'(פֶּסֶל)과 '마쎄카'(מַסֵּכָה)라고 합니다. 십계명 두 번째에서 하나님이 만들지 말라고 말씀하신 형상이 '페셀'이고, 시내산 아래서 만든 황금 송아지가 '마쎄카'입니다. 십계명의 둘째 계명은 하나님을 상징하는 어떤 형상도 만들지 말라는 금령입니다. 고대 사회에서는 신의 형상을 소유하는 자가 하나님을 마음대로 조종할 수 있다는 믿음을 가지고 있었습니다. 그래서 십계명에서 하나님의 형상을 만들면 안 된다고 명령했습니다. 사사들의 시대에 이미 이 십계명이 지켜지지 않고 있는 것입니다. 물론 이 시대에 이미 "여호와 하나님 외에 다른 신을 여호와 앞에 두지 말라"(출 20:3; 신 5:7 참조)라는 십계명의 첫 번째 계명마저도 이스라엘 사람들의 신앙과 삶에서 지워진 지 오래입니다. 결국 미가의 어머니가 저주를 복으로 마음대로 바꾸는 것, 그리고 신상을 부어 만드는 것, 이 모든 것이 하나님을 내 마음의 탐욕대로 움직이고자 하는 사사 시대 이스라엘 공동체의 신앙의 현주소를 반영하고 있는 것입니다.

재력가의 마음대로 하나님을 부리는 시대

사사기를 기록한 역사가는 이미 돈을 가진 자가 사회와 하나님을 움직이는 시대가 되어버린 사사 시대를 이렇게 고발합니다. 앞서 미가의 어머니가 잃어버린 돈이 은 천백이라고 했습니다. 이 돈이 얼마나 큰돈인지 감이 잘 오지 않을 것입니다. 나중에 그 신당에 제사장을 고용하는데, 그 제사장의 1년 연봉이 은 열이었습니다. 그러니 제사장의 110년 치 연봉이라고 생각하면 됩니다.

이렇게 엄청난 재력가에게는 개인 전용 '하나님의 집'이 있었습니다. 자기의 욕심을 채워줄 여호와 하나님의 신상을 만들어놓고는 그 신상이 머물 집을 마련해놓은 것입니다. 우리말 성경에서는 "신당"이라고 번역했지만 아마 이 번역은 성경을 읽는 교인들에게 충격을 주지 않으려고 일부러 부정적인 이미지가 강한 단어를 차용한 것이 아닌가 합니다. 그러나 히브리어 원어로는 "하나님의 집"(베트 엘로힘 בֵּית אֱלֹהִים)이라고 합니다. 하나님의 집이 나쁜 것은 아닙니다. 여호와 하나님께 예배하는 장소가 '하나님의 집'이며, 성막과 성전을 '하나님의 집'이라고 불렀습니다(삿 18:31). 그러나 그 집에 하나님의 형상을 만들어서 가두고 그 하나님을 개인이 소유하면서 내가 원하는 대로 내 삶을 윤택하게 해줄 하나님으로 기대할 때, 그 하나님의 형상은 우상이 되고 그 하나님의 집은 우상의 집, 우상숭배의 소굴이 되는 것입니다.

이 소굴에는 격에 맞추기 위한 제사장이 필요했습니다. 그런데 이 마을에 제사장이 없었나봅니다. 아니 그 마을에 제사장이 있었다고 한들 제사장이 한 개인의 집에 고용되어서 고용주를 위해 제사를 드리는 사람은 아니었을 테니(이쯤 되면 제발 이렇게 믿고 싶습니다), 미가는 개인 맞춤형(?) 제사장을 세워야겠다고 생각했습니다. 구색을 맞추기 위해 제사장이 입을 에봇을 만들었습니다. 그런데 드라빔도 만들었네요!(삿 17:5) 이 정도 되면 이 시대가 어떤 시대인지 너무나 분명해집니다. 하나님의 집을 만들어놓고는 그곳에 여호와 하나님의 이름과 하나님의 영광이 거하시는 것이 아니라 여호와 하나님의 형상을 만들어 그 하나님과 함께 드라빔을 두는 장소로 사용했습니다. 이런 곳에 제사장을 세워서 아침저녁으로 제의를 드린들 이미 그 제사는 여호와 하나님을 위한 제사가 아닙니다.

어찌됐든 하나님의 집도 만들고 하나님의 형상과 제사장이 입을 에봇도 만들어놓았지만 이것을 입고 미가 집안의 번영을 위한 기복의 제의를 드려줄 제사장이 없자 미가의 어머니는 아들 하나를 제사장으로 삼았습니다. 레위인 가운데서도 아론의 아들들만 될 수 있는 제사장의 자리를 에브라임 산지에 사는 한 부유한 집안의 아들이 스스로 차지한 것입니다. 어차피 그 하나님의 집에 여호와 하나님이 계시는 것도 아니고, 그 신상이 하나님도 아니니 제사장을 누구로 세운들 무슨 큰 의미가 있겠습니까만 이것이 사사들이 살던 시대입니다. 이 정도면 더 이상 내려갈 바닥이 있을까 싶을 정도로 바다 인생, 바다 신앙을 살던 사람들이 사사 시대의 이스라엘 사람들입니다. 그러나 이것이 끝이 아닙니다.

유다 베들레헴의 레위인 청년?

유다 지파에 속한 유다 땅 베들레헴에 한 젊은이가 살고 있었습니다. 그 청년은 레위 사람이었습니다. 그 청년이 자기가 살던 베들레헴을 떠나서 있을 곳을 찾다가 에브라임 산간 지방까지 와서 미가의 집에 이르렀습니다(삿 17:7). 그냥 지나칠 수 있는 구절이지만, 사사기를 기록한 역사가는 이 레위 청년의 출신지를 굳이 밝혀주면서 레위 사람들을 넌지시 고발하고 있습니다.

이스라엘의 지파 가운데서 레위 지파는 다른 지파처럼 큰 땅을 분배받지 못했습니다. 대신에 그들에게 돌아온 몫은 48개 성읍과 그 주변의 땅입니다(수 21장 참조). 레위 사람들이 받은 성읍은 매우 독특해서 한 장소에 모여 있지 않고, 각 지파의 땅에 몇 개씩 성읍이 할당되어 있었습니다.

유대 지파 땅 9개 성읍	베냐민 지파 땅 4개 성읍	에브라임 지파 땅 4개 성읍
단 지파 땅 4개 성읍	므낫세 지파 땅 4개 성읍	잇사갈 지파 땅 4개 성읍
아셀 지파 땅 4개 성읍	납달리 지파 땅 3개 성읍	스불론 지파 땅 4개 성읍
르우벤 지파 땅 4개 성읍	갓 지파 땅 4개 성읍	스모인 지파 땅에는 없음

○ 레위 지파에게 돌아온 48개 성읍과 그 주변의 땅

이렇게 골고루 성읍을 흩어놓은 데에는 다 이유가 있습니다. 구약성경의 제사법을 따르자면 피와 기름에는 생명이 있기 때문에 피를 땅에 함부로 흘리는 일체 행위가 금지되어 있습니다. 고기를 먹을 때도 마찬가지입니다. 동물을 죽이는 것도 하나님께서 정해놓으신 곳에서 제사장의 인도 아래 죽여야 했습니다. 온당하지 않은 이유로 동물을 죽이는 것이 아니라는 것을 하나님께 아뢰는 것입니다. 생존을 위한 육류 섭취는 불법적인 살생의 범주에 들어가지 않기 때문입니다. 이렇게 인간의 삶을 유지하기 위해 동물을 죽일 때 하나님 앞에서 거룩하게, 그리고 하나님께 그 죽임의 의미를 먼저 알리는 것이 화목제사입니다.

만약 레위인 제사장들이 어느 한곳의 땅에만 모여 산다면 그 땅과 멀리 떨어져 있는 지파의 사람들은 고기 한 번 먹겠다고 온 가족이 양을 데리고 며칠 길을 와야 할 것입니다. 그래서 하나님께서는 각 지파에 레위인들의 성읍을 세우고 그곳에 제단을 만들어 그 지파의 사람들이 가까운 거리의 제단에서 화목제사를 드리고 육류를 섭취하거나 제의를 드릴 수 있도록 배려해주셨습니다. 그런데 그 레위인들의 도시 목록에 베들레헴이 없습니다. 그러니 "나는 유다 땅 베들레헴에 사는 레위 사람인데, 있을 곳을 찾아다니고 있습니다"(삿 17:9, 새번역)라는 대답에는 사사기를 기록한 역사가가 정말 하고 싶었던 이야기가 숨겨져 있었습니다.

레위인들 가운데서도 아론의 직계 중 맏아들 계열이 아니라면 레위인들은 풍요롭지 않았습니다. 레위인들이 가진 종교적 권력이 꼭 경제적인 부요함을 보장해주는 것은 아니었기 때문입니다. 레위기에서 정한 제사의 법률들 가운데 제사를 드린 후에 제사장의 몫으로 돌아오는 것은 소제와 화목제뿐이었습니다(레 1,2,6,7장 참조). 소제는 곡식으로 드리는 제사이고, 화목제는 동물로 드리는 제사입니다. 소제는 제사 자체가 많은 양을 드리

○ 레위인들의 성읍

는 제사가 아닙니다. 그리고 화목제는 가슴살과 오른쪽 뒷다리를 제사장의 몫으로 주는데, 얼마나 많은 화목제사를 드리는지는 알 수 없지만, 고대 사회는 육식 사회가 아니라 빵과 유제품이 주식인 사회였기 때문에 그 도시에 살고 있는 수많은 제사장들을 먹여 살릴 만한 양은 아니었을 것이 분명합니다.

그뿐만이 아닙니다. 제사는 한 가정이 함께 드립니다. 한 가정에 남자 10명이 있다고 하더라도 제사는 한 마리를 드립니다. 자발적으로 두 마리, 세 마리를 드릴 수는 있지만 원칙이 그렇다는 것입니다. 그러니 이스라엘의 인구수가 늘어나면 제사의 수도 늘어나겠지만, 그 수가 폭발적으로 증가하지는 않습니다. 반면에 레위인들의 인구수는 늘어나는 제사의 수와는 비교할 수 없을 만큼 기하급수적으로 증가하고 있습니다. 그렇다면 레위인들이 제사를 통해서 받은 것만으로는 생활이 풍요로울 수 없습니다. 레위인이 받은 도시의 주변 땅도 받았기에 레위인들이 알아서 그 땅을 개간해서 먹고살라고 할 수도 있겠지만, 늘어나는 인구에 비해 레위인의 땅은 턱없이 부족했습니다.

그렇다면 왜 레위인들의 도시도 아닌 베들레헴에 레위인 젊은이가 살고 있었는지 짐작해볼 여지가 생겼습니다. 매우 불경스러운 단어일지 모르겠지만, 이것만큼 이 상황을 잘 묘사해주는 단어가 없기 때문입니다. 바로 '시장 개척'입니다.

유다 땅의 9개 성에는 이제 레위인들이 차고 넘칩니다. 그곳에서는 더 이상 제대로 살기가 어렵습니다. 고기 몇 조각, 빵 몇 개를 얻기도 쉽지 않습니다. 그래서 레위인이 거주하지 않아서 제단이 없는 베들레헴에 가서 제단을 만들고 새로운 시장을 개척한 것입니다. 베들레헴 사람들 입장에서는 참으로 반가운 일입니다. 화목제사를 드리기 위해서 가까운 아나돗이나 헤브론과 같은 도시를 찾아갈 필요가 없으니 말입니다. 하나님의 율법에서 어떻게 규정하고 있는지는 중요하지 않습니다. 레위인들의 필요와 베들레헴 사람의 편의가 서로 맞아 떨어지면 그만이었던 시대였으니 말입니다.

그런데 그곳의 삶도 만만치 않았던 모양입니다. 새로운 시장 개척의 소식이 레위인들 사이에 돌자 또 다른 레위인들이 베들레헴에 모여들었을 것입니다. 자연스럽게 베들레헴의 레위인 인구가 늘어났고 그 가운데서 시장(?)에서 도태되었든지 아니면 그곳에서 더 이상 큰 부를 누릴 수가 없으니 새로운 시장 개척을 하기 위해 다시 길을 나선 것인지는 모르겠지만, 그곳을 떠나 에브라임 산지로 온 것입니다. 에브라임 산지가 목적지도 아니었습니다. 살 곳을 찾아, 새로운 시장을 찾아 정처 없이 떠나는 길이었으니까요.

경제 권력과 종교 권력의 콜라보

미가의 제안은 매우 솔깃했습니다. 제사장으로 세워주고 연봉도 꼬박꼬박 주겠다고 합니다. 그리고 한 집안의 아버지로 대우하겠다고 합니다(삿 17:10-13). 레위인 가운데 제사장이 될 수 있는 사람들은 아론의 아들들로 율법에 명시되어 있습니다. 이 청년이 아론 계열의 레위인지 성경에서 말하고 있지 않지만, 미가 본인이 그 젊은이를 제사장으로 임명해주겠다는 것 자체가 이미 매우 불편합니다. 율법에서는 제사를 드린 후, 제사장의 몫으로 돌아오는 것을 규정해놓았습니다. 그런데 그 몫이 일정하지가 않습니다. 레위인으로 살면서 그것 때문에 너무 힘들었습니다. 게다가 레위인들의 수가 점점 많아져서 제사를 드리고 나서도 자기 몫으로 돌아오는 것이 예전 같지 않습니다. 그런데 미가가 일정한 연봉을 제시한 것입니다. 이제는 누가 하나님께 제사를 드리러올까 걱정하지 않아도 되는 안정적인 직업을 갖게 된 것입니다. 미가의 이 제안은 레위인의 경제 사정을 고려해서 배려해준 자비로운 행동이 아닙니다. 제사장을 사유화하고 개인 비서와 같은 제사장을 통해서 하나님께 편히 제사를 드리고 하나님을 편하게 이용하겠다는 너무나 불순한 의도가 노골적으로 드러난, 매우 불신앙적인 제안입니다.

"그 젊은 레위 사람은 미가와 함께 살기로 하고, 미가의 친아들 가운데 하나처럼 되었다"(삿 17:11 새번역)라는 구절을 보고 있자니 미가와 미가의 집에 안주하겠다는 이 레위인 청년에 대해 화가 일어납니다. 마치 "가족같이 함께 일하실 분 구함"이라는 구인 광고를 보는 것 같아 분노가 치밀어 오릅니다. 그러니 사사기를 기록한 역사가의 마음은 얼마나 더했겠습니까!

사족 같지만 꼭 짚고 넘어갈 것이 있습니다. 미가가 이 레위 청년을 아들같이 대했다는 것도 제사장을 대하는 미가의 태도가 매우 옳지 않다는 것을 보여줍니다. 처음 이 레위인 청년을 자기 집의 제사장으로 삼을 때 했던 부탁은 "우리 집에 살면서, 어른이 되어주시고, 제사장이 되어주십시오"(삿 17:10 새번역)였습니다. 하나님께서 제사장을 통해서 말씀을 전달하시니 나이와 관계없이 제사장의 말과 하나님의 뜻을 어른 섬기듯 따르고 섬기겠다는 약속이기도 합니다. 그런데 막상 고용하고 나서 아들처럼 대했다는 것은 이제 이 제사장이 하나님의 말을 전하는 집안의 어른이 아니라 아버지 미가의 말을 잘 따르고 순종하며 미가의 의중을 하나님께 전하고, 아버지 미가가 흡족하도록 살아가는 아들이 되었다는 말입니다.

사사기를 기록한 역사가가 반복해서 고발하는 이 시대는 권력과 돈을 가진 이들이 자신들을 위한 전속 제사장을 두고 하나님께 제사를 빌미삼아 자신이 가지고 싶은 것과 이루고 싶은 것들을 빌었습니다. 그렇게 여호와 하나님을 이용할 수 있다고 생각하던 시대였습니다. 사사들이나 종교 지도자들인 레위인이나 사회 지도층이나 이스라엘 사람들 어느 누구 하나 예외가 없었습니다. 하나님 백성으로서의 자기 정체성을 모두 잃어버리고 모두가 스스로 왕이 되려고 했던 어둡고 추한 시대일 뿐입니다. 그리고 그 모습이 사사기 17장에 고스란히 드러나 있습니다.

단 지파의 이주

1. 정탐꾼과 레위 청년의 만남

삼손의 죽음이 해피엔딩이 아니었다고 앞서 말했습니다. 삼손 이전의 사사들 가운데서 긴 이야기의 구조를 가지고 있는 사사들은 일시적으로나마 그 시대를 평화의 시대로 이끌었습니다. 그러나 삼손은 그렇지 못했습니다. 사사 중에서 적들과의 대치 상황에서 죽은 사사도 삼손이 처음이자 마지막이었고, 그 후에 단 지파는 그나마 살고 있던 땅에서도 살 수 없게 되어 살 곳을 찾아 떠날 채비를 해야 했습니다.

먼저 번역을 분명히 하고 넘어가야 할 부분이 하나 있습니다. 사사기

18장 1절 말씀입니다. 개역개정성경은 "그때에 거주할 기업의 땅을 구하는 중이었으니 이는 그들이 이스라엘 지파 중에서 그때까지 기업을 분배받지 못하였음이라"(삿 18:1)라고 옮겼습니다. 새번역성경도 마찬가지입니다. "단 지파는 이스라엘의 지파들 가운데서 아직 그들이 유산으로 받을 땅을 얻지 못하였으므로, 그들이 자리 잡고 살 땅을 찾고 있었다." 그런데 이 번역들은 마치 아직까지 단 지파가 땅을 분배받지 못한 상태라고 오해하게 만듭니다. 이미 여호수아가 땅의 분배를 마치고 땅을 차지할 사명을 각 지파에게 주었고(수 19:40-48), 다들 가나안 땅에 들어와서 자기 땅에 살고 있는데 말입니다.

그러므로 이 부분은 이렇게 직역하는 것이 옳습니다. "그때 단 지파는 거주할 유업을 찾고 있었다. 왜냐하면 그때까지 기업에 관한 한 이스라엘 지파 가운데서 (단 지파는) 그 기업을 차지하지 못하였기 때문이다." 땅이라는 유산은 하나님이 이스라엘 백성들에게 선물로 주신 것입니다. 그러나 빈 땅을 주신 것이 아니었습니다. 반복해서 말하지만 땅의 분배는 사명의 분배입니다. 이스라엘의 열두 지파에게 사명을 분배해준 것입니다. 그 땅을 정복하고 그 땅에 하나님의 정의와 공의가 편만하게 흐르도록 하게 하는 사명입니다. 그래서 다른 지파 사람들은 그 사명에 따라서 땅을 잘 정복해나갔습니다. 그런데 아직 단 지파 사람들은 그때까지 유업에 살지 못했습니다. 아직 그 사명을 제대로 실현해내지 못한 것입니다. 그러니 이 성경 구절을 읽고 당황하지 말라고 당부합니다.

다시 미가의 집에서 일어난 이야기로 돌아와서, 단 지파 사람들이 다섯 명의 정탐꾼을 보내 살 만한 곳을 살피던 중에 이 정탐꾼이 우연찮게 미가의 집에 묵게 되었습니다. 그런데 익숙한 목소리가 들렸습니다. 그 집에서 제사장 일을 하고 있는 레위인 청년의 목소리를 단번에 알아들었습니다. 얼굴을 볼 필요도 없었나봅니다. 목소리만 듣고도 딱 그 사람인 줄 알았다고 합니다. 이것을 참 기묘한 인연이라고 하면서 슬쩍 지나간다면 사사기를 기록한 역사가의 의도를 지나치는 것입니다.

레위인 청년의 목소리만 듣고도 그가 누구인지를 알았다면 분명히 서로 잘 알던 사이였을 것입니다. 목소리만 들어도 알 수 있는 관계입니다. 그런데 이 레위인 청년이 살던 지역은 베들레헴입니다. 물론 나중에 에브라임 산지로 이주하기는 했지만 말입니다. 그때는 이사가 자유로운 시대가 아니었습니다. 그러면 도대체 이들은 어떻게 서로 알고 있었을까요? 두 가지로 생각해볼 수 있겠습니다.

첫 번째로 이 레위인 청년이 단 지파 땅에도 가본 적이 있었다는 것입니다. 시장 개척을 위해서라면 베들레헴뿐 아니라 단 지파의 땅 어디라고 가지 못하겠습니까? 그곳에서 오랫동안 제사장 일을 하거나 레위인의 일을 했기 때문에 단 지파의 정탐꾼들이 이 청년의 목소리를 알아들은 것이 아닐까요?

두 번째는 이 청년이 원래 단 지파에 있는 레위인의 성읍에 살던 사람이었을 수 있습니다. 단 지파의 땅에는 엘드게와 깁브돈, 아얄론과 가드 림몬이라는 레위인의 성읍이 있습니다. 그중에서 아얄론을 제외한 세 개의 성읍은 실질적으로 블레셋 사람들의 영토 안에 있었기 때문에 분배는 받았지만, 살아보지 못했을 성읍입니다. 그렇다면 단 지파에 할당된 레위 사람 그핫 자손들은 아얄론에 모여 살아야 했는데, 성읍의 크기에 비해서 인구

밀도가 매우 높은 셈입니다. 성읍에 비해서 제사장의 수가 많다보니 제사 몇 번으로는 그 성읍에 사는 제사장들과 레위인들이 살아가기가 힘이 들었을 것입니다. 그 청년은 그래서 떠났을지도 모릅니다.

사명을 잃어버린 단 지파의 재앙이 도미노처럼 단 지파뿐 아니라 그 안에 함께 살던 레위 지파 사람들까지 무너뜨렸습니다. 또 레위 사람들이 세상적인 가치를 추구하느라 하나님의 율법까지 무너뜨렸고, 그 무너진 하나님의 율법은 권력을 가진 이들에 의해 힘을 움직이는 도구로 전락하게 되었습니다. 결국은 '하나님을 소유하고 있다'는 것을 권력으로 삼은 가진 자들 자신뿐 아니라 이스라엘 공동체 전체를 무너뜨리고 있는 것입니다. 나비의 날갯짓이 폭풍을 일으키듯 사명을 잃어버린 삶이 얼마나 무서운가를 사사기를 기록한 역사가가 보여주고 있습니다.

2. 정탐꾼의 눈에 본 라이스

라이스는 헐몬산 자락 아래 있는 가나안 땅의 최북단 성읍입니다. 당시 시돈 사람들의 영향력이 대단했는데, 라이스는 시돈과 꽤 떨어져 있어서 영향력이 크게 미치지는 않았습니다. 라이스는 헐몬산 자락에서 터져 나오는 샘이 있는 곳이기도 합니다. 이 땅을 좋게 평가하는 것은 매우 당연합니다. 그러나 정탐꾼들이 라이스를 좋게 평가한 이야기를 듣고 있노라면 조금 불편합니다.

첫 번째 이유는 그 땅이 시돈 사람들이 사는 것처럼 평온했기 때문이랍니다. 시돈은 페니키아의 땅입니다. 페니키아는 당시 지중해 동쪽의 맹주였습니다. 엄청난 기술 문명을 소유하고 있었고 무역을 통해서 얻어 들이는 수익이 대단했습니다. 롯이 애굽을 보고 난 후에 애굽 땅과 같은 요단의 동편 소돔과 고모라, 그리고 소알을 살 곳으로 선택했듯이(창 13:10), 이 정탐꾼들은 라이스에 가보니 도시도 잘 정돈되어 있고 체계도 잘 잡혀 있어서 그들이 부러워했던 시돈 땅과 같았기 때문에 그곳이 살기 좋은 곳이라고 보고했습니다. 이들의 땅 선택 기준은 시돈이었습니다.

두 번째 이유는 그 땅에 부족한 것이 없어서 부를 누리며 살 수 있는 곳이어서라고 합니다. 이들이 땅을 선택하는 또 다른 기준은 우리에게 얼마나 경제적인 선물을 안겨주는가였습니다. 어느 조건 하나 하나님의 눈으로 본 것이 없습니다. 그러면서도 태연하게 자기 땅으로 돌아가서는 "하나님이 그 땅을 너희 손에 넘겨주셨느니라"(삿 18:10)라고 외치는 모습을 보면, 도대체 이들에게 하나님은 어떤 분이셨을지 그 당시로 돌아가서 그들의 마음속에 들어가 확인해보고 싶습니다.

이것은 단지 단 지파의 정탐꾼들만의 문제는 아니었습니다. 사사기를 기록한 역사가는 이 눈이 곧 사사 시대를 살아갔던 이스라엘 공동체가 가나안 땅에 들어온 지 얼마 되지 않아서부터 갖게 된 '자기들의 눈'이었다는 것을 고발하는 것입니다.

3. 형제들 사이의 약탈

정탐꾼들은 정탐 후에 소라와 에스다올로 돌아가서 긍정적인 보고를 했고, 단 지파 사람들은 600명의 무기를 든 용사들을 앞세우고 유다 땅을 거쳐 에브라임 산지를 지나갈 요량으로 집단 이주를 시작했습니다. 그러고는 미가의 집에 도착했습니다. 그리고 지난번 정탐을 나갔던 다섯 사람이 단 지파 사람들에게 이렇게 말합니다.

"여기 여러 채의 집이 있는데, 이 가운데 어느 한 집에 은을 입힌 목상이 보관되어 있다는 것을, 당신들은 알고 있을 것이오. 목상뿐만 아니라 드라빔과 에봇도 있소. 우리가 해야 할 일이 무엇이겠소?" (삿 18:14 새번역)

너무나 직설적으로 빼앗자고 말하는 것입니다. 미가의 집을 옹호할 마음은 전혀 없지만, 그래도 같은 열두 지파 공동체의 한 형제들입니다. 그리고 미가가 지난번 이 정탐꾼들을 재워줄 때 특별히 잘못한 것도 없었습니다. 오히려 지나가는 나그네를 집에 재워준 것이니 이것만큼은 미가가 잘한 일입니다. 그런데 지금 은혜를 원수로 갚자는 모의를 하고 있습니다.

신상의 은이 탐났거나 에봇에 박힌 보석들이 탐났을 수 있습니다. 그리고 신상 그 자체가 탐이 났을 수도 있습니다. 아니 그 모든 것을 다 가지고 싶었을 것입니다. 사사기를 기록한 역사가는 사사 시대에 소유가 곧 권력이며, 소유가 나와 우리를 바꿀 수 있다는 생각이 얼마나 팽배했는가를 적나라하게 보여주고 있습니다.

미가의 집에 가서 문안을 했다고는 합니다(삿 18:15). 그렇지만 말이 문안이지 인사하는 사람 뒤로 600명이 무장을 하고 서 있는데 그것이 정말 그동안 잘 있었냐는 안녕을 묻는 인사였겠습니까? 문이 열리자마자 그들은 미가의 집에 들어가서 은으로 만들어진 신상과 에봇과 드라빔을 가지고 나왔습니다. 이 레위 청년 제사장이 놀라며 도대체 무슨 일들을 벌이는 것이냐고 물으니 단 지파 사람들이 이렇게 말합니다.

"조용히 하시오. 아무 말 말고 우리를 따라 나서시오. 우리의 아버지와 제사장이 되어주시오. 이 집에서 한 집안의 제사장이 되는 것보다야 이스라엘의 한 지파와 한 가문의 제사장이 되는 것이 더 낫지 않겠습니까?"
(삿 18:19 저자 사역)

"우리의 아버지와 제사장이 되어달라"라는 말이 익숙하지 않습니까? 미가가 그 레위 청년에게 제사장이 되어달라고 부탁하면서 했던 말과 같습니다(삿 17:10). 히브리어로는 어순까지 똑같습니다. 아마 레위 제사장은 이 말이 달콤한 거짓말임을 분명히 알았을 것입니다. 아버지와 제사장이 되어달라고 하지만 막상 그들과 함께하면 자신을 아들처럼 대하고 그들의 필요를 채워달라는 제사를 드리고 그들이 듣고 싶은 말을 하나님의 말씀이라며 전하는 거짓 제사장이 될 것이 뻔했습니다. 이미 경험한 일입니다.

그러나 지금 그것이 중요한 것이 아닙니다. 이 레위 청년 제사장에게 중요한 가치는 새로운 시장과 안정적으로 들어오는 수입이었기 때문입니다. 아무렴 한 지파의 제사장이라면 지파의 품위 유지를 위해서 1년에 은 열과 의복 한 벌보다는 더 많이 주지 않겠습니까? 이것이 사사기를 기록한 역사가가 고발하는 이스라엘 공동체의 모습이면서, 동시에 종교 지도자인 레위 제사장의 모습입니다. 그는 당연히 그들을 따라갑니다. 뒤도 안 돌아보고 쫓아갑니다. 그래서 사사기를 기록한 역사가는 "그 제사장이 마음에 기뻐하여 에봇과 드라빔과 새긴 우상을 받아가지고 그 백성 가운데로 들어가니라"(삿 18:20)라고 비꼬며 이야기합니다.

4. 약육강식의 시대

미가가 이웃집 사람들을 모아 쫓아왔습니다. 워낙 많은 수의 사람들이 무장을 하고 집에 들어온지라 제대로 반항해보지 못했지만, 이들이 떠난 후에 곧바로 동네 사람들에게 알려서 잃어버린 재산을 되찾기 위해 그들을 쫓아온 것입니다. 미가가 뜨거운 신앙의 열정으로 그 신상과 에봇과 드라빔을 찾으러 온 것일까요? 그저 잃어버린 재산을 되찾기 위해서 왔을 뿐입니다. 그런데 강탈해가지고 간 단 지파 사람들은 미안한 마음이 전혀 없습니다. 오히려 뒤쫓아온 미가를 위협합니다.

"더 이상 아무 말도 하지 말고 가만히 있는 게 좋을 거요. 이 사람들이 성이 나서 당신들을 치고, 당신과 당신의 가족의 생명을 빼앗을까 염려되오." (삿 18:25 새번역)

그러니까 쉽게 풀어쓰자면 "가만히 있어라. 그리고 돌아가라. 만약 가만히 있지 않으면 우리가 너희들을 힘으로 칠 텐데 그러면 미가 당신 때문에 쫓아온 사람들은 좋은 일을 하려고 왔다가 오히려 우리에게 호되게 당할 것이고, 그 사람들이 당신과 당신 가족에게 그 분풀이를 하지 않겠느냐? 그 뒷감당을 어떻게 하겠느냐? 네 목숨이 위태로울 텐데!"라는 것입니다. 분명한 위협입니다. 그런데 놀라운 것은 그 말을 듣고 미가가 돌아갑니다. 성경은 그 이유를 이렇게 기술하고 있습니다.

"미가는 상대가 자기보다 더 강한 것을 알고 발길을 돌려 집으로 돌아갔고…." (삿 18:26 새번역)

사사기를 기록한 역사가가 고발하는 사사 시대가 바로 이런 모습입니다. 하나님의 법은 없고 오로지 정글의 법칙만이 통용되던 약육강식의 시대입니다. 힘만 있으면 누구의 것이든 무엇이든 약탈할 수 있었고, 힘이 약한 자는 누구에게도 보호받을 수 없던 시대입니다. 그리고 레위 제사장들은 힘을 가진 권력자들을 추종하고 그들과 결탁했습니다. 하나님의 법을 수호하는 제사장들마저도 돈과 재물을 좇아서 신앙과 하나님이 주신 유업을 버렸습니다.

하나님께서 정해주신 성읍을 떠나 더 큰 이익을 얻기 위해 아무데서나 불법한 제단을 쌓던 시대, 제사장이 우상과 드라빔도 거리낌 없이 섬길 수 있는 시대, 한 민족과 공동체를 위한 레위인 제사장이 아니라 한 사람의 번영과 안위를 빌어주는 한 집안의 개인 제사장으로 전락해도 전혀 부끄럽지 않았던 시대였습니다. 사사기 17장과 18장은 돈과 권력의 노예가 된 종교 지도자들을 고발하는 사사기를 기록한 역사가의 날카로운 고발장입니다.

사사기를 기록한 역사가는 왕이신 하나님의 종이었던 사사가 왕이 되려고 욕심을 내고, 왕이신 하나님을 그 자리에서 끌어내려 오히려 개인의 종으로 삼으려 했던 시대를 그리면서 이렇게 고발합니다.

"그때에는 이스라엘에 왕이 없었으므로, 사람들은 저마다 '자기의 눈'에 옳은 대로 하였다"(삿 17:6 저자 사역).

그리고 이런 상황이 사사들이나 종교 지도자인 레위인들이나 매한가지였다고 열변을 토합니다. 이 역사 이야기를 기록하면서 큰 한숨을 내쉬었을 역사가의 탄식이 귓가에 들리는 듯합니다.

13

레위인의 첩과 이스라엘의 내전

삿 19:1–21:25

모든 것은 신앙의 지도자로부터 시작된다

　지금까지 살펴본 것처럼 사사기 3장부터 16장까지는 사사들의 이야기, 곧 군사적, 정치적 리더인 사사들이 어떻게 점점 타락해가고 하나님으로부터 멀어지는지에 관한 이야기였습니다. 사사기를 기록한 역사가가 정말 말하고 싶었던 핵심적인 메시지는 사사들의 이야기를 한데로 묶는 보따리 역할을 하는 사사기의 앞과 뒤였습니다. 뒤에서는 종교 지도자인 레위 제사장들의 타락을 이야기합니다. 이미 미가의 집에서 일어난 일들을 통해 레위 제사장들이 여호와 하나님을 떠나 권력에 의지하고 그 권력의 떡고물을 좇는 것을 보았습니다. 레위 제사장이라면 반드시 지켜야 할 정결함뿐 아니라 순수한 신앙마저 저버리고 레위인답고 제사장다운 모습을 포기한 것입니다.

　이스라엘 공동체에서 의사결정을 하는 지도자인 사사들이 타락한다고 하더라도 신앙의 지도자들인 레위인들과 제사장들이 깨어 있었다면 별 문제가 없었을 것입니다. 사람은 나약하기 때문에 언제라도 잘못된 길을 택할 수 있습니다. 그러면 다윗이 범죄했을 때 다윗을 찾아간 나단 선지자처럼 레위 제사장들이나 종교 지도자들이 사사들의 잘못을 지적하고 그들을 바른길로 인도하면 됩니다. 하나님은 회개하고 돌아오는 사람들을 내쫓는 분이 아니시기 때문입니다. 그러나 사사기를 기록한 역사가들이 고발하는 사사 시대에는 정치, 경제 지도자들이나 신앙의 지도자들이나 너나 할 것 없이 모두가 여호와 하나님을 잃어버렸습니다.

한술 더 떠서 이 타락한 두 집단이 서로 유착해 눈에 보이는 권력과 개인의 경제적인 이득을 위해서 하나님을 도구 삼아 이용하던 시대였습니다. 여호와 하나님을 주인 삼지 않았기 때문에 때로는 이방의 나라로부터 압제를 당하고 심지어 이스라엘 공동체 안에서 다툼과 전쟁까지 벌이던 시대였습니다. 사사기 3장부터 16장까지는 그나마 이스라엘 공동체가 압제하는 외부의 적과 싸우는 내용이 주를 이룹니다. 레위인들의 종교적인 타락을 지적하는 이야기 뒤에는 이 레위인 때문에 이스라엘 공동체 안에서 대규모 내전까지 벌어집니다.

그리고 보면 사사기를 기록한 역사가가 신앙 지도자인 레위인들의 이야기를 사사들의 이야기를 묶어내는 보따리 뒤에 배치해놓은 의도가 있는 것 같습니다. 정치와 군사, 경제 지도자들이 이렇게 타락하게 된 밑바닥에 이스라엘 공동체를 하나로 묶는 여호와 하나님의 신앙의 지도자 레위인들과 제사장들의 타락이 있었다는 것을 고발하려고 합니다. 그래서 사사기 17장부터 사사기를 기록한 역사가가 고발하는 레위 제사장의 이야기는 목회자인 제가 말하기에도 얼굴이 화끈거리는 매우 노골적이고 직설적인 지적입니다.

사사기를 기록한 역사가는 이스라엘의 종교 지도자인 레위인들과 제사장들의 타락상을 다시 한번 '왕이 없었던 시대'라고 말합니다. 그렇습니다. 왕이신 하나님은 그들의 주머니를 채우는 도구가 되어버렸고, 정작 하나님을 이용하는 레위 제사장들이 넘쳐나던 시대였으니까요.

레위인과 그의 첩

에브라임 산지에 한 레위인이 살았습니다. 구체적인 지명은 나와 있지 않습니다. 만약에 에브라임 산지 중에서 에브라임 땅에 속해 살던 레위인이라면 세겜이나 게셀, 깁사임과 벳호론 중에 하나일 것입니다. 그 같은 가정 아래 사사기 19장의 배경이 기브아인 것으로 보아 세겜이나 깁사임에 살던 사람이 아니었을까 추측합니다. 물론 사사기 17-18장을 보면 꼭 그렇게 추측할 필요는 없지만 말입니다.

그런데 그 레위 사람에게 첩이 있었습니다. 아비멜렉 이야기에서 설명한 것처럼 사사기를 기록한 역사가가 '첩'(필레게쉬 פִּילֶגֶשׁ)이라는 단어를 썼을 때에는 합법적으로 결혼한 아내와 대비되는 개념으로 사용한 것입니다(삿 8:31). 그러니 이 레위 사람은 합법적이지 않은 결혼으로 이 여인과 실질적인 부부 관계를 맺었다는 말입니다.

보통 레위인이라고 하면 제일 먼저 떠올리는 것이 제사장 또는 성막이나 성전에서 노래하는 사람일 것입니다. 레위인들은 율법을 어떻게 해석하고 적용해야 하는지 알려주는 율법 교사이기도 했습니다. 율법을 어긴 사람들을 판단하는 재판관이자 율법을 어긴 사람들에게 내린 형벌을 집행하는 집행관이기도 했습니다.

예를 들어, "사람을 죽인 사람은 반드시 사형에 처해야 한다"(레 24:21 새번역)라는 구절에 해당하는 히브리어 원문을 직역하면 이렇습니다. "짐승을 죽인 자는 그것을 물어줘야 한다. 사람을 죽인 자는 죽임을 당해야 한다." 누군가를 죽인 사람들이 받아야 할 형벌로, "죽임을 당해야 한다"라고 수동태를 썼습니다. 그렇다면 누군가 죽이는 역할을 해야 하는데 그 역할을 담당하는 사람이 레위 사람입니다. 율법에 따른 형벌을 집행하는 역할을 했던 것입니다.

다시 정리해보자면, 레위인들은 제의를 드리는 제사장이자 성전에서 하나님을 찬양하는 예배 인도자입니다. 율법과 하나님의 명령에 대한 해박한 학자요 하나님의 법대로 정결하게 이스라엘 백성들이 살아가고 있는지를 판단하는 재판관이자 부정한 자들을 구별해내고 그들에게 합당한 처벌을 하는 엄격한 법 집행자입니다.

그런데 그런 레위 사람에게 첩이 있습니다. 그 엄격한 법 집행자가 "나는 예외!"라고 선언하는 것과 같습니다. 아니면 모두가 그렇게 살기 때문에 레위 사람조차 경각심이 없었을 수도 있습니다. 이스라엘 공동체에게 율법을 지키는 정결한 삶과 하나님의 마음에 합당하게 사는 삶을 가르치고, 그것을 잘 지키는지 매서운 눈으로 지켜봐야 하는 레위 사람이 도리어 가르침과 다른 길로 살아가고 있는 것이 분명합니다.

이 시대가 레위인마저도 자기 정체성을 잃어버리고 살아가던 시대라는 것은 미가의 집에서 벌어진 일들을 통해서 알았지만, 미가의 집에서 일어난 그 엄청난 사건의 원인을 파고들면 아마도 레위인의 가장 개인적인 가정의 삶부터 여호와 하나님의 가르침이 무너져 있었기 때문이 아니었을까요? 백번 양보해서 성경에 "첩을 두지 말라"라는 법률이 특정되어 있지 않다고 하더라도 이 레위인과 그의 첩 사이에 벌어진 일들은 하나님의 법과는 거리가 있었습니다.

이 첩이 남편이 아닌 다른 사람과 행음했습니다. 여기서 행음했다는 말은 그냥 바람이 났다는 말이 아니라 마치 창녀처럼 "몸을 팔았다"(자나 זָנָה)는 말입니다. 율법에는 이럴 때 그 첩과 동침한 남자 모두를 죽이라고 규정해놓았습니다(신 22:22). 그런데 이 여자는 죽음이 두려웠는지 자기의 친정 베들레헴으로 떠났습니다. 그리고 넉 달이나 그곳에서 지내고 있습니다.

남편은 레위인입니다. 이런 법 위반자들에게 그에 합당한 재판과 그 재판 결과를 집행하는 사람입니다. 그런데 앞서 말한 바와 같이 그 법 집행에 자신(레위)은 예외였습니다. 법률이 그렇게 정한 것이 아니라 레위인들이 자기의 범죄에 대해서 스스로 관대했던 것입니다. 남편인 레위 사람이 법에 따라 첩과 함께 행음한 남자, 그리고 자기의 첩에 대해서 율법에 따른 법 집행을 하지 않은 채 오히려 창녀와 같이 몸을 준 여자의 마음을 달래서 데려오려고, 자기의 종과 함께 나귀 두 마리를 끌고 베들레헴으로 갑니다. 이야기의 시작부터 예사롭지 않습니다.

사사기를 기록한 역사가가 고발하는 사사 시대의 레위인들은 단지 권력과 경제적인 이권을 추구하는 탐욕에만 취해 있었던 것이 아니라 자신들이 가르치는 성경의 원칙과 레위인 개인의 삶에 큰 틈이 벌어져 있었습니다. 또 레위인들의 삶에서 가장 최소 단위인 가정부터 문제가 만연해 있었고, 도무지 풀 수 없을 정도로 엉클어져 있었습니다.

레위인의 정략결혼

그렇다면 이 레위인은 왜 합법적이지 않은 결혼 관계로 첩을 들였을까요? 성경에는 그 이유가 나오지 않지만 추측해볼 만한 구절이 있습니다.

"그 첩이 행음하고 남편을 떠나 유다 베들레헴 그의 아버지의 집에 돌아가서 거기서 넉 달 동안을 지내매"(삿 19:2).

"그 사람이 첩과 하인과 더불어 일어나 떠나고자 하매 그의 장인 곧 그 여자의 아버지가 그에게 이르되 보라 이제 날이 저물어 가니 청하건대 이 밤도 유숙하라 보라 해가 기울었느니라 그대는 여기서 유숙하여 그대의 마음을 즐겁게 하고 내일 일찍이 그대의 길을 가서 그대의 집으로 돌아가라 하니"(삿 19:9).

우리말 성경은 레위인의 베들레헴 출신의 첩이 '아버지의 집'으로 돌아갔다고 말합니다. 그리고 레위 사람이 베들레헴에 왔을 때 장인이 사위를 붙잡으면서 내일 '그대의 집'으로 돌아가라고 합니다. 그러나 히브리어 성경은 '그대의 집'(9절)을 벽과 마당이 있는 집이 아니라 염소털과 다른 털들로 엮어 짠 '장막'(오헬 אֹהֶל)이라고 말합니다. 그러니까 레위 사람은 장막에 거하던 사람이고, 그의 첩은 잘 건축된 집에 살던 여자였습니다. 사사기를 기록한 역사가가 이 단어를 확실히 구별해서 대비해놓은 이유가 있습니다. 이 결혼은 가난하지만 종교 권력을 가진 사람과 사회적 지위를 얻고 싶었던 부자와의 정략결혼임을 고발하는 것입니다.

애초부터 사랑 없는 결혼이었습니다. 이해관계에 따라 맺어진 사실혼 관계였습니다. 레위인이 필요했던 것은 장인어른 집안의 경제적인 도움이었을 뿐입니다. 70인역 성경을 번역한 유대교 율법학자들은 정말 그렇게 이해했습니다. 그래서 "그 첩이 행음하고 남편을 떠나"(삿 19:2)라는 구절을 "어떤 이유인지는 모르겠지만 남편을 떠나"라고 번역했습니다. 사사기를 읽는 이들에게 뒤에서 그 이유를 알려주려는 의도입니다. 부요한 집에서 자란 여인이 장막에 거하는 가난한 레위인과 결혼생활을 꾸려나가기가 얼마나 힘이 들었을까요. 도저히 이런 장막에서는 더 이상 못 살겠다는 마음으로 뛰쳐나와서 부요한 아버지의 집으로 돌아왔다는 것입니다. 이 레위인으로 대표되는 종교 지도자들의 세속적이고 한심한 모습은 그 뒤로 계속됩니다.

베들레헴에서 기브아로 : 전통을 잃어가는 이스라엘

레위 사람이 베들레헴으로 첩을 찾아갔을 때 장인이 맞았습니다. 고대 사회 유목민의 전통을 아직도 많은 부분 보존한 사람들을 베두인이라고 부릅니다. 베두인이라는 말은 "사막의 사람들"이라는 뜻의 아랍어입니다. 이들은 자기 집에 찾아온 손님을 3일간 잘 대접하는 전통이 있습니다. 그 사람이 누구든지 간에 말입니다. 잘 알지 못하는 나그네라 할지라도 다시 길을 걸어가는데 도움을 주는 것이 그들이 고대로부터 지켜온 광야의 전통이었습니다. 3일이 지나면 그 장막을 떠나거나 좀 더 머무르려면 그 집안의 일들을 도와야 했는데 사사 시대에도 여전히 그런 전통을 지켜나갔다면 이 장인어른은 이 전통을 지킨 전통의 수호자요, 사위를 정말 극진하게 대접한 사람이라는 것을 알 수 있습니다. 비록 신분상승을 꿈꾸는 부자의 계산된 대접일지라도 말입니다. 이스라엘 공동체가 지켜온 전통에 따라서 3일 동안 사위를 잘 대접했을 뿐 아니라 넷째 날도, 다섯째 날도 심지어는 여섯째 날도 대접하려고 했습니다. 그야말로 최고의 대접입니다. 레위 사람의 장인이 단지 돈이 많아서 이렇게 환대한 것은 아니었을 것입니다. 알다시피 경제적인 여유가 있는 모든 사람이 다 넓은 마음으로 사회적 약자에게 측은한 마음을 가지고 돕는 것은 아니니까요.

레위인은 여섯째 날이 되기 전에 첩과 하인과 더불어 그 집을 떠납니다. 오후 늦게 해가 지기 머지않은 시간에 서둘러 떠난 것으로 봐서 꼭 가야 하는 특별한 일이 있었을 것입니다. 이 또한 성경에는 나오지 않지만 합리적으로 추측해볼 근거가 있습니다. 이 레위인이 집 나간 첩을 찾아올 때가 안식일이 끝난 후 첫째 날이었다면, 여섯째 날 저녁은 안식일이 시작되는 때입니다. 아무리 여호와 하나님을 향한 신앙이 무너졌다고 해도 레위 사람으로 지켜야 할 안식일의 의무는 지켜야 했을 것입니다. 습관적일지라도 말이지요. 그러니 안식일이 시작하기 전에 출발하려는 마음이 있었을지도 모릅니다. 문제는 너무 늦게 출발했다는 것입니다.

베들레헴을 떠나 해질 무렵이 되자 잠잘 곳을 찾아서 가까운 여부스의 성으로 들어가려 했습니다. 여부스 사람의 성은 나중에 다윗이 점령해서 예루살렘으로 이름이 바뀐 곳입니다. 그런데 레위 사람은 여부스 사람의 성읍이 이스라엘 형제들의 성읍이 아닌 이방인의 도시였기 때문에 그곳에서 자려고 하지 않았습니다. 그래서 가까운 기브아나 라마로 가자고 합니다. 예루살렘에서 기브아까지는 걸어서 대략 한 시간, 그리고 라마까지는 대략 두 시간 정도의 거리였으니 조금만 더 가면 되었습니다.

레위 사람이 도착한 기브아는 그의 기대와는 달리 매우 삭막한 곳이었습니다. 기브아의 성읍 광장에 앉아 있었지만, 아무도 이들을 집으로 맞아들여 묵게 하는 사람이 없었습니다. 사사기를 기록한 역사가는 바로 앞의 성대한 대접과 기브아의 삭막함을 대조해서 보여줍니다. 여기에 사사기를 기록한 역사가가 대조를 통해서 말하고 싶은 이스라엘의 세태가 있습니다.

나그네를 환대하는 것은 매우 중요합니다. 성경은 나그네를 환대하는 것에 대해서 단지 사회적인 약자를 도와주는 것 이상의 의미를 부여합니다. 출애굽기에서는 나그네를 압제하지 말라고 명령하고(출 23:9), 신명기에서는 나그네를 사랑하고 지켜주라고 합니다(신 10:19). 왜냐하면 이스라엘 사람들이 과거에 애굽 땅에서 나그네로 살았기 때문입니다. 출애굽기와 신명기에서는 과거 애굽 땅에서 나그네로 살았던 역사를 기억하며, 보호받지 못하는 나그네의 두려움과 환대받지 못하는 나그네의 설움에 공감하고 같은 상황에 처한 이들을 대접하라고 가르칩니다. 이들을 대접하고 환대하면서 역사를 반복해서 기억하라는 것입니다. 이것이 이스라엘 공동체의 정체성입니다. 그런데 사사 시대 이스라엘 공동체에는 이런 환대의 전통이 사라지기 시작했습니다. 역사를 잃어버린 것입니다.

기브아의 한 노인의 집에서 일어난 일

한 노인이 밭에서 일하다 돌아오는 길에 노숙할 처지에 놓인 레위인 부부를 만났습니다. 사사기를 기록한 역사가는 굳이 이 노인의 출신을 이야기합니다. 본래는 에브라임 산지에 살던 사람인데 베냐민 땅 기브아에 살고 있는 사람이라는 것입니다. 유산으로 받은 땅을 떠나 다른 지파의 땅에서 산다는 것은 그럴 수밖에 없는 사정이 있었을 것입니다. 그 사정도 아플 텐데 유산으로 받은 땅을 떠나면 그때부터 나그네입니다. 나그네에게 땅이 있을 리 만무합니다. 이미 그 땅에서 살던 사람들이 땅을 다 차지하고 있으니 말입니다. 이 노인은 아마 기브아 사람의 밭에서 일하다가 해질 무렵 돌아오는 길이었던 것 같습니다. 나그네의 마음은 나그네가 압니다. 기브아 사람들 누구도 이 나그네 부부에게 관심을 두지 않을 때 노인은 이 부부가 눈에 밟혔습니다. 그리고 자기의 집에 들입니다.

그러나 기브아 사람들은 달랐습니다. 방 한 칸 내주지 않던 기브아 사람들이 노인을 찾아왔습니다. 문을 두드리며 그 집에 들어온 레위 사람을 끌어내라고 합니다. 그리고 그와 성관계를 하겠다고 합니다. 만약에 그 노인이 베냐민 지파 땅에서 그래도 한자리하고 그 마을에서 영향력이 있었다면, 감히 불량배들이 와서 문을 두드리며 이런 말을 하지는 못했을 것입니다. 나그네의 삶을 사는 만만한 노인의 집에 기브아의 누구도 보호해주지 않는 나그네들이 있으니 그들을 만만하게 본 것입니다.

그들이 다 역사를 잊었기 때문입니다. 그들도 애굽에서 그런 나그네였습니다. 그 나그네를 여호와 하나님이 가나안으로 인도하신 것입니다. 그런데 가나안에서 좀 살더니 하나님께서 주인 되시고, 그분이 주신 그 땅의 주인 행세를 하고 있습니다. 땅은 하나님의 것인데 말입니다.

"땅을 아주 팔지는 못한다. 땅은 나의 것이다. 너희는 다만 나그네이며, 나에게 와서 사는 임시 거주자일 뿐이다." (레 25:23, 새번역)

알고 보면 이스라엘 공동체는 모두가 그 땅의 나그네입니다. 주인이신 하나님의 땅에 잠시 거주하는, 나의 소유는 없고 잠시 하나님의 땅에 몸을 기대고 있는 나그네입니다. 그러나 이제 이스라엘은 스스로 그 땅의 주인이 되었습니다. 그들이 하나님이 되었고, 그들이 왕이신 하나님의 자리에 올라선 것입니다. 그러니 하나님을 인식할 필요도 없고 자기들이 하고자 하는 대로 살아갑니다. 자기들이 주인이고 자기들이 왕입니다. 그러고는 주변 나라 사람들이 하는 것처럼 성관계를 폭력의 도구로 삼아 약자인 나그네를 학대하려고 합니다. 이것은 정체성의 문제입니다. 여호와 하나님의 공동체라는 정체성이 사라진 시대, 마치 이방인과 다를 바 없이 살아가던 이스라엘 공동체의 모습입니다. 사사기를 기록한 역사가는 역사를 잊은 이스라엘 백성, 그래서 스스로 주인이 되고 왕이 되어 나그네를 학대하는 공동체, 여호와 하나님의 백성이라는 정체성을 잃어버린 이스라엘을 고발하고 있습니다.

사랑 없는 결혼의 종말

레위 사람은 자기 첩을 밖으로 내보내 그 남자들에게 주었습니다. 오늘 장인의 집을 나서면서 그래도 잘 살아보겠다고 형식적으로나마 인사를 했을 것입니다. 고대 사회에서 아무리 여자를 한 집안에 속한 재산으로 여긴다고 해도 한 남자가 자기의 안전을 위해서 아내를 다른 사람에게 넘겨준다는 것은 옳지 않습니다. 그런데 레위 사람에게 이 여인은 이용 가치만 있었을 뿐입니다. 자신의 부족한 경제력을 채워주고 좀 더 윤택하게 살 수 있도록 도움을 주는 이용 가치 말입니다. 한 여자를 그렇게 생각하는 남자라면 자기가 살기 위해서 내 여자를 내어주는 것은 그리 놀랄 일이 아닌 듯

합니다. 이것이 바로 사사 시대 이스라엘의 실상입니다.

사사기를 읽으면서 가장 읽기 곤란하고 최대한 빨리 건너뛰고 싶은 부분이 바로 이 부분입니다. 이 여인은 밤새도록 여러 남자들에게 성폭행을 당하고 그 노인의 집 문 앞에서 쓰러져 죽었습니다. 죽어 있는 것도 모르고 아침에 문을 열고 나와서 "일어나라 우리가 떠나가자"(삿 19:28)라고 말하는 레위인을 머릿속에 그려보면 몸이 부들부들 떨립니다. 그리고 속으로 외칩니다. '너는 그러면 안 되지. 이스라엘이 다 미쳐 돌아가도 이스라엘 공동체에서 가장 정결해야 할 레위 사람이 그러면 안 되지!' 사사기를 기록한 역사가의 마음을 다 알 수는 없지만, 이 부분을 읽는 모든 이들이 그러하듯이 사사기를 기록한 역사가도 울분이 치밀었을 것입니다. 이 울분은 단지 기브아의 불량배만을 향한 것이 아닙니다. 그 레위 사람과 노인도 이 울분으로부터 자유롭지 못합니다.

첩을 조각낸 레위인의 절반의 진실

주검을 만지는 사람은 부정해집니다. 사람을 제외한 생명체의 주검을 만지면 저녁까지 부정하고, 당시 입고 있던 옷도 다 빨아야 합니다(레 11장). 부정한 것이 곧 다 죄라는 것은 아닙니다. 그저 그 사람의 상태가 그렇다는 것입니다. 부모님이 돌아가시면 상을 치르고 매장을 해야 하는데 자연스럽게 시신과 접촉할 수밖에 없습니다. 그러면 정결해질 때까지 기다리고 그 옷을 빨면 되는 일입니다. 물론 제사장들은 다릅니다. 제사장들은 스스로 더럽히지 말아야 합니다. 심지어 가족이 죽었을 때에도 그 시신을 만지지 말아야 합니다(레 21-22장). 사사기 19장에 나오는 레위 사람이 아론의 자손인지는 나와 있지 않으니 너무 지나치게 예단하지는 않겠습니다. 가족이 죽었으니 당연히 그 시체를 나귀에 싣고 해떨어지기 전까지 자기 집으로 돌아가서 장례를 치르면 됩니다. 그리고 그것이 이스라엘 전통에서 가족 된 의무입니다.

그런데 이 레위인은 자기 첩의 시신을 칼로 열두 토막을 내고는 그것을 이스라엘 온 지역으로 보냅니다. 하나님의 형상을 가진 인간의 시신을 훼손하는 것은 상상할 수 없습니다. 이스라엘의 장례 절차와 방식을 보더라도 시신은 온전한 상태로 매장하고 그 뼈는 나중에 추스르는 것이 전통입니다. 그것이 죽은 이에 대한 예의이기도 합니다. 그런데 레위 사람은 자기 첩의 시신을 매우 심각하게 훼손합니다. 자기 분노를 잘못된 방식으로 표출한 것입니다.

이것은 고대 이스라엘 주변 나라에서 전쟁을 소집할 때 사용하던 방식입니다. 메소포타미아식 메시지 전달입니다. 시리아의 마리(Mari)라는 도시 국가의 왕의 왕실 서고에서 발견된 편지에 보면, 지원군이 일부러 늑장을 부리면서 전장에 나타나지 않은 것에 대해서 지원군을 요청한 지휘관이 왕에게 보고하는 내용이 나옵니다. 지휘관은 왕에게 죄를 지어서 옥에 있는 사람 하나를 죽여서 그 머리를 잘라, 오지 않는 지원군의 지휘관에게 보내도록 허락해달라는 내용이 나옵니다. 전쟁에 참여하지 않으면 죽은 이 사람처럼 될 거라는 경고의 메시지인 것입니다.

레위 사람이 고대 서아시아 지역에서 사는 사람들이 사용하는 전쟁 소집의 메시지 전달 방식을 사용하고 있는 것입니다. 레위인 중에 이름을 알 수 없는 아무개가 이런 일을 했다면 아마 다들 관심을 보이지 않았을 수도 있습니다. 그런데 이 메시지를 받고 기브아에서 얼마 떨어지지 않은 미스바에 이스라엘 공동체가 순식간에 모여든 것을 보면, 이 레위인이 레위인 중에서도 서열이 높고 모든 지파가 이름만 대면 아는 제사장이 아니었을까 합니다. 그렇다면 더 문제입니다. 제사장은 가족의 시신조차 만지는 것이 금지된 사람인데 시체를 만지고 훼손까지 했습니다. 제사장이 아니라고 하더라도 여호와 하나님의 백성으로 지켜가야 할 전통의 수호자인 레위인이 그 전통을 버리고 이웃 나라의 관습을 따라 살고 있다는 증거이니 말입니다.

뿐만 아닙니다. 미스바에 모인 이스라엘 공동체에게 이 레위인은 절반의 진실로 선동합니다.

"기브아 사람들이 나를 치러 일어나서 밤에 내가 묵고 있던 집을 에워싸고 나를 죽이려 하고 내 첩을 욕보여 그를 죽게 한지라"(삿 20:5).

첫째, 비록 베냐민 사람들이 나그네를 대접하지 않고 오히려 사회적인 약자를 압제했으며 성경에서 금하는 같은 성(性) 간의 성관계를 요구하는 등 하나님의 백성이 아닌 것처럼 옳지 않은 행동을 한 것은 사실입니다. 그러나 성경에는 레위 사람을 죽이려고 했다는 말은 없습니다. 물론 그 과정에서 레위인 스스로 죽음의 공포를 느꼈을 수는 있겠지만 "내가 묵고 있던 집을 에워싸고 나를 죽이려 했다"라는 말은 대체로 거짓입니다.

둘째, 그들이 레위 사람의 첩을 욕보여 죽게 했다는 말은 사실이지만, 자기 손으로 자기의 첩을 그들에게 내주었다는 말은 하지 않았습니다. 이미 누군가의 아내가 된 사실혼 관계의 여자와 강제로 성관계를 맺는 것은 율법을 심각하게 훼손하는 일입니다. 그러니 율법에 따르면 기브아의 그

마리문서(Letters to the King of Mari)

　　마리 지역은 이라크와 시리아의 국경과 가까운 시리아의 텔-하리리(Tell Hariri)이다. 1933년 프랑스 군인 카반(Cabane)이 이 지역을 조사하다가 유물을 발견하면서 본격적인 발굴이 시작되었다. 첫 발굴부터 많은 조각상들이 출토되었고 두 번째 발굴 때 어깨에 '마리의 왕'이라는 쐐기문자가 새겨진 조각상이 발굴되었다. 이로써 이곳이 앗시리아와 수메르 역사를 연구자들이 이름으로만 알고 있던 고대 도시 왕국 마리의 유적이라는 것이 밝혀졌다.

　　고고학 유적을 통해서 적어도 2500-2350BCE부터 도시 국가를 건설한 것으로 보인다. 2만 개가 넘는 유물이 발견되었다. 이 유적지에서 3천 개가 넘는 문서들이 쏟아져 나왔는데 그중에 마리의 왕 짐리-림(Zimri-Lim)이 엘람의 침공을 받은 바벨론의 함무라비를 돕기 위해서 군사를 파병하고 군대 지휘관들에게 보낸 편지들도 있었다. 그러므로 이 편지들의 연대는 1761BCE의 가을이다.

　　"왕께 말씀드립니다. 당신의 종 바흐디-림(Bahdi-Lim)이 다음과 같이 편지를 보냅니다. 닷새 동안 지원군을 만나기로 약속한 장소에서 기다리고 있습니다. 그러나 군사들이 오지 않습니다. 하나(Hana)의 지원군은 개방된 지형에서 벗어났습니다. 그러나 그들의 진영에 계속 머물러 있기만 합니다. 그들의 진영에 한두 번 전갈을 보내서 소집에 응하라고 했습니다. 그러나 그들은 모이지 않았습니다. (소집 명령을 보낸 지) 사흘이 되었지만 아직도 오지 않습니다. 왕께서 허락하신다면 옥에 있는 범죄자의 머리를 잘라 후트님(Hutnim)과 아판(Appan)과 멀리 떨어진 진영 밖으로 가져가려고 합니다. 그러면 병사들이 두려워서 이곳으로 빨리 모일 것입니다. 왕께서 제게 급히 보내신 전령에 대해서는 분견대에 급히 전하겠습니다." ARM 2,48?

불량배들은 죽어 마땅한 죄를 지은 것입니다. 그러나 여자의 남편이 사주를 했거나 방조한 것 역시 문제입니다. 마치 사실을 이야기하는 것 같지만 레위인은 자신의 문제적 행동은 슬쩍 덮어버렸습니다. 사사기를 기록한 역사가는 레위 사람을 대표하는 이스라엘 공동체의 종교 지도자들이 뼛속 깊이 타락한 것을 이렇듯 노골적으로 지적합니다.

거짓이 만든 전쟁의 비참함

이스라엘 공동체와 베냐민의 전쟁은 이런 마음으로 시작되었습니다.

"우리 여호와 하나님의 집에서 일하는 거룩한 레위 사람이 그의 첩과 함께 기브아로 갔는데, 기브아 사람들이 아무 이유 없이 레위 사람을 죽이려 했다더라. 그리고 그를 죽이지 못하자 그 첩을 죽였다네! 어떻게 우리 공동체에서 이런 일이 있을 수 있는가!"

이스라엘 공동체의 내전은 레위 사람의 절반의 진실, 대체로 거짓말에서 시작된 전쟁입니다. 전쟁의 결과는 전쟁에 참전한 베냐민 사람 4만 5천 명 이상과 베냐민 지파의 온 성읍과 가축의 죽음이었습니다. 베냐민 사람들만 죽은 것이 아닙니다. 이스라엘 공동체의 연합군도 4만 명 이상이 이 전쟁에서 죽거나 다쳤습니다.

여호수아가 이끌던 정복 전쟁의 시대는 가나안의 적들, 공동체 바깥의 적들과의 전쟁이었습니다. 그러나 사사 시대에 이르러서는 외부의 적과의 싸움이 공동체 내부의 전쟁으로 그 양상이 바뀌었습니다. 이런 양상은 이미 기드온의 시대 이후 그 싹이 보였습니다만, 레위인의 첩 사건을 통해서 사사 시대에 뒤로 갈수록 죄의식 없이 이런 전쟁이 벌어진다는 것을 확인했습니다. 이 전쟁에서 사사기를 기록한 역사가는 하나님의 언약 공동체로서 연대(連帶)는 무너졌고 각자가 자기의 이익을 추구하며 때로는 같은 공동체의 다른 지파 사람들을 이용하는 시대를 고발합니다. 그리고 그 과정에서 서로를 죽이는 전쟁마저도 거리낌 없이 일으키는 시대가 되었음을 지적합니다. 이 모든 전쟁이 그 레위인의 입에서 시작되었습니다.

전쟁 전에 기브아에 모인 사람들은 베냐민 지파에 대한 진멸 전쟁을 선포하면서 그들의 후손이 남지 않도록 그들과 결혼조차 시키지 않겠다고 약속합니다. 하나님께서 하라고 하신 것도 아닙니다. 그들이 전쟁을 선포하는 과정에서 하나님을 찾은 적은 한 번도 없었습니다(삿 20:7 참조). 그저 자기들이 전쟁을 결정해놓고 하나님께 통보하는 식이었습니다. 그러다 그들이 하나님께 어느 지파가 앞장서서 올라갈 것인지를 물어보는 장면이 나옵니다. 우리말 성경에는 "여호와께서 말씀하시되 유다가 먼저 갈지니라 하시니라"(삿 20:18)라고 되어 있는데, 뉘앙스를 살려서 이야기하자면 이렇게 말할 수 있을 것 같습니다. "하나님께서 말씀하셨습니다. 내게는 이 전쟁을 할지 하지 말아야 할지, 어떻게 해야 할지를 한 번도 묻지 않더니만, 이제 너희들끼리 전쟁을 다 정해놓고서는 내게 와서 누가 전쟁에 앞장설지를 물어보는 거니? 그래 너희들이 너희들 힘으로 할 수 있다면 유다가 맨 앞에 서서 해봐"라는 정도입니다. 하나님이 계시지 않은 전쟁에서 승리할 리가 만무합니다. 두 번째도 마찬가지였습니다. 세 번째 전쟁을 앞두고서야 비로소 금식도 하고 여호와 하나님께 번제와 화목제를 드리며 하나님을 향해 울부짖으며 찾습니다. 그리고 그제야 하나님께서 승리를 허락하십니다.

사라질 위기에 처한 베냐민 지파와 야베스 길르앗의 주민들

전쟁의 결과 베냐민 사람들 중에서 광야로 급히 도망한 600명을 제외하고는 모두가 죽었습니다. 그제야 이스라엘 공동체 중에 하나가 완전히 사라질 위기에 처했다는 것이 생각났나봅니다. 큰 소리로 울면서 왜 이런 일이 벌어지게 되었는지를 여호와 하나님께 물어봅니다. 물론 이것은 그들의 한탄이지 정말 여호와 하나님께 물어본 것은 아닌 듯합니다. 하나님께 물어보았으면 답을 하셔야 하는데 하나님은 답이 없으셨습니다.

따지고 보면 하나님은 베냐민 지파를 진멸하라고 하신 적이 없습니다. 전쟁에 나가서 승리가 가까워오자 그들의 아드레날린이 그런 말을 하게 만들고 실행에 옮긴 것뿐입니다. 이 전쟁에서 이스라엘 공동체가 의사결정을 하는 과정에서 단 한 번도 하나님께 그 깊은 뜻을 물어본 적이 없었습니다. 그런데 이제 열두 지파 연합으로서의 이스라엘 공동체가 붕괴된다는 근본적인 문제에 다다르게 되자 모든 문제를 하나님께 떠넘겨버리는 것입니다. 이것은 예나 지금이나 크게 다를 바가 없습니다. 하나님을 원망하면서 왜 그러셨느냐고 묻더니 하나님은 아직 대답도 하지 않으셨는데, 다시 이들이 자기들 나름의 방법을 고안해냈습니다.

미스바에 모여 베냐민과의 전쟁을 선포하고 모든 이스라엘 사람들이 모일 때 갓 지파의 가문 중에서 야베스 길르앗의 주민들이 하나도 오지 않았다는 것이 생각난 것입니다. 이스라엘 동맹군은 야베스 길르앗의 사람들 모두를 죽이겠노라고 다짐했습니다. 또 진멸하겠다는 것입니다!(삿 21:11) 앞서도 말했듯이 진멸의 대상은 가나안의 원주민과 그들의 문화와 그들의 모든 삶의 방식입니다. 그리고 전쟁 중에 얻게 되는 전리품에 대한 욕심과 탐욕이 진멸의 대상입니다. 그러나 이스라엘 공동체는 정말 진멸해야 할 것과는 친구를 하고, 같은 이스라엘 공동체를 진멸시키겠다는 엉뚱한 발상을 합니다. 결혼하지 않은 여자만 빼고 말이지요! 그 여자들을 빼앗아서 광야로 도망가서 살아남은 베냐민 사람 600명에게 아내를 삼아주겠다는 것입니다. 그리고 그것을 실행에 옮겼습니다. 이스라엘 공동체가 도미노처럼 무너져가고 있는 것입니다. 이 모든 것이 하나님께 지혜를 구하지 않고, 모든 의사결정에 이스라엘 공동체의 지도자들이라는 사람이 자기들의 머리를 맞댄 묘책이었습니다. 그러나 이 묘책은 결국 패착이었습니다. 한 지파를 살리기 위해서 한 가문을 진멸하는 것이 하나님의 뜻일 리가 없습니다. 그저 강한 다수가 힘없는 소수를 짓밟는 일일 뿐입니다.

그런데도 여자가 부족하다며 한다는 말이 실로에 가서 여인들이 춤을 추러 나올 때, 그 여인들을 붙들어서 그들의 아내로 삼게 하자는 것입니다. 아무나 데려가라는 말인데 이것은 납치를 종용하는 것과 같습니다. 그런데 더 당황스러운 말은 그다음입니다. 납치를 하다가 혹 그 여자의 아버지들이나 형제들에게 발각이 되어 다툼이 생기면 어떻게 해야 하는가에 대한 질문에, 이스라엘 공동체의 지도자들이라는 사람들이 베냐민 사람들에게 대답할 말을 가르쳐준다는 것이 이렇습니다.

"우리가 그들에게 '전쟁에서 여자를 잡아다가 아내로 삼듯 여자들을 빼앗아온 것이 아니니, 딸들을 그들의 아내로 삼도록 하여주시오 또 당신들이 딸들을 그들에게 준 것이 아니니, 당신들이 맹세한 것을 스스로 깨뜨린 것도 아니오' 하고 답변해주겠소." (삿 21:22 새번역)

그들의 딸들을 아내로 삼게 해주면 우리(이스라엘 공동체의 지도자들)도

실로의 사람들에게 자신들이 맹세한 것을 스스로 깨뜨린 것이 아니라고 답변해준다는 것입니다. 여자의 의사와 관계없이 결혼하는 경우가 있기는 했습니다. 이런 강제적인 경우일지라도 율법은 그 여인과 여인의 집안에 금전적으로 배상해야 한다고 밝힙니다(신 22:28,29). 그런데 이 모든 것을 어기고 여인들을 납치해가는 것을 이스라엘 지파 공동체의 지도자들이 공식적으로 묵인해주겠다는 것입니다. 그리고 실로 사람들에게는 자기들이 명분을 만들어서 조용히 시키겠다는 것입니다.

도대체 무엇이 이들을 이런 괴물로 만들어버렸을까요? 사사기를 기록한 역사가는 그들에게 여호와 하나님이 계시지 않았기 때문이라고 진단했습니다. 이스라엘 지파 공동체의 지도자들이나 의사결정의 최고 책임자인 사사나 종교 제의의 지도자인 레위인 그리고 레위 제사장이나 모두가 하나님을 잃어버린 시대입니다. 또 하나님을 잃어버리기만 한 것이 아니라 왕이신 여호와 하나님을 오히려 자기들의 종으로 삼아서 기득권과 정치, 경제, 권력을 잡기 위한 수단으로 사용하고 자기들이 스스로 하나님이 되고 왕이 되어서 자기들의 눈에 보기에 좋을 대로 행하던 시대가 바로 사사 시대라는 것입니다. 사사기를 기록한 역사가가 진단한 사사 시대 이스라엘 공동체의 현실입니다.

그래서일까요? 사사기의 결론이 매우 당황스럽습니다. '이것이 정말 끝인가?' 하는 생각마저 들게 합니다. 대부분의 설교자들은 이런 사사들의 악행을 이야기하면서도 맨 마지막에는 듣는 이들에게 희망을 주기 위해서 좋은 이야기로 끝맺음을 하려고 합니다. 그런데 사사기를 기록한 역사가는 다릅니다.

"그때에는 이스라엘에 왕이 없었으므로, 사람들은 저마다 자기의 뜻에 맞는 대로 하였다." (삿 21:25 새번역)

사사기를 기록한 역사가는 어설픈 문학가처럼 억지로라도 이런 시대 속에서 희망을 찾으라고 교훈적인 메시지를 집어넣지 않았습니다. 그리고 이스라엘 공동체가 회복될 것이라는 어떤 희망의 소식도 주지 않습니다. 기대 같아서는 이렇게 너희들이 잘못하더라도 하나님이 누군가를 보내주셔서 너희들을 회복시키겠고, 너희가 결국 내 백성이 될 것이라는 말이 나올 법도 한데 사사기는 그렇지 않습니다. 사사기에서 소개하는 사사들의 이야기가 거듭될수록 계속 어두워지고 내리막을 향해 달려가고 마음은 점점 더 불편해집니다. 결론적으로 사사기의 끝맺음은 최악 중의 최악입니다.

"정치 지도자, 군사 지도자, 경제력을 가지고 이스라엘 경제를 쥐락펴락하는 이들이 타락했어. 그런데 너희 신앙의 지도자라고 하는 레위인 제사장들도 마찬가지야. 아니, 그 레위 사람들이라는 이들이 더해. 결국 이 모든 문제의 시작도 종교 지도자들이고, 그렇게 하나님을 떠난 종교 지도자들이 묵인한 세상의 부정함이 결국 이렇게 만든 거야. 그냥 너희들은 하나님 없는 백성, 왕이 없는 공동체일 뿐이지."

사사기의 역사가는 이렇게 사사 시대의 역사를 고발하며 어떤 희망도, 어떤 회개도 요청하지 않고 이 책을 끝맺습니다.

사사기를 기록한 역사가

"그러면 누가 예부터 전해 내려오던 사사들의 이야기를 하나의 역사책

형식으로 모았던가?"라는 질문을 할 수밖에 없습니다. 도대체 누가 이렇게 사사들의 시대를 신랄하게 비판했을까요? 모두가 온전히 동의하는 것은 아니지만, 사사기를 연구하는 대부분의 연구자들은 사사기라는 역사의 형식을 띠고 있는 예언서를, 현재 우리가 보고 있는 형태로 묶은 이를 '신명기적인 신학을 가진 역사가'(Deuternomist)라고 부릅니다. 이 신명기적인 신학을 가진 역사가는 '예언자적인 전통을 가진 사람'이라고 말하는 사람(니콜슨, Nicholson)이 있고, '지혜 문학에 능통한 제사장 계열의 서기관 공동체의 하나일 것'이라고 추측하는 사람(바인펠트, Weinfeld)도 있습니다. 그리고 마지막으로 '레위 제사장 계열의 사람들일 것'이라는 주장(폰 라드, Von Rad)도 있습니다. 통합적으로 본다면, 예언자적 신학을 가지고 부패한 사회를 꿰뚫어 보며 하나님의 지혜를 가지고 있었던 레위 제사장(들)이라고 말할 수 있습니다. 그렇다면 이 사사기는 더욱 가치가 있습니다. 왜냐하면 사사기를 레위 제사장들의 자기반성으로 읽을 수 있기 때문입니다.

사사기는 과거에 일어난 사건에 대해서 단순하게 기록한 역사의 나열이 아닙니다. 왜 이스라엘 공동체가 분열하게 되었고, 정치, 군사, 종교 지도자로부터 이스라엘 공동체 모두가 하나님으로부터 떠나게 되었는가. 어떻게 하나님이 주신 유업을 잃어버렸고, 왜 하나님의 역사와 율법을 잊게 되었는가를 이해하기 위해서 과거의 기억들과 기록들을 모은 것입니다. 마치 임진왜란의 반성문이라 불리는 징비록(懲毖錄)처럼 말입니다. 이 기록에서 하나님의 역사를 잊고 가나안 사람과 그 주변 나라 사람들처럼 스스로 하나님이 되어서 왕의 자리에 올라 자기의 눈에 좋아 보이는 대로 살아가려던 이스라엘 공동체를 책망합니다. 그리고 그들을 바른길로 인도하기는커

녕 오히려 그 길에 앞장서서 이스라엘 공동체를 그릇된 길로 인도하던 '그(들)'은 곧 '나'입니다. 과거 선조들의 이야기이지만 그 이야기가 곧 나의 이야기이고, 그 시대가 지금 바로 내가 살고 있는 시대이기도 합니다. 레위 제사장들은 과거 선조들의 역사 속에서 여전히 자신들과 같은 종교 지도자들이 직무 유기를 했고, 그들의 나태함과 타락이 하나님의 공동체를 흔들었고, 그 공동체를 무너뜨리는 데 결정적인 역할을 한 책임자라는 사실을 숨기지 않습니다. 그리고 지금 자신도 여전히 그 길을 똑같이 걸어가고 있으며 답습하고 있을지도 모른다는 것을 부인하지 않습니다. 하나님의 공동체가 겪고 있는 비극의 원인을 과거의 그들로 돌리는 것은 사사기를 기록한 역사가가 의도하는 바가 아닙니다.

신명기적인 신학을 가진 역사가가 사사기를 기록하던 시대를 대략 페르시아 시대 즈음으로 보고 있습니다. 그리고 구체적으로 고레스 칙령 이후 유다 땅으로 돌아온 이들이 무너진 성전을 다시 세우고, 새로운 하나님의 왕국을 이루는 신앙적인 기초를 닦으려 했던 시대라고 말합니다. 새롭게 세워야 할 성전과 나라는 과거와 같지 않아야 했습니다. 그러기 위해서는 역사를 알아야 했습니다. 사사기를 기록한 역사가는 과거를 되짚으며 이 비극을 레위인 제사장인 자신의 조상 탓으로 돌리지 않습니다. '지금의 나'가 이 비극의 원인 제공자이며, 하나님의 공동체를 허물고 있으며, 여호와 하나님으로부터 떠나는 일에 앞장서고 있다는 것을 스스로 고백하고 있는 것입니다. 그렇기 때문에 역사는 과거이자 현재입니다.

종교 지도자인 레위 제사장들의 씻을 수 없는 부끄러운 과거를 고발하는 것만이 사사기를 기록한 역사가의 의무는 아니었습니다. 왜냐하면 지금 나의 처지도 내 선조와 다를 바가 없기 때문입니다. 유다 멸망의 비극 속에서 간신히 살아남은 조그마한 공동체 안에서 권력을 잡기 위한 다툼이 성행합니다. 그 안에서도 주도권을 잡으려는 암투가 벌어지는 현실의 한복판에 지금의 '나'가 서 있습니다. 과거로부터 가나안 땅 한구석에서 밭을 갈고 있는 농부나 광야 한가운데서 양을 치는 목동의 잘못으로 나라가 위태로워졌던 적은 없었습니다. 늘 정치, 경제, 군사, 종교 권력의 중심에 있으면서 여호와 하나님의 종으로 살아가지 않고 스스로 왕이 되려고 싸우는 이들 때문에 나라는 흔들렸고, 신앙은 무너졌고, 하나님의 공동체의 삶은 피폐해졌습니다. 그리고 지금도 마찬가지입니다.

자신들의 선조인 레위 제사장들은 사사 시대에 이스라엘 공동체가 역사의 내리막길에서 바닥을 향해 가속도를 붙이면서 내려갈 때 하나님의 법과 말씀, 그리고 온전한 신앙으로 그 역사를 멈춰 세우지 못했습니다. 오히려 그들의 수레에 올라타 함께 내달렸습니다. 아니 더 빨리 달리라고 채찍질했습니다. 지금의 나도 선조들과 마찬가지로 이 역사의 내리막길에 멈춤 없이 달리는 수레를 더 힘차게 밀고 나가면서 낭떠러지로 떨어질 수레 안에서 권력을 잡아보겠다고 아등바등하고 있습니다. 이제 과거 선조들의 모습 속에서 지금의 나를 보았기 때문에 내일을 바꾸어야 합니다. 이대로 가다가는 지금의 나와 나의 공동체가 맞이할 운명이 너무나 자명하기 때문입니다. 그러므로 하나님께서 주신 눈으로 '과거의 나'의 역사를 바라보고 '지금의 나'의 모습을 끊임없이 고쳐가면서 '내일의 나'의 운명을 바꿔야 합니다. 그렇기 때문에 역사는 현재이자 미래입니다.

나의 과거를 하나님의 눈으로 냉철하게 바라보고 나의 현재를 하나님의 눈으로 직시하면서 나의 미래를 하나님과 함께 계획하는 것이 사사기를 기록한 역사가인 레위 제사장들이 역사를 마주하는 시각이었습니다. 과거에 선조들이 걸었던 길의 결과로 그들이 맞이한 미래가 오늘입니다. 오늘이 불행하다면 그리고 내일을 바꾸고 싶다면 내가 해야 할 일은 분명합니다. 그들처럼 살지 않는 것입니다. 그것이 미래를 바꾸는 유일한 방법입니다. 그래서 이 역사의 기록을 통해서 외칩니다. "하나님의 눈으로 세상을 바라보라! 하나님이 우리의 왕 되심을 잊지 말라! 그렇지 않으면 우리 선조들이 걸었던 그 비극의 역사, 지금 경험하고 있는 비참한 현실, 그보다 더 깊은 낭떠러지 아래로 떨어지리라." 이런 의미에서 역사는 곧 예언입니다.

PART 5

샤사 시대에 주는 해답

14

회복과 희망의 이야기

룻 1-4

가속도가 붙어서 도무지 브레이크가 잡힐 것 같지 않은 내리막길의 역사가 사사기의 역사입니다. 그렇다면 사사 시대는 전혀 희망이 없는 것일까요? 이 암흑의 터널을 어떻게 빠져나올 수 있을까요? 이 질문에 답을 해주는 성경이 룻기입니다.

룻기는 "사사들이 치리하던 때에"(룻 1:1)로 시작합니다. 첫 문장에서 사사기와 룻기가 하나의 시대를 배경으로 한다는 것을 알 수 있습니다. 따라서 룻기를 사사기와 함께 읽을 때 룻기의 메시지를 더욱 분명하게 알 수 있습니다. 룻기를 이해하는 여러 방법이 있지만 여기서는 중세 랍비들의 룻기 해석을 소개하고자 합니다. 중세 랍비들은 등장인물의 이름을 중심으로 룻기를 해석했습니다.

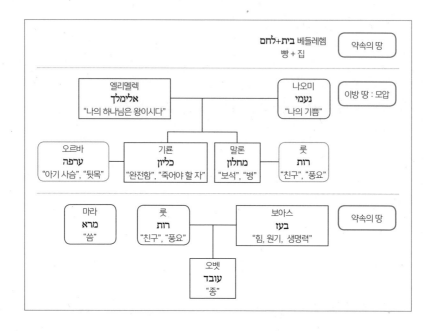

이름으로 보는 엘리멜렉의 집

사사들의 시대에 베들레헴에서 있었던 일입니다. 베들레헴은 "집"이라는 뜻의 히브리어 '바이트'(בַּיִת)와 "빵"이라는 뜻을 가진 히브리어 '레헴'(לֶחֶם)을 결합해서 만든 동네 이름입니다. 하나님께서 유다 지파 사람들에게 주신 유산이며, 여호와 하나님의 신앙 위에서 든든하게 선 가문(바이트)을 허락하신 땅이고, 그들에게 때에 따라 먹을 것을 주시는 생명의 양식(레헴)이 허락된 땅입니다. 그 땅에 하나님을 왕으로 섬기는 가정이 살고 있었습니다. 남자의 이름은 엘리멜렉(אֱלִימֶלֶךְ)입니다. "나의 하나님은 왕이시다"라는 이름을 가진 사람입니다. 오직 여호와 하나님만을 왕으로 삼고 그를 섬기는 가정은 얼마나 행복하고 기쁨이 넘칠까요? 그래서인지 엘리멜렉의 아내 이름은 나오미(노오미 נָעֳמִי "나의 기쁨")였습니다. 하나님께서는 그 가정에 말론(마흘론 מַחְלוֹן "보석")과 기론(킬욘 כִּלְיוֹן "완전함")이라는 아들도 선물로 주셨습니다. 하나님을 주인 삼고 그를 왕으로 섬기던 땅 유다의 베들레헴은 엘리멜렉과 나오미의 가정을 보석같이 빛나는 완전한 가문으로 세워주신 곳입니다.

그런데 베들레헴에 기근이 들었습니다. 레헴(빵)에 문제가 생긴 것입니다. 하나님께서 허락하신 땅에도 기근은 있습니다. 아브라함이 하나님께서 약속하신 땅 가나안에 도착해서 가뭄을 만난 것처럼 말입니다. 신앙생활을 시작했다고 해서 우리의 인생이 꽃길만 걷는 것은 아닙니다. 그 길을 걷다가 어려움을 만나고 그 속에서 힘이 들 수도 있습니다. 다만 신앙을 가진 사람과 아닌 사람은 고난을 대하는 자세가 다를 뿐입니다. 여호와 하나님의 약속과 소명을 붙잡고 사는 사람들은 아무리 기근이 있더라도 그 땅을 지켜야 합니다. 그 땅이 하나님이 주신 유산이기 때문입니다.

그러나 엘리멜렉은 그런 사람이 아니었나봅니다. 레헴의 문제가 생기자 곧 하나님께서 주신 땅을 떠나 모압으로 이주해갔습니다. 여호와 하나님을 왕으로 섬기는 가정이라지만 레헴의 문제가 생기자마자 하나님께서 주신 약속과 소명의 땅, 하나님의 유업을 미련 없이 포기해버렸기 때문입니다. 사사 시대에 땅은 단지 소유하는 재산의 의미 이상입니다. 땅은 그 자체로 하나님의 약속이고, 그들이 하나님으로부터 받은 소명의 열매입니다. 지금 약속과 소명과 그 열매들도 먹는 문제 앞에서 모두 팽개쳐버린 것입니다. 그리고 하나님이 주신 땅이 아닌 이방 땅 모압으로 이주했습니다. 하나님이 주인 되신 땅에서 이방 땅으로 옮겨간 것입니다. 이것은 하나님이 그들의 삶의 주인이라는 고백을 포기한 것과 마찬가지입니다.

"나의 하나님은 왕이시다"라는 이름이 무색하게 더 이상 하나님이 주인 되시지 않는 그 가정의 모압살이가 행복할 리는 없습니다. 엘리멜렉은 그렇게 이방 땅에서 죽었습니다. 그리고 두 아들도 마찬가지였습니다. '말론'이라는 이름은 "보석"이라는 뜻이지만 이 단어의 또 다른 어근을 따라가 보면 "병"이라는 의미도 있습니다. '기룐'이라는 이름은 "완전함"이라는 뜻이지만 또 다른 어근을 따라 들어가면 "죽어야 할 사람"이라는 의미도 가지고 있습니다. 하나님을 왕으로 모시고 주인 되신 그분을 섬기지 않고 엘리멜렉 자신이 주인이 되어서 여호와 하나님께서 주신 약속과 소명의 땅을 버리고 먹을거리가 풍부해 눈에 좋아 보였던 이방인의 땅 모압을 선택한 엘리멜렉과 그 아들들은 그곳에서 그렇게 죽어야 했습니다. 약속을 잊어버리고 소명을 저버린 이들의 운명이었습니다.

엘리멜렉의 아들 둘은 모압 땅에서 죽기 전에 그 땅의 여자들과 결혼을 했습니다. 사사기를 통해서 자주 보았듯이 평범한 이스라엘 백성부터 사사에 이르기까지 이방 사람들과 결혼하는 것을 숨기지 않고, 스스럼없이 율법을 거스르던 시대를 그대로 반영하고 있는 것입니다. 이미 하나님의 약속과 소명을 버린 사사 시대 그리고 그 시대를 살아가는 엘리멜렉의 가정에는 기대할 것이 없습니다. 그리 놀랍지도 않습니다.

죽은 아들들의 아내들의 이름은 오르바(오르파 עָרְפָּה "사슴")와 룻(룻 רות "친구")입니다. 이 부부들 사이에는 자녀가 없었습니다. 레헴의 문제를 해결해보겠노라고, 내 힘으로 먹고살아보겠노라고 하나님이 주인인 땅을 떠나서 모압으로 왔습니다. 그러나 스스로 왕이 되어서 자기 눈에 보기에 좋은 대로 모압을 선택한 엘리멜렉의 가문(바이트)은 그렇게 끊어질 위험에 처한 것입니다. 사실 그 아들들이 죽기 전에 자녀를 낳았다고 하더라도 그 아이들은 율법에 의하면 하나님의 공동체 이스라엘에 속할 수 없었습니다. 그러니 그 가문은 이미 끊어진 것과 다를 바 없습니다.

엘리멜렉의 집에는 시어머니 나오미 그리고 두 며느리 오르바와 룻, 이렇게 과부가 된 여자 셋만 남았습니다. 가뭄이 들거나 기근이 와도 하나님이 주신 땅을 떠나지 말아야 했습니다. 그 땅을 버리고 모압 땅으로 왔지만 뾰족한 수가 없었습니다. 밖에서 보는 모압과 실제로 그 땅에서 사는 것은 하늘과 땅 차이였습니다. 모압에는 엘리멜렉의 땅도 없습니다. 나그네가 된 것입니다. 베들레헴을 떠나올 때 이주 비용으로 재산을 좀 챙겨왔을지 모르겠지만 이제는 남은 것이 하나도 없습니다. 빈털터리 나그네의 인생은 고대 사회에서 사회적으로 사형 선고나 다를 바 없습니다. 뿐만 아니라 이방인들의 사회에서 내 가족을 지켜줄 남자가 없다는 것은 치명적이었습니다. 그래서 나오미는 결단을 내립니다.

"다시 베들레헴으로 돌아가자!"

그런데 시어머니 나오미는 이방 땅에서 과부로 살아간다는 것이 얼마나 힘들고 어려운 일인지 경험했습니다. 두려움과 차별 그리고 고통을 며느리들에게 물려줘서는 안 되겠다 싶었던 것 같습니다. 베들레헴이 나오미에게는 고향이지만 오르바와 룻에게는 이방의 땅일 뿐이니 나그네 신세를 면해보자고 두 며느리를 나그네로 만들 수는 없는 노릇이었습니다. 그래서 그 두 며느리에게 아버지의 집으로 돌아가라고 말합니다.

"너희는 제각기 친정으로 돌아가거라. 너희가, 죽은 너희의 남편들과 나를 한결같이 사랑하여주었으니, 주님께서도 너희에게 그렇게 해주시기를 빈다. 너희가 각각 새 남편을 만나 행복한 가정을 이루도록, 주님께서 돌보아 주시기를 바란다." (룻 1:8,9 새번역)

　고대 이스라엘과 그 주변 지역 사회의 관습에는 결혼을 할 때 남자가 죽고 여자가 홀로 남겨질 때를 대비해서 아내 될 여자에게 돈을 주는 풍습이 있었습니다. 오르바와 룻은 그때를 대비한 여유 자금이 있었을지도 모릅니다. 또 결혼은 했지만 아직 아이가 없었기 때문에 쉽지는 않겠지만 다시 결혼할 수 있는 기회도 있습니다. 나오미는 며느리들에게 좋은 것을 선택하라고 말해준 것입니다. 그런데 두 며느리들이 큰 소리로 울면서 나오미를 따라 나서겠다고 합니다.

고엘(구원자)이 없다

　나오미는 계속 자신을 따라가겠다며 매달리는 며느리들에게 다시 말합니다.

　"돌아가다오, 내 딸들아. 어찌하여 나와 함께 가려고 하느냐? 아직, 내 뱃속에 아들들이 들어 있어서, 그것들이 너희 남편이라도 될 수 있다는 말이냐? 돌아가다오, 내 딸들아. 제발 돌아가거라. 재혼을 하기에는, 내가 너무 늙었다. 설령, 나에게 어떤 희망이 있다거나, 오늘밤 내가 남편을 맞아들여 아들들을 낳게 된다거나 하더라도, 너희가, 그것들이 클 때까지 기다릴 셈이냐? 그때까지 재혼도 하지 않고, 홀로들 지내겠다는 말이냐? 아서라, 내 딸들아. 너희들 처지를 생각하니, 내 마음이 너무나 괴롭구나. 주님께서 손으로 나를 치신 것이 분명하다." (룻 1:11-13 새번역)

이 구절을 이해하려면 흔히 '고엘'(구원자)이라고 부르는 이스라엘의 법을 알아야 합니다. 신명기 25장 5-10절에는 죽은 형제에 관한 의무 규정이 있습니다. 형제들이 함께 살다가 형제 중의 하나가 아들 없이 죽었을 때, 남편의 형제 한 사람이 그 여자를 아내로 맞아 그의 남편의 형제 된 의무를 다해야 합니다. 그리고 형제의 아내로부터 아들을 얻게 되면 그 첫 아들은 죽은 형제의 이름을 이어받게 하고 그 가정의 대를 이어야 합니다. 만약 남편의 형제가 그 의무를 다하지 않는다면 그 성읍의 어른들이 그 형제를 불러다가 신을 벗기고 얼굴에 침을 뱉으면서 그를 치욕스럽게 하고 '신 벗긴 자의 집안'이라고 그와 그 집안을 조롱합니다. 그리고 그 공동체에서 그런 조롱거리로 전락하게 되는 것입니다.

나오미는 이 법률을 알고 있었습니다. 그러나 이 법률을 따르려고 해도 며느리들을 거둬줄 남은 아들이 없었습니다. 그리고 현실적으로 이 법을 지키기 위해서 나오미가 아들을 생산할 수 있는 신체적 여건이 되지도 않습니다. 나오미는 이 현실을 지적하면서 더 이상 사랑하는 두 며느리에게 해줄 수 있는 것이 아무것도 없다고 말해주었습니다.

두 며느리는 나오미와 함께 다시 한번 큰 소리로 웁니다. 그리고 오르바는 시어머니인 나오미에게 작별 인사를 합니다. 오르바라는 이름은 일종의 언어유희입니다. 히브리어 이름 '오르파'(עָרְפָּה)에서 알파벳 레쉬(ר)와 페(פ)를 서로 바꾸면 '오프라'(עָפְרָה)라고 읽게 되는데, 오프라는 "어린 사슴"이라는 뜻입니다. 그러나 알파벳 두 개의 순서를 바꿔서 '오르파'라고 읽으면 사람의 "목덜미"라는 뜻이 됩니다. 오르바는 나오미에게 인사를 하고 뒤돌아서서 시어머니에게 뒤쪽 목덜미를 보였습니다. 그렇다고 오르바를 비난할 필요는 없습니다. 이미 해야 할 도리를 다했고 나오미가 간곡하게 요청한 것이니 말입니다. 그러나 룻은 오르바와 다른 선택을 했습니다. 돌아간 오르바를 보면서도 나오미를 떠나지 않았습니다. 그러고는 오르바처럼 자기 곁에서 떠나라는 나오미의 권고에 이렇게 고백합니다.

"나더러, 어머님 곁을 떠나라거나, 어머님을 뒤따르지 말고 돌아가라고는 강요하지 마십시오. 어머님이 가시는 곳에 나도 가고, 어머님이 머무르시는 곳에 나도 머무르겠습니다. 어머님의 겨레가 내 겨레이고, 어머님의 하나님이 내 하나님입니다. 어머님이 숨을 거두시는 곳에서 나도 죽고, 그곳에 나도 묻히겠습니다. 죽음이 어머님과 나를 떼어놓기 전에 내가 어머님을 떠난다면, 주님께서 나에게 벌을 내리시고 또 더 내리신다 하여도 달게 받겠습니다." (룻 1:16,17 새번역)

성경에서 처음으로 나오는 개종(改宗) 사건입니다. 이방인이 자기 입으로 여호와 하나님을 자신의 하나님으로 섬기겠다는 성경 최초의 신앙고백을 룻이 한 것입니다. 나오미를 떠나는 대신 그와 영원한 "친구"('룻'의 뜻)가 되겠노라고 선언한 것입니다.

베들레헴으로 돌아온 나오미

나오미가 베들레헴으로 돌아왔습니다. 온 마을이 떠들썩했습니다. 떠났던 나오미가 돌아왔는데 남편 엘리멜렉과 두 아들도 없이 처음 보는 모압인 며느리와 함께 왔으니 다들 놀랐을 것이 분명합니다. 몸과 마음이 새까맣게 타들어간 나오미를 보면서 "이게 정말 나오미인가?"라고 사람들이 말할 때 나오미가 대답합니다.

"나를 나오미라고 부르지들 마십시오. 전능하신 분께서 나를 몹시도 괴롭게 하셨으니, 이제는 나를 마라(מָרָא "쓰다")라고 부르십시오. 좀 더 좋은 땅을 찾아 하나님께서 주신 땅을 떠날 때는 그래도 내 수중에 무언가 있었는데, 전능하신 하나님께서는 내 수중에 아무것도 없게 하셨습니다." (룻 1:20,21 저자 사역)

"보다 좋은 것을 찾아서 하나님을 떠났으나 결국 내가 선택한 곳에서 아무것도 찾지 못했습니다. 오히려 가진 것마저도 모두 잃어버렸습니다." 달콤하고 기쁨이 넘쳤던 '나오미'의 인생이 그 어떤 약보다도 쓴 '마라'의 인생으로 바뀌었다는 고백입니다. 그래도 나오미의 고백이 감사한 것은 이 모든 것을 하나님이 하셨다는 사실을 뒤늦게라도 깨달았다는 것입니다.

나오미와 룻이 모압에서 돌아왔을 때는 보리를 거두기 시작할 무렵이었습니다. 시어머니를 모시고 살아야 하는 룻은 보아스의 밭에 나가서 곡식 거두는 일꾼들을 따라다니면서 이삭을 주웠습니다. 일꾼들의 뒤를 따라다니면서 곡식단 사이에 떨어진 이삭을 줍는 것은 이스라엘의 전통이었습니다. 레위기에서는 밭을 가진 이들이 가난한 사람들을 위해서 해야 할 의무를 규정하고 있습니다. 곡식을 거둘 때 밭모퉁이까지 다 거두지 말아야 하고, 혹 곡식을 거두다가 이삭을 떨어뜨려도 다시 줍지 않는 것입니다. 과실도 마찬가지입니다. 가난한 사람들과 나그네들을 위해서 열매를 따더라도 다 따면 안 되고 혹시 따다가 떨어뜨린 열매가 있어도 주울 수는 없습니다(레 19:9,10 참조).

마침 룻이 일하던 밭은 엘리멜렉 집안과 관계가 있는 보아스의 밭이었습니다. 그러니 보아스는 룻에 대해서 더 많은 호의를 베풉니다. 보아스는 이미 베들레헴 사람들로부터 룻에 대한 이야기를 들었을 것입니다. 룻이 부모와 태어난 땅을 떠나서 시어머니를 따라 알지 못하는 땅 유다의 베들레헴으로 왔다는 사실과 모압을 떠나 이제 여호와 하나님의 백성으로 살겠노라고 다짐한 신앙의 맹세까지도 알고 있었습니다.

그래서 룻에게는 자기 밭에서 일하는 여자들의 뒤를 따라다니면서 이삭을 줍고 다른 밭에는 가지 않을 만큼의 이삭을 줍도록 해주었습니다. 그리고 일부러 젊은 남자 일꾼들에게 룻이 거둬놓은 곡식단 사이에서도 줍도록 배려해주라고 말했습니다. 심지어는 곡식단에서 조금씩 이삭을 뽑아서 일부러 흘려주라고까지 합니다. 밭에서 일하는 남자들이 남편 없는 젊은 여자에게 혹시나 추파를 던지고 불편하게 할까봐 젊은 남자 일꾼들에게는 특별히 조심하라고 주의도 주었습니다. 일하면서 물도 눈치 보지 말고 일꾼들의 물단지에서 마음껏 마시라고 허락해주었고, 끼니때가 되면 보아스와 그 일꾼들과 함께 빵과 볶은 곡식을 먹고, 남은 것은 나오미와 먹으라고 챙겨주기까지 했습니다. 베들레헴("집", "가문"이라는 뜻의 '바이트'와 "빵"이라는 뜻의 '레헴'이 합쳐진 말)에서 이제 빵의 문제, 먹는 문제가 해결된 것입니다.

룻의 고엘, 보아스

베들레헴에서 먹는 문제가 해결되기는 했지만, 아직까지 '바이트'(가문)의 문제가 해결된 것은 아닙니다. 베들레헴으로 돌아왔지만 온전한 베들레헴을 회복한 것은 아니라는 뜻입니다. 여호와 하나님의 율법 위에 바로 세워진 가문의 문제, 그리고 하나님의 율법에 근거해서 이스라엘 공동체가 서로를 돌보는 공동체가 되는 문제는 이스라엘 공동체가 잊고 살았던 고엘의 전통을 되찾아야만 가능했습니다.

사사 시대에 이스라엘 공동체는 지파 공동체 사이에 도움의 의무를 다하지 않은 채 나뉘고 상대의 고난을 방관했습니다. 전쟁에 나가서도 여전히 전리품에만 관심을 둘 뿐 모세와 여호수아를 통해서 몇 번이나 다짐했던 지파 사이의 연대의식도 잊었습니다. 서로에게 구원자(고엘)가 되어줄 공동체의 약속과 의무가 사라진 시대가 사사들이 활동하던 시대입니다.

이 시대를 에둘러 보여주는 이야기가 있습니다. 도움을 받아야 살 수 있는 이스라엘 공동체의 고엘은 가까운 순서대로 지정됩니다. 제일 가까이는 가족 중의 형제(신 25장)가 되겠고, 형제가 없을 때는 그 가족이 속해 있는 가문으로 그 범위를 넓혀서 누가 가까운지를 따지게 됩니다. 따져보니 보아스는 두 번째로 가까운 사이였고, 보아스 이전에 룻의 고엘이 될 자격을 가진 사람이 있었습니다. 보아스가 성문 앞으로 그 사람을 불러냅니다. 그리고 성읍의 원로 열 사람을 불러놓고서는 룻에게 고엘의 의무를 져야 할 그 사람에게 엘리멜렉의 집안과 가장 가까운 집안으로서 그 집안에 대한 고엘의 의무를 다할 사람이 바로 '그'라는 것을 알려주고, 그 의무를 다하겠느냐고 물어봅니다. 그가 지켜야 할 의무는 엘리멜렉의 소유로 되어 있는 밭을 사서 나오미에게 그 돈을 지불하고, 아들 없이 홀로된 나오미의 며느리인 룻과 결혼해서 아들을 낳아주어야 하며, 그 사람과 룻 사이에서 태어난 아들이 어른으로서 사회에서 인정받을 때까지 후견인으로 돌봐주어야 한다는 것입니다.

그런데 그 사람은 그럴 마음이 전혀 없었습니다. 계산기를 두드려보면 전적으로 손해 보는 장사입니다. 결혼을 해서 엘리멜렉의 재산을 가져오는 것도 아닙니다. 돈을 지불하고 엘리멜렉의 밭을 산다지만, 그 사들인 땅은 희년이 되면 다시 돌려주어야 하는 엘리멜렉 집안의 유산입니다. 오히려 아들이 태어나면 성장해서 어른이 될 때까지 이것저것 뒤치다꺼리를 해주어야 하니 힘은 힘대로 쓰고 돈도 낭비하는 셈이라고 생각한 것입니다. 그는 포기했습니다. 가장 현실적인 계산 때문입니다. 그래서 자기의 신을 벗어서 보아스에게 주었습니다. 이 이야기는 사사 시대 사람들이 하나님의 공동체로서의 민족의식과 지파 사이에 있던 연대의식을 잃어버렸다고 고발하는 것입니다.

이제 보아스는 합법적인 룻의 고엘이 되었습니다. 모두들 개인의 이득을 따지면서 하나님이 주신 신성한 의무마저도 저버리던 시대에 보아스는 그 의무를 지키기 위해서 최선을 다한 사람입니다. 왕 되신 하나님의 말씀이 담긴 시선으로 세상을 바라보고 자기가 마땅히 해야 할 바를 안 사람이자 죽어가는 이스라엘 사회에 '생명력'(보아스 בֹּעַז)을 불어넣어준 사람입니다. 보아스 때문에 죽어가던 엘리멜렉의 가문이 살아납니다.

사사 시대의 희망, 오벳

보아스와 룻이 결혼해서 아들을 낳습니다. 그리고 그 아들의 이름을 오벳(오베드 עוֹבֵד "종")이라고 지었습니다. 그 할아버지의 이름이 얼마나 거창했습니까? "나의 하나님이 왕이시다"라는 이름의 엘리멜렉이 할아버지입니다. 아버지의 이름은 또 얼마나 거창했나요? 그러나 "나의 하나님은 왕이시다"라는 할아버지와 "보석" 또는 "완전함"이라는 이름을 가진 아버지는 하나님을 떠났습니다. 그리고 하나님의 유산을 가볍게 생각하고 그가 주신 약속과 소명을 버렸습니다. 이름값을 하지 못했던 것입니다. 하나님이 아닌 스스로가 왕이 되어서 자기의 눈으로 세상을 바라보고 판단하고 결정하며 살았던 할아버지와 아버지의 삶은 이름과는 관계없는 삶이었습니다.

그러나 이제는 다릅니다. 그렇게 살았던 할아버지와 아버지의 삶이 아니라 하나님의 약속과 소명을 붙잡고 왕이신 하나님이 허락하신 유산을 지켜 나가는 '종'이라는 자기 정체성을 찾을 때, 신앙의 '바이트'도 회복되고 삶의 '레헴'도 채워지는 것입니다. 이 종 오벳은 이새의 아버지이고, 다윗의 할아버지입니다. 하나님은 거창한 이름처럼 보이는 번영과 풍요로움을 추구했던 엘리멜렉의 가문을 꺾으시고 하나님의 종 오벳으로 다시 세우셨습니다.

사사기의 역사는 계속되는 내리막입니다. 이 내리막길은 이스라엘 공동체가 하나님의 자리에 올라서서 스스로 왕이 되려고 하는 마음을 내려놓지 않는다면 앞으로도 계속될 것입니다. 모두들 자기의 눈으로 세상을 바라보고 스스로 왕이 되려는 사사의 시대에 룻기를 기록한 이가 제시하는 답은 매우 간단합니다. 그리고 근본적입니다. 종이 되라는 것입니다. 나의 눈으로 판단하지 말고 하나님의 눈으로 세상을 보라는 것입니다. 하나님의 자리에 하나님이 있게 하라는 요청입니다. 그러므로 룻기를 여는 인물이 엘리멜렉("나의 하나님은 왕이시다")이라는 것과 룻기를 닫는 인물이 오벳("종")이라는 것은 사사 시대를 배경으로 하는 룻기를 기록한 이가 의도적으로 보여주는 신앙의 삶에 대한 해답이라 할 수 있겠습니다.

하나님의 왕 되심을 잊지 말라!

역사는 과거(기원)를 연구하지만 그 존재 이유는 미래입니다. '사사기'라는 책은 이스라엘과 유다의 선조인 사사들과 사사 시대의 사람들이 그렇게 살았노라고 그들의 삶의 행태들을 나열하려는 것을 목적으로 삼지 않습니다. 그리고 자기 선조들의 이야기라고 그것을 아름답게 꾸며내지도 않습니다. 하나님의 눈으로 역사를 바라보고 해석한 이야기들이 사사기입니다. 하나님께서는 사사기를 기록한 역사가의 손을 사용하셔서 앞으로 우리가 어떻게 살아가야 할지를 글자로 남겨 놓으셨습니다. 그것이 사사기입니다. 그래서 사사기를 하나님께서 주신 영감으로 기록된 책이라고 말하는 것입니다.

Desidero ergo sum.
"나는 욕망한다. 그러므로 나는 존재한다." - 스피노자

사람들은 항상 자신의 욕구를 채우기에 급급했고, 더욱 강렬해지고 커지는 욕망의 보따리(사실 절대로 가득 채울 수 없는 보따리임에도)를 채우려고 자기가 아닌 누군가의 피 흘림을 그 대가로 지불했습니다. "그렇게 사는 것이 온당하지 않다", "그런 삶은 내가 창조한 세계의 질서가 아니다"라는 하나님의 목소리를 불편하게 여기고 배척했습니다. 여기에는 종교 지도자,

정치 지도자, 군사 지도자와 경제의 리더들로부터 시작해서 일반 이스라엘 사람들까지 어느 누구도 예외가 없습니다.

사사기를 기록한 역사가는 이스라엘과 유다 왕국의 멸망과 민족 멸절의 위기라는 현실을 날카롭게 분석하기 위해서 과거의 역사를 꺼내 들었습니다. 그리고 그 역사의 거울에 비친 자신들의 모습과 선조들의 모습을 낱낱이 기록하였습니다. 그러면서 그 길을 걷지 않겠노라고 다짐했습니다. 그것만이 다시 하나님의 백성으로 살아갈 수 있는 유일한 길이기 때문이었습니다.

흔히 요즘을 '교회의 위기'라고 말합니다. 그러나 지금에 이르기까지 교회가 위기 아닌 때는 없었습니다. 공동체의 위기가 외부에서 비롯된 경우들도 있겠지만, 더 많은 부분은 교회 공동체가 하나님의 사람처럼 살아가지 못했을 때 시작되었습니다. 사사기를 기록한 역사가는 그것을 알고 있었습니다. 그래서 이스라엘 공동체의 위기를 바벨론과 페르시아에서 찾지 않았습니다. 반대로 자기들과 같은 레위인과 레위인 제사장들로부터 시작해서 자기들이 저지른 패악질을 고백하였습니다. 그리고 이스라엘 공동체의 의사결정의 책임자들의 죄를 샅샅이 고발하였습니다.

역사가 알려준 대답은 분명합니다. 오늘의 교회가 '교회의 위기'를 말한다면, 그것은 외부로부터 온 것이 아닙니다. 신앙의 지도자들이 그 원인의 첫 이유이며, 신앙을 가지고 공동체의 의사결정을 하는 이들이 이 위기를 자초했으며, 교회 구성원들 하나하나가 모두 그 책임을 나누어 지고 있는 것입니다. 그런 면에서 이 책은 스스로 인식하지 못했으나 왕으로 살아가는 목회자인 '나'에게 주는 역사의 충고입니다. 영원히 종으로 살겠습니다.

내가 왕이었습니다

초판 1쇄 발행	2020년 1월 9일
초판 4쇄 발행	2020년 2월 10일

지은이 　　　이익상

펴낸이 　　　여진구
책임편집 　　안수경
편집 　　　　이영주 김윤향 최현수 김아진
책임디자인 　마영애 조은혜 ㅣ 노지현 조아라
기획·홍보 　 김영하　　　　　　　　　해외저작권 　기은혜
마케팅 　　　김상순 강성민 허병용　　마케팅지원 　최영배 정나영
제작 　　　　조영석 정도봉　　　　　　경영지원 　　김혜경 김경희

이슬비전도학교 　최경식　　　　　　　303비전성경암송학교 　박정숙
303비전장학회 & 303비전꿈나무장학회 　여운학

펴낸곳 　　　규장

주소 　06770 서울시 서초구 매헌로 16길 20(양재2동) 규장선교센터
전화 　02)578-0003 　팩스 　02)578-7332
이메일 　kyujang0691@gmail.com　　　홈페이지 www.kyujang.com
페이스북 　facebook.com/kyujangbook　인스타그램 instagram.com/kyujang_com
카카오스토리 story.kakao.com/kyujangbook
등록일 　1978.8.14. 제1-22

ⓒ 저자와의 협약 아래 인지는 생략되었습니다.
이 출판물은 저작권법에 의해 보호를 받는 저작물이므로 무단 전재와 무단 복제를 할 수 없습니다.

책값 　뒤표지에 있습니다.
ISBN 979-11-6504-043-7 03230

이 도서의 국립중앙도서관 출판시도서목록(CIP)은 서지정보유통지원시스템 홈페이지(http://seoji.nl.go.kr)와
국가자료종합목록구축시스템(http://www.nl.go.kr/kolisnet)에서 이용하실 수 있습니다.
(CIP제어번호 : CIP2020000553)

규 | 장 | 수 | 칙

1. 기도로 기획하고 기도로 제작한다.
2. 오직 그리스도의 성품을 사모하는 독자가 원하고 필요로 하는 책만을 출판한다.
3. 한 활자 한 문장에 온 정성을 쏟는다.
4. 성실과 정확을 생명으로 삼고 일한다.
5. 긍정적이며 적극적인 신앙과 신행일치에의 안내자의 사명을 다한다.
6. 충고와 조언을 항상 감사로 경청한다.
7. 지상목표는 문서선교에 있다.

하나님을 사랑하는 자 곧 그의 뜻대로 부르심을 입은 자들에게는 모든 것이 合力하여 善을 이루느니라 (롬 8 : 28)

Member of the
Evangelical Christian
Publishers Association

규장은 문서를 통해 복음전파와 신앙교육에 주력하는 국제적 출판사들의
협의체인 복음주의출판협회(E.C.P.A:Evangelical Christian Publishers
Association)의 출판정신에 동참하는 회원(Associate Member)입니다.